언어 능력 향상을 위한

속해 독서법

저자 소개

소강춘

전북대학교 인문대학 국어국문학과 및 동 대학원 졸업(문학박사)
현재 전주대학교 사범대학 국어교육과 교수
주요 논저 :『방언분화의 음운론적 연구』,『북한의 국어교육 연구 실태』외 다수

원동연

서울대학교 공과대학 재료공학과 및 KAIST 재료공학과 졸업(공학박사)
현재 몽골국제대학교 총장
주요 논저 :『5차원전면교육학습법』,『5차원영어학습법』외 다수

장미영

전북대학교 인문대학 국어국문학과 및 동 대학원 졸업(문학박사)
현재 전주대학교 교양학부 교수
주요 논저 :『디지털시대의 독서기법』(공저),『명쾌한 디지로그 글쓰기』(공저) 외 다수

주경미

단국대학교 인문대학 국어국문학과 및 동 대학원 졸업(박사과정 수료)
현재 전주대학교 교양학부 교수
주요 논저 :『창의적 발상과 문화콘텐츠 작법』(공저),『멀티미디어 시대의 전략적 글 읽기』(공저) 외
다수

(저자 가나다 순)

언어 능력 향상을 위한
속해 독서법

초판1쇄 인쇄 2007년 3월 2일 | **초판1쇄 발행** 2007년 3월 10일
지은이 소강춘 · 원동연 · 장미영 · 주경미 | **펴낸이** 최종숙
책임편집 이태곤 | **편집** 권분옥 박소정 이소희 김주헌 | **제작** 안현진
펴낸곳 도서출판 글누림
등록 제303-2005-000038호(등록일 2005년 10월 5일)
주소 서울 성동구 성수2가 3동 301-80 (주)지시코 별관 3층
전화 3409-2055 | **FAX** 3409-2059 | **이메일** nurim3888@hanmail.net
ISBN 978-89-91990-47-0 03370

정가 15,000원
* 잘못된 책은 교환해 드립니다.

언어 능력 향상을 위한

속해 독서법

소강춘 · 원동연 · 장미영 · 주경미

인간은 언어를 통하여 자신의 생각이나 감정, 느낌을 상대방과 주고받는다. 또한 언어를 통하여 사고를 하기도 한다. 언어는 모든 사고 활동의 기본이 된다. 언어를 이용한 사고의 축적은 인류가 현재와 같은 문명을 이룩할 수 있는 기반이 되었다. 인간이 동물과 달리 만물의 영장이 될 수 있었던 것도 언어를 통한 사고와 사고의 결과를 언어를 통해 후세대에 전달할 수 있었기 때문이었다.

인간은 또한 언어를 통하여 각종 정보를 받아들이고, 받아들인 정보를 토대로 하여 각종 활동을 하게 된다. 그런데 단순한 일상생활을 위한 언어능력은 특별한 학습 과정 없이도 완벽하게 성취된다. 그러나 언어 사회가 축적해 온 지식을 교류하는 데 필요한 언어능력은 별도의 학습 과정을 통하여 훈련되어야만 향상될 수 있다.

대학의 교육은 고도로 축적된 전문 지식을 습득하고 이를 토대로 새로운 학문 발전의 바탕을 마련하는 과정이다. 따라서 무엇보다 축적된 지식을 더 많이, 더 빠르게 이해하고 이를 바탕으로 학생 스스로 학문의 과정에 응용할 수 있어야 한다. 그런데 일상생활에서 사용하는 언어능력만을 가지고는 만족할 만한 효과를 기대할 수 없다. 이는 대학에서의 전공 학습 능력을 향상시키기 위해서 언어 정보 처리에 대한 별도의 학습 과정이 필요함을 의미한다.

엄청나게 쏟아지는 정보의 홍수 속에서 자신에게 필요한 정보를 재빨리 가려내어 취하고 이를 활용할 수 있는 방법을 찾아야 한다. 그것은 지식에 머무는 교육이 아니라 학습자가 지혜까지 터득할 수 있게 하는 교육을 통해서 가능하다. 지식을 운용할 수 있는 힘, 곧 지혜 위주의 교육을 받은 사람은 폭발적인 정보의 홍수 속에서도 허둥대지 않고 정보를 처리하고 새로운 지식을 생산하는 능력에 있어서 우위에 설 수 있다.

이 모든 것은 언어를 운용할 수 있는 능력으로부터 나온다. 언어가 학문의 도구인만큼 학생들의 언어 사용 능력을 향상시킬 수 있다면 학생들의 전공 탐구 능력을 배가시킬 수 있을 것이며, 그만큼 경쟁력 있는 학문을 할 수 있게 될 것이다. 이런 이유로 세계 선진 각국은 학생들의 언어 능력을 향상시킬 수 있는 각종 프로그램을 대학 교육의 기초 과정으로 훈련시키고 있다.

따라서 인간의 지적 활동의 과정을 정보의 입수, 정보의 심화, 정보의 표출 과정이라고 볼 때, 축적된 정보를 제대로 입수하는 훈련과 입수한 정보를 자신의 것으로 내면화하는 훈련, 이를 통해 새로운 정보를 표출하는 훈련을 위한 프로그램의 개발은 대학 교육의 현장에서 시급하게 구현되어야 하는 일이다. 언어의 정확한 사용 능력을 향상시키는 것은 학생들의 학습 능력을 향상시키는 지름길이기 때문이다.

이 책은 학생들의 언어 사용 능력을 향상시키려는 목적으로 시도된 것이다. 그러나 언어능력을 향상시키기 위한 이론적인 방법에 대한 설명보다는 철저하게 훈련 위주로 구성되었다. 이는 학생들이 생각하는 방법, 책 읽는 방법, 글 쓰는 방법 등등 언어 능력 향상을 위한 이론적인 방법들은 알고 있으면서도 그것을 실제로 적용하지 못하는 학생들의 현실에 초점을 맞추었기 때문이다.

그래서 이 책은 모든 지적 활동 과정인 정보 입수, 정보 심화, 정보 표출 과정에서 각각의 단계에 맞는 적절한 훈련들이 제시된다. 이 훈련들이 효과를 얻기 위해서는 학생들의 자발적이고 능동적인 참여가 필수적이다.

이 책은 5부 14장으로 구성되어 있다. 각 장은 먼저 단계별 훈련의 목적과 방법이 설명되어 있고, 학생들이 실제 훈련해 볼 수 있는 <혼자하기>가 있다. 수업 방식은 먼저 훈련의 목적과 훈련 방법을 정확하게 학생들에게 인지시킨 후, 조별 또는 개인별로 이 훈련을 함께 해 보고, 그 결과를 조별 또는 전체가 토론하여 발표하는 형식을 갖는 것이 바람직하다. 조별 훈련에서 각 조는 4~5명이 적당하다. 이 과정을 거친 후 학생들은 매 강좌 뒤에 이어지는 <혼자하기>를 통해 자발적으로 훈련해야 한다.

제1부는 서론 부분에 해당되는 것으로, 언어를 통한 정보 전달의 과정에 대한 설명과 이 책을 통해서 하게 되는 훈련의 의미에 대하여 설명하고 있다.

제2부는 정보 입수 과정에 대한 훈련 내용으로, 정보를 빠르고 정확하게 받아들일 수 있게 하는 훈련이다.

제2장 속해와 센스 그룹은 책을 빨리 읽어야 정보를 많이 받아들일 수 있다는 전제 하에 책을 빨리 읽는 훈련을 한다. 이 훈련에서 중요한 것은 센스 그룹으로 책을 읽어나가는 훈련이다. 센스 그룹으로 읽는 훈련은 사선을 치면서 읽도록 하였다. 이 책의 모든 자료를 읽을 때에는 반드시 의미 단위만큼 사선을 치면서 읽도록 한다. 그래야만 의미 단위로 읽는 습관이 들기 때문이다. 글을 읽은 후에는 요약하는 활동을 통해 제대로 이해하고 있는지 점검한다. 여기에서 주의할 점은 요약하면서 글을 다시 읽지 않는 것이다. 한 번만 읽고 요약하도록 훈련하는 것이 중요하다. 처음에는 정확하게 요약이 되지 않더라도 계속 훈련하다 보면 한 번만 읽고도 글을 정확하게 요약할 수 있게 된다.

센스 그룹으로 읽는 훈련과 함께 안구훈련표를 가지고 안구 훈련을 하여야 하는데, 특히 안구 훈련은 매일 하루에 5분씩 하는 것이 중요하다. 센스 그룹으로 읽는 훈련과 안구 훈련이 지속적으로 이루어져야 글을 빨리 읽을 수 있다. 이 책의 가장 뒷부분에 안구 훈련표와 안구 훈련 점검표가 있다. 이 훈련과 점검은 제2장부터 한 학기 동안 계속 진행된다. 학생들은 매일 안구 훈련을 하고 그 결과를 안구 훈련 점검표에 기록해야 한다.

제3장은 글을 읽고 그 글의 내용을 정확하게 분석하는 훈련이다. 주로 밑줄치기와 5가지 질문법에 의한 글 분석 훈련인데, 중요한 것은 글을 분석하면서도 한 번 읽은 글을 다시 읽으면 안 되고, 한 번에 읽으면서 분석하는 훈련을 해야 한다는 것이다.

제4장은 문학적인 글, 생활문을 감상하는 훈련이다. 제3장의 내용이 설명문이나 논설문 등 실용적인 글을 분석하는 훈련이었다면, 제4장의 내용은 문학적인 글을 감상하고 분석하는 훈련이다.

제3부 5장~10장은 받아들인 정보를 심화시키는 과정이다. 이 과정은 학문을 하는 데 아주 중요한 과정으로, 받아들인 정보를 자신의 것으로 만들기 위한 필수적인 과정이다.

제5장~제8장은 전체와 부분의 관계를 파악하여 정보를 조직화하는 훈련이다. 제5장은 정보의 질서화에 대한 전체적인 내용을 소개하고, 제6장~제8장은 목차와 도표, 맵핑을 활용한 고공학습법을 통해 글의 전체를 조감하는 훈련을 하게 된다.

제9장과 제10장은 받아들인 정보를 구체적으로 체득하고 의식화하는 단계이다. 추상적으로 받아들인 정보는 정확히 자신의 것으로 내면화되지 못한다. 받아들인 정보는 내면화하는 단계를 거쳐야만 다른 상황에서도 적용할 수 있게 되며, 이런 과정을 거쳐야만 새로운 정보의 창출자로서 역할을 할 수 있다. 따라서 이 과정은 정보 표출과 밀접한 관련을 갖는 훈련이다.

1부에서 3부까지의 내용에 대해서는 원동연 박사의 『5차원전면교육학습법』(김영사, 2000), 『5차원독서법과 학문의 9단계』(DIA, 2002)를 참조할 수 있다.

제4부 정보 표출 부분은 창의적으로 발상하고 표현하는 방법을 훈련하는 과정이다. 적극적으로 사고하고, 다양하게 표현하며, 사고의 다양성을 스스로 체험할 수 있는 훈련들이 제시되어 있다.

제11장은 적극적으로 사고하고 적극적으로 표현하도록 훈련하는 과정이다. 내가 어떤 말을 했을 때 주위에서 뭐라고 생각할까라는 생각 때문에 우리는 과감하게 자기 표현을 하지 못한다. 그러다 보니 많은 부분에서 자기 표현이 서툴기만 하다. 이를 극복하기 위하여 머리 속에서 생각나는 모든 것을 과감하게 밖으로 표현할 수 있도록 하는 훈련이 단어 나열하기와 단어 가지치기이다. 단어 가지치기의 개념 심화 연상에서는 단어들 간의 유개념, 종개념을 파악하는 기초 훈련이 병행되어야 하고, 개념 확대 연상에서는 문학적 글을 쓰는 토대를 마련하는 훈련까지 병행되어야 깊이 있는 효과를 거둘 수 있다.

제12장은 전혀 관련이 없는 두 상황을 서로 관련이 있도록 이야기를 만들어내는 훈련이다. 서로 관련이 없는 상황을 상상력을 발휘하여 자연스럽게 연결시킴으로써 개연성 있는 이야기를 만들어 갈 수 있는 능력을 키울 수 있다.

제13장은 해석의 다양성을 체험하는 과정이다. 소재로 만화를 채택했는데 다른 다양한 소재를 이용할 수도 있다. 이를 통해서 훈련자는 어떤 상황이나 사건이 사람마다 얼마나 창의적으로 다양하게 해석될 수 있는지를 경험하게 되고, 자신의 의견을 다른 사람들이 수긍할 수 있게 하기 위해서는 어떤 장치들이 있어야 하는지를 경험하게 된다.

제5부 제14장은 긍정적인 삶의 자세를 키우기 위한 훈련이다. 반응력은 어떤 상황에 처했을 때 스스로 주체적인 입장이 되어서 그 문제를 해결해 나가는 능력으로, 우리가 살

아가는 데 아주 중요한 능력이다. 이 훈련에서 중요한 것은 묵상할 자료를 읽은 후 그 자료에 대한 느낌을 적고, 그 느낌을 토대로 훈련자 스스로가 생활에서 직접 실천할 수 있는 일을 생각하여 행하는 것이다. 즉 적용하기 부분이 중요한 의미를 갖는다. 실제 생활에서 구체적으로 적용되어야만 진취적이고 긍정적인 삶의 자세를 갖는 사람으로 변하게 된다.

이 책의 목적은 우리가 가지고 있는 언어 능력을 구체적으로 어떻게 향상시킬 수 있는지를 훈련하기 위한 것이다. 따라서 이론적인 공부에 익숙해 있는 사람들에게는 이 책이 어색하게 보일지도 모르겠다. 그러나 진정한 실력은 구체적인 상황에서 적용시킬 수 있는 실력이다. 과감하게 기존의 틀을 탈피하여 점수를 높이기 위한 것이 아닌 실력을 쌓기 위한 공부를 해 보자.

이 책은 『정보화 시대의 속해학습법』(태학사, 2004)에서 부족했던 부분을 약간 보충하고, 제시문을 교체하여 새롭게 편찬한 책이다. 학생들의 교육을 위해 좋은 글을 싣게 해 주신 많은 분들께 감사를 드린다.

끝으로 이 책의 출판을 기꺼이 허락하신 글누림 출판사 최종숙 사장님과 급한 원고를 정성스럽게 편집해 주신 이태곤 편집장님께도 가슴 깊이 감사를 드린다.

2007년 3월
필자 일동

01

언어생활과 정보처리

1. 언어와 생활

언어란 무엇일까? 언어는 왜 필요한가? 라는 질문을 사람들에게 하면 대부분의 사람들은 언어는 의사 전달의 도구이며, 인간이 사회생활을 영위하기 위해서는 언어가 꼭 필요하다고들 말한다. 맞는 말이다. 인간은 사회적 동물이기 때문에 다른 사람들과 어떤 식으로든 관계를 맺고 살아가게 되어 있고, 그 관계를 원활하게 하는 수단으로서 언어는 상당한 역할을 하고 있다는 것을 다들 인정하고 있다.

그렇다면 다음의 대화를 한 번 보자.

    a: 학생은 젊은이로, 왜 살지?
    b: 그냥이요.
    a: 그냥이요라니, 좀 더 구체적으로 말해 봐요.
    b: 돈 벌기 위해서요.

a: 어떻게 벌 건데?

b: 잘 `벌어야죠.

a: 어떻게 잘 벌 건데?

b: 그냥 잘 벌면 되는 거 아니에요?

학생들과 이런 대화를 나누다 보면 답답하기도 하고, 맥이 빠지기도 한다. 분명히 무엇인가를 물어보았고, 그 물음에 대한 대답을 들었는데, 확인한 것은 아무 것도 없고, 대화가 진전되었다는 생각도 들지 않기 때문이다. 물론 이런 일은 언어(한국어)를 몰라서 생기는 것이 아니라, 질문을 받은 학생이 평소 자신의 삶에 대해 진지하게 생각해 보지 않았기 때문에 일어난다. 이런 대화는 진정한 의미에서의 대화라고 할 수 없다. 이 말은 곧 언어가 언어로서의 기능을 제대로 수행하기 위해서는 어떤 조건들이 있음을 암시한다.

의사소통의 도구로서의 언어가 그 기능을 제대로 수행하기 위해서는 몇 가지 요소가 필요하다. 기본적으로 화자와 청자가 있어야 하고, 전달하는 내용 및 전달 매체가 있어야 한다. 이를 그림으로 표현하면 다음과 같다.

〈그림 1〉 대화의 요소

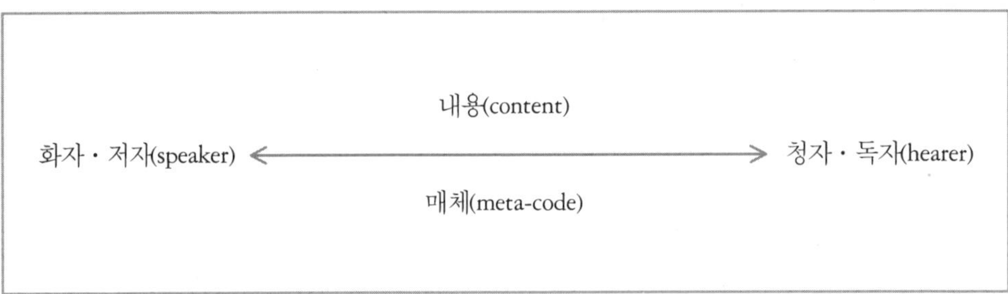

대화의 요소를 보인 위 <그림 1>에서 '화자(저자)'와 '청자(독자)'는 대화의 상황에서, 또는 글을 읽는 상황에서 기본적으로 주어지며, 우리가 한국어를 모국어로 사용하고 있기에 '매체'는 한국어가 된다. 따라서 의사소통에서 결정적인 역할을 하는 것은 결국 '내용'이라고 볼 수 있다. 즉, 언어는 내용을 담는 그릇이기 때문에 우리가 우선 관심을 기울여야 할 부분이 '내용'이다.

이런 면에서 볼 때 언어는 내용(사상, 감정, 정보 등등)을 담는 그릇이라고 할 수 있다. 따라서 내용이 없는 말은 언어라고 할 수 없다. 그릇의 외관이 좋다고 해서 그 속에 담겨져 있는 내용물이 꼭 좋은 것만은 아닌 것처럼, 번지르르하게 말은 하지만 그 속에 알찬 내용이 없다면 공허한 소리가 될 수밖에 없다.

또한 언어는 내용을 전달하는 수레이다. 그래서 우리는 언어를 통해 내 생각이나 감정을 전하기도 하고, 다른 사람의 생각이나 감정을 전달받기도 한다. 서로 대화를 한다는 것은 화자와 청자의 위치가 수시로 바뀐다는 것을 의미한다. 화자의 위치에 있을 때에는 자기가 전달하고자 하는 내용을 정확하고 분명하게 전달하여야 하며, 청자의 위치에 있을 때에는 상대방이 전하고자 하는 내용을 정확하고 분명하게 파악하여야 한다. 그래야만 의사소통이 원활하게 되고, 언어 수행이 올바로 이루어질 수 있다.

그런데 언어가 실어 나르는 '내용'은 대개 정보와 관련이 있다. 옆에 있는 친구가 '아휴! 배 고파.' 라는 말을 했다면, 그것은 실제로 그 친구가 '배가 고프다'는 정보를 상대에게 전달하려 한 것일 뿐 아니라 '배가 고프니까 빨리 밥 먹으러 가자', '선배님, 밥 좀 사 주세요.' 등등의 정보도 담고 있을 수 있다. 우리가 어떤 글을 읽는 경우도 마찬가지이다. 한 편의 글은 몇몇의 정보를 담고 있으며 우리가 글을 읽는 이유도 결국은 그 정보를 알고, 이해하고, 습득하기 위함이다.

따라서 우리는 언어가 담고 있는 '내용'을 '정보(Information)'라는 말로 바꾸어 표현할 수 있으며, 결국 언어는 정보를 전달하는 수단이라고 말할 수 있다. 또한 대화 능력, 언어 능력이라고 하는 것도 결국 언어 정보 처리 능력을 말하는 것으로 생각할 수 있다.

그렇다면 정보는 어떤 원칙에 따라 전달되어야 할까? 결론부터 말하자면 정보 처리의 원칙은 '신속성'과 '정확성'이다. 신속하지 못한 정보 처리는 정보로서의 역할을 제대로 수행하지 못하고, 정확하지 못한 정보는 정보로서의 가치를 상실하게 된다. 따라서 정보 처리는 신속하고 정확하게 이루어져야 한다.

우리는 살아가면서 어떤 정보를 몰랐다던가, 잘못 알아서 낭패를 당한 기억을 다들 한두 개는 가지고 있다. 아침에 날씨가 맑아서 학교에 그냥 왔는데, 오후 들면서 검은 구름이 끼고 비가 쏟아져 비를 맞고 하교해야 했던 일(친구들은 오후에 비가 온다는 사실(정보)

을 알고 이미 우산을 준비해 가지고 왔음), 섬으로 여행을 떠나기 위해 이전에 알고 있던 배 시간에 맞추어 포구로 나갔는데, 알고 보니 계절별로 운항 시간이 달라서 섬 여행을 포기 해야 했던 일, 쪽지 시험이 어디어디서 나온다고 하더라 해서 그곳을 집중적으로 공부했 는데, 나중에 알고 봤더니 헛소문이어서 시험을 망친 일 등등.

이렇듯 살아가면서 접하는 정보를 어떻게 처리하느냐에 따라 우리는 낭패를 보기도 하고, 성공의 기쁨을 만끽하기도 한다. 그런데 살아가면서 발생하는 사소한 일에서 우리 가 정보 처리를 잘못하였을 경우에는 기껏 얼마간의 불편함을 감수한다든가, 안타까움을 가진다든가, 속상해하는 것으로 끝날 수 있지만, 잘못된 정보 처리로 인해 인생을 망친다 든가, 한 사회가 혼란에 빠진다든가, 국가가 큰 위기에 처할 수 있는 경우도 생길 수 있 기 때문에 정보 처리를 신속하고 정확하게 하는 것은 개인의 삶에서나, 사회를 유지하는 데나, 국가를 운영해 나가는 데 아주 중요하다.

최근 전자 공학의 발달은 전투기들의 공중전 양상에 변화를 가져왔다. 즉 조종사가 적기를 발견하고 총을 쏘던 옛날과는 달리 항공기의 속도, 방향, 진로, 풍속 등 제반 정 보들을 신속하게 수집·입력하면, 컴퓨터가 정확히 계산해서, 미사일을 발사할 수 있게 해준다. 따라서 공중전 승리의 일차적인 관건은 신속한 정보 수집에 있다고 할 수 있다. 그러나 수집된 정보가 잘못 입력되어 부정확한 계산이 나왔다면, 비록 빨리 미사일을 발 사했더라도 패배할 수밖에 없을 것이다. 사업을 하면서 실패했을 때는 재기의 기회가 있 다. 그러나 전쟁 상황에서의 순간적인 착오는 패배로 이어지고, 그 패배는 자신의 죽음뿐 만 아니라 엄청난 전력상·경제상의 피해를 초래하게 된다.

이런 일은 우리 삶에서도 나타난다. '죽는 순간의 눈으로 지금 이 순간을 보게 해 주 세요.'라는 기도문을 본 적이 있다. 죽는 순간에 후회하지 않는 사람은 많지 않을 것이다. 그 후회는 일생동안 조금씩 조금씩 누적된 정보 처리의 잘못 때문이라고 할 수도 있다. 따라서 후회하지 않는 삶, 아니 조금이라도 덜 후회하기 위해서는 살아가면서 순간순간 주어지는 정보를 제대로 잘 처리해야만 한다.

언어 능력은 삶의 모든 영역에서 도구 역할을 담당한다. 학교에서 성적을 올리는 데 도 언어 능력은 기본이 된다. 특히 한국에서는 교육의 도구가 한국어이기 때문에 한국어로 정보를 잘 입수하고 그 정보를 심화시켜 표출할 수 있다면, 모든 과목에서 좋은 성적을 얻을 수 있을 것이다. 다만 여기서 주의할 점은 국어 점수를 높게 받은 사람이 꼭 국어를 잘 사용하는 사람은 아니라는 사실이다.

2. 국어와 정보 처리

앞에서 우리는 정보 처리의 원칙이 '신속성'과 '정확성'이라고 하였다. 이것은 언어로 이루어진 정보를 처리하는 데서도 마찬가지이다. 즉 언어 정보 처리 능력이 곧 언어 능력이고, 대화 능력인 것이다. 그렇다면 한국에서 정보 전달의 기본 도구인 국어를 어떻게 하면 잘 사용할 수 있을까? 이 교재는 이 문제에 답하기 위해서 만들어졌다.

우리는 일반적으로 국어 점수가 높으면 언어 능력이 뛰어난 것으로 생각하는 경우가 많다. 물론 언어 능력이 뛰어난 사람은 국어 점수를 잘 받을 것이다. 그러나 국어 점수가 높다고 해서 꼭 언어 능력이 뛰어난 것은 아니다. 이는 한국의 국어 교육이 잘못된 것에도 원인이 있겠지만, '점수=실력'이라는 잣대로 평가하는 관행에도 이유가 있다.

이 책에서는 '국어는 정보를 교환하는 도구'라고 정의한다. 따라서 정보 처리를 신속하고 정확하게 할 수 있다면 국어 능력, 언어 능력이 좋은 사람이 될 것이다. 즉 기존의 국어과에서 요구하는 기준과는 전혀 다른 평가 척도가 적용되어야 한다는 말이다. 이러한 평가 척도의 변화는 국어 교육 방법에서 놀라운 방향 전환이 이루어져야 함을 암시한다.

국어 능력을 키우기 위한 학습 방법은 단순히 국어과 실력을 키우기 위한 것이 아니라 모든 학문을 하는데 기본적인 도구인 국어의 능력을 키워 언어를 바탕으로 행해지는 모든 학문 활동에서 그 능력을 발휘할 수 있도록 하는 데 목적을 두어야 한다.

언어를 '의사소통의 수단'이라고 정의하고 일반적인 의사소통의 과정을 보이면 아래 그림과 같다.

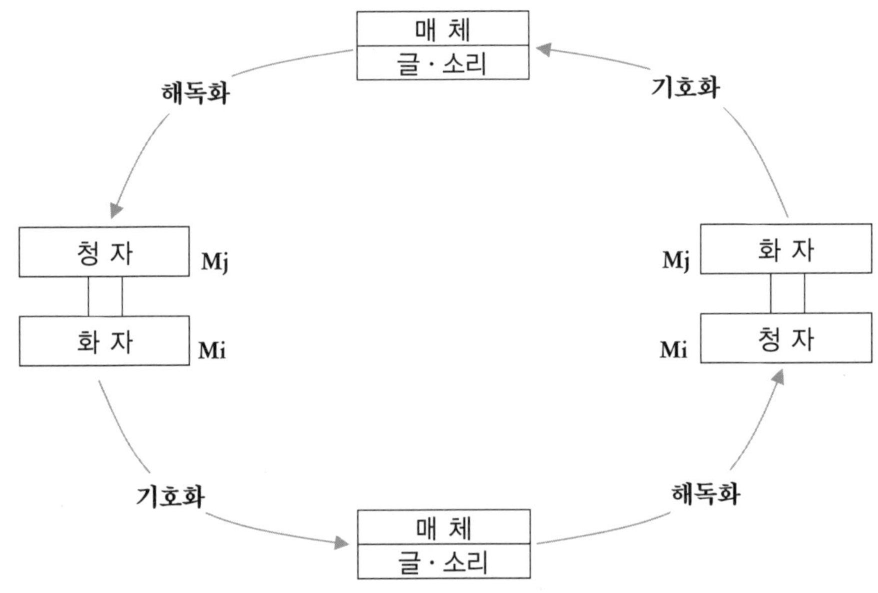

　　화자는 자신이 전달하고자 하는 내용을 글이나 소리로 기호화하여 청자에게 전달한다. 청자는 그 기호를 해독하여 전달 받은 내용을 이해한다. 청자는 곧바로 다시 화자의 위치로 전환하여 전달 받은 내용에 대한 답변을 한다. 글이나 소리로 기호화하여 답변을 전달하게 되면 청자는 이를 해독화하여 이해한다. 이런 과정은 순환적으로 반복되어 의사소통, 즉 대화가 이루어진다.

　　그런데 언어를 '정보 교환의 수단'이라고 정의하고 정보를 처리하는 과정을 보면 '정보의 입수 → 정보의 심화 → 정보의 표출' 과정이 순환적으로 적용됨을 알 수 있다. 즉 우리는 글이나 소리를 통해서 정보를 받아들이고 이를 심화시켜서 정보를 표출하게 된다. 이 때 표출된 정보는 처음에 입수했던 정보와는 다른 가치를 가지게 된다. 즉 또 다른 새로운 정보로서의 가치를 가지게 되며, 다른 사람에게는 정보 입수의 대상이 되는 것이다. 만약에 표출되는 정보가 입수된 정보와 전혀 다르지 않다면 그는 정보 창출자로서의 역할을 전혀 하지 못하고 다만 정보를 옮겨놓는 역할밖에 하지 못하는 것이다.

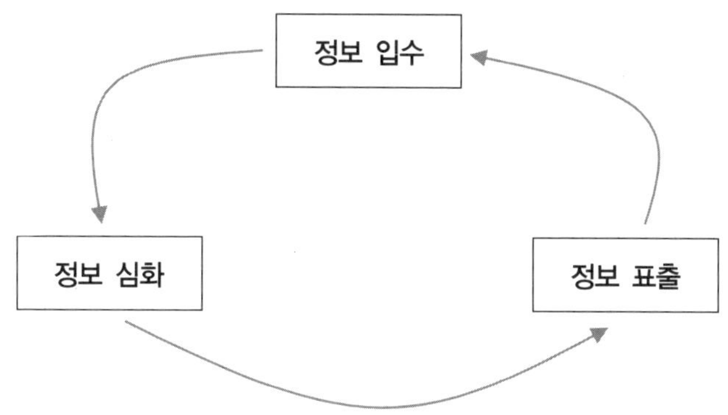

  앞에서 언어 정보 처리를 잘 하는 사람은 언어 능력이 있는 사람이라고 하였는데, 언어 정보를 잘 처리한다는 것은 정보를 제대로 신속하고 정확하게 받아들이고, 이를 이해하고 내면화하여 새로운 정보를 신속하고 정확하게 잘 표출할 수 있는 능력이 있는 것을 말한다. 그리고 이 교재는 이런 능력을 키우기 위한 훈련이다.

  문명이 발달하기 이전, 원시 시대에는 살아가는 데 필요한 몇몇 지식이나 정보만 알고 있으면 큰 무리 없이 사회생활을 영위하고 잘 살아갈 수 있었다. 그런데 문명이 점점 발달해 가면서 지식과 정보의 양은 계속해서 늘어가고, 우리가 알고 익혀야 하는 지식과 정보의 양도 계속 늘어가게 되었다. 그러다보니 정보의 양이 많은 사람이 능력 있는 사람이 되었고, 그래서 하나라도 더 많이 알기 위해서 엄청난 시간과 노력을 투자하게 되었다.

  그런데 하루에 새롭게 만들어지는 정보의 수는 전 세계적으로 75만여 개에 이른다고 한다. 즉 지식의 양은 기하급수적으로 증가하고 있다. 따라서 이렇게 기하급수적으로 늘어나는 정보를 다 입수하여 습득한다는 것은 불가능하게 되었다. 결국 이제는 정보의 양의 문제가 아니라 정보의 운영의 문제가 사람의 능력을 결정하는 기준이 될 수밖에 없는 것이다. 즉 정보와 지식을 많이 가지고 있는 것이 대수가 아니라, 정보와 지식을 얼마나 잘 운영하고 있는가가 사람의 능력을 결정하는 기준이 되는 것이다. 1,000개의 정보를 알고 있는 사람이 10개 정보밖에 운영하고 있지 못한다면, 이는 100개의 정보만 알고 있지만 그 중에서 50개의 정보를 운영하고 있는 사람보다 못한 사람이 되는 것이다.

　인간의 지적 활동은 기본적으로 듣고 읽은 내용을 사고 활동을 거쳐 고도화한 뒤 다시 말하고 쓰는 과정이다. 여기에서 중요한 매개가 되는 것은 외부로부터 유입되는 여러 가지 정보(Information)이다. 이 때 유입되는 정보를 어떻게 처리하는가가 실력의 중요한 부분이 된다. 따라서 언어 정보 처리 능력을 길러 효율을 올리는 것은 지적인 능력을 최대로 키워줄 수 있는 중요한 요소이다.

〈표 1〉 정보 처리의 과정

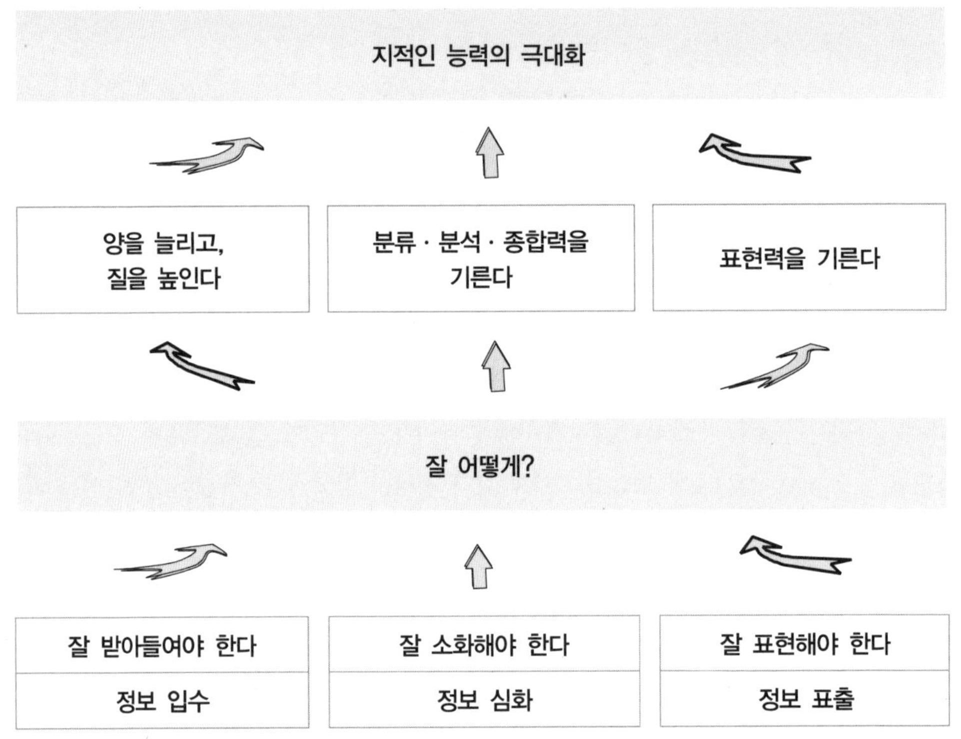

　정보 처리의 3단계인 '정보 입수 → 정보 심화 → 정보 표출'을 다시 세분화 하면 9단계로 나누어 볼 수 있는데, 이 과정이 곧 학문하는 과정이 되는 것이다.

과정	단계	단 계 명	목 표		방 법
정보입수	1단계	빨리 읽고 이해하기	정보의 양 늘리기		속해독서법
	2단계	정확하고 신속하게 이해하기	정보의 질 높이기	사실적인 글	글 분석법
	3단계	보물찾기		함축적인 글	글 감상법
정보심화	4단계	전체를 본 후 부분 보기	질서화 하기		고공학습법 상관관계학습법
	5단계	묵상하기	구체화하기		개념심화학습법
	6단계	인식하기	의식화하기		질문학습법
정보표출	7단계	글로 표현하기 / 정확하게 표현하기	사실 그대로 표현하기		평면적 글 쓰기법
		글로 표현하기 / 보물 숨기기	함축적으로 표현하기		입체적 글 쓰기법
		글로 표현하기 / 자유자재로 응용하기	실생활에 응용하기		종합응용 글 쓰기법
	8단계	그림으로 나타내기	정보를 이미지화하기		도식화법
	9단계	함수로 나타내기	고도화된 언어로 표현하기		함수화법

　언어 능력을 키우는 방법에 대해 이론적으로 잘 알고 있다고 해서 언어 능력이 향상되는 것은 아니다. 또한 몇 번의 훈련을 통해서 어느 날 갑자기 언어 능력이 향상되는 것은 아니다. 꾸준한 훈련과 노력을 통해서만 얻을 수 있는 능력이 언어 능력이다. 따라서 언어 능력을 키우기 위해서는 무엇보다도 자발적이고 지속적인 훈련이 필요하다.

〈그림 4〉 훈련의 원칙

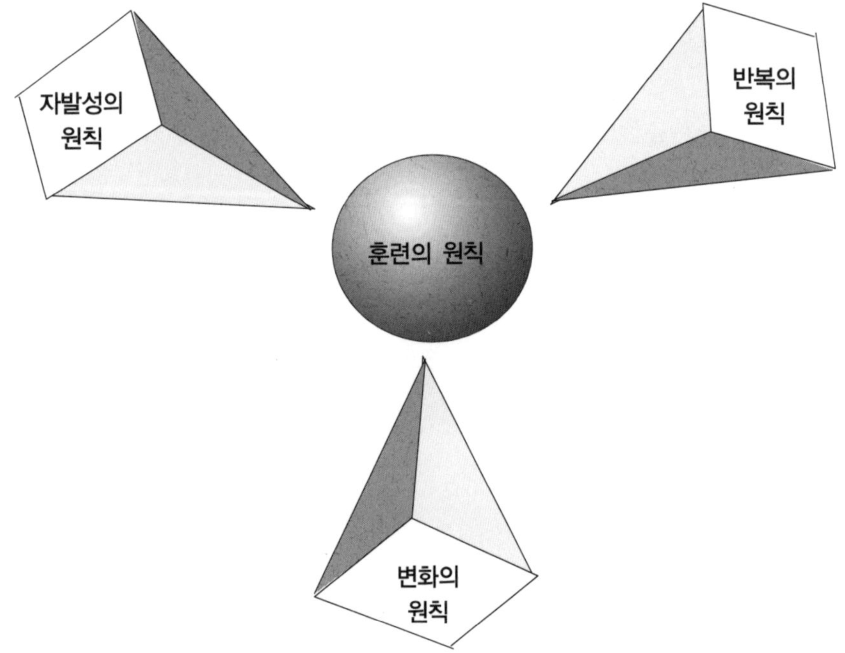
자발성의
원칙
반복의
원칙
훈련의 원칙
변화의
원칙

02

제 2 부 정보 입수

속해와 센스그룹

1. 속해독서법의 의의 및 목적

언어를 정보를 전달하는 도구라고 정의할 때, 언어를 사용하여 정보를 교환하는 방식은 읽기, 듣기, 쓰기, 말하기의 네 영역으로 이루어진다.

〈그림 5〉 언어 사용

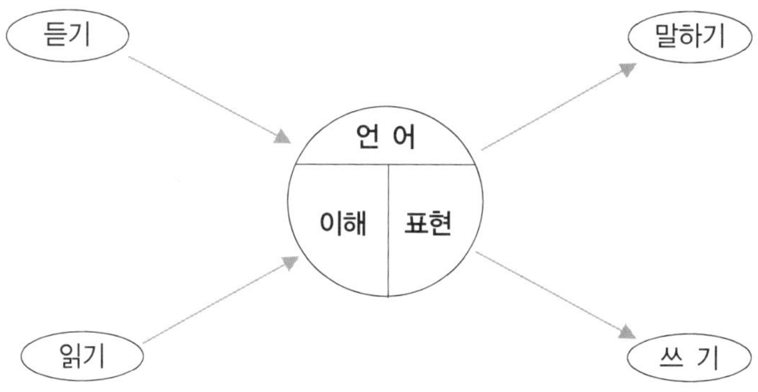

위 그림에서 볼 수 있는 바와 같이 우리는 읽기와 듣기를 통해 정보를 입수하고, 입수한 정보를 이해한 후, 쓰기와 말하기라는 방법으로 표현한다. 언어 정보 처리의 최종 목적은 표현을 하기 위한 것이다. 정보의 표출이 이루어지지 않는다면 입수한 정보는 무용지물이 되는 것이다. 그런데 표현은 입수한 정보의 이해를 바탕으로 이루어진다. 따라서 이해력이 떨어지면 표현력도 떨어지게 되고, 이해력이 높으면 표현력도 좋아진다.

그렇다면 이해력은 어떻게 해야 높아질 수 있는가. 일반적으로 이해력은 관련 정보가 많을수록 높아진다. 따라서 많은 정보를 받아들이는 일이 일차적으로 중요하다. 왜냐하면 받아들이는 정보의 양에 따라 사고의 폭이 결정되기 때문이다. 사고의 폭이 좁으면 아무리 깊이를 더하려고 해도 한계가 있기 마련이고 담을 수 있는 지식의 양도 자연 한정된다. 따라서 가능한 한 정보 입수의 양을 늘림으로써 사고의 폭을 넓혀 놓는 것이 지적 능력을 극대화하기 위한 기본 바탕이 된다.

듣기를 통한 정보 입수는 그 양에 제한이 있지만, 읽기를 통한 정보 입수는 정보를 읽는 속도에 따라 정보를 받아들이는 양에서 큰 차이를 보인다. 따라서 해당 시간 안에 더 많은 정보를 받아들일 수 있는 능력을 지닌다면 이는 학문을 하는 데 강력한 힘을 얻게 될 것이다.

일반적으로 사람들은 분당 1,000~1,500자의 정보를 처리할 수 있는 능력을 가지고 있다고 한다. 그런데 우리나라 보통 사람들의 평균 읽기 속도는 분당 600자 내외로 나타나고, 심한 경우에는 200~300자 수준에 머무는 경우도 허다하다. 이러한 읽기 속도는 우리 국민들의 지적 활동에 커다란 장애요소가 된다. 동일한 시간에 남들보다 더 적은 정보를 받아들이게 되면 그만큼 이해력이 낮고 표현력도 떨어질 것이기 때문이다.

만약 읽기 속도를 정상속도로 회복한다면 같은 시간을 투자했을 경우에 2배 내지 3배의 정보를 입수할 수 있게 된다. 이는 단순히 정보의 양이 산술적으로 증가한다는 차원을 넘어 정보의 질도 좋아진다는 것을 의미한다.

속해독서법은 단위시간 당 많은 양을 읽고 이해하는 독서 방법이다. 즉 정보의 양을 늘리는 독서방법이다. 지적 능력을 극대화시키기 위해서는 정보의 양을 늘리는 것이 중요하다. 이는 받아들이는 정보의 양에 따라 사고의 폭이 결정되기 때문이다. 사고의 폭이 좁으면 아무리 깊이를 더하려고 해도 한계가 있기 마련이고 담을 수 있는 지식의 양도 자연 한정된다. 그렇다고 하여 많은 시간을 할애하여 독서만을 할 수는 없다. 따라서 동일한 시간 내 가능한 한 많은 언어 정보를 받아들이기 위한 빠른 읽기가 필요하다.

2. 빠른 이해를 좌우하는 센스 그룹(sense group)

'속해독서'에서 '속해(speed understanding)'라는 말은 빨리 이해하는 것이다. 책을 빨리만 읽는 것은 의미가 없다. 왜냐하면 언어는 의미, 즉 정보를 전달하는 것이기 때문이다. 따라서 속해독서법에 따라 책을 읽는다는 것은 학생들이 책을 빨리 읽으면서도 정확하게 이해한다는 것을 의미하고, 이렇게 독서하면 정보 입수량이 늘어난다.

빠른 이해의 기본은 문장을 하위 의미 단위별로 읽으면서 이해하는 것이다. 이것은 묵독하면서도 혀가 움직이는 현상을 방지할 뿐만 아니라, 의미를 이해하는 데도 훨씬 유리하기 때문이다. 그래서 책 읽는 속도가 빨라지게 된다.

정보를 받아들일 때 우리는 글자 하나하나를 읽어가는 것이 아니라 의미 단위로 이해하면서 받아들인다. 글자 하나하나를 읽어 가면 읽는 속도도 느려지고 이해하기도 힘들다. 예를 들어 10초라고 하는 단위 시간 안에 정보를 전달하면서, "사·람·은·누·구·나·능·력·있·는·사·람·이·되·기·를·원·한·다…"처럼 천천히 한 글자씩 또박또박 말한 경우와 "사람은 누구나/ 능력 있는 사람이/ 되기를 원한다./ 능력 있는 사람이란/ 자기가 맡은 일을/ 잘 처리하는/ 사람이다."처럼 의미 단위로 끊어서 말한 경우, 듣는 사람 입장에서 본다면 두 번째, 즉 의미 단위로 끊어서 말한 경우가 이해 측면에서 훨씬 유리함을 알 수 있다. 그리고 의미 단위로 끊어서 말을 하게 되면 한 글자 한 글자 말하는 것보다 같은 시간 안에 훨씬 더 많은 정보를 전달할 수 있다. 읽을 때도 마찬가지이다. 즉 한 글자 한 글자 읽어나가면 읽는 속도도 느리고 이해도 잘 안 되지만, 의미 단위로 끊어 읽으면 더 빨리 읽게 되고 이해도 쉽다.

우리는 일반적으로 책의 내용을 제대로 이해하기 위해서는 책을 천천히 읽어야 한다고 생각한다. 그러나 책을 읽는 속도와 이해력 사이에는 상관관계가 없다. 엄밀히 말해 책을 읽고 그 내용을 이해하지 못하거나 기억하지 못한다는 것은 그 책을 읽었다고 볼 수 없다. 입수하는 정보의 이해 정도는 읽는 속도에 의해서 결정되는 것이 아니라 주어진 텍스트에 대한 선행 지식의 정도에 따라 결정된다.

> 이미지 컨트롤이 픽처박스 컨트롤과 다른 점은 이미지 크기를 컨트롤에 맞게 가공하여 폼에 나타나게 할 수 있다는 점입니다. 이미지 컨트롤 크기에 맞게 가공되어 출력한 그림은 실제 파일에는 아무런 영향을 주지 않습니다.

컴퓨터에 대해 사전 지식이 없는 사람은 아무리 이 글을 천천히 반복해서 읽더라도 이해할 수가 없다. 그러나 컴퓨터에 해박한 지식을 가지고 있는 사람 입장에서는 아주 쉽게 이해할 수 있을 것이다. 결국 이해를 잘 하기 위해서는 천천히 읽어야 한다는 것은 잘못된 생각이라는 것을 알 수 있다.

빠른 이해를 가능하게 하는 것은 의미 단위로 읽는 것이기 때문에 속해 독서를 하기 위해서는 지속적으로 의미 단위로 끊어 읽는 훈련을 해야 한다. 그리고 의미 단위를 확장시켜 나가면서 읽는 훈련을 하게 되면 속해 독서는 저절로 이루어지게 된다.

그러면 속해독서법 연습을 시작하기 전에 자신의 속독력과 속해력을 측정해 보자.

 같이 하기 : 다음 글을 시간을 측정하면서 읽어보자.

역부지몽(役夫之夢)

자신의 선택과는 아무런 상관없이 태어나서 살게 된 우리의 '인생'은 우리에게 있어 단 한 번만의 소중한 기회인 것만은 틀림없다. 오직 한 번만의 기회 — '인생'을 살아가는 우리들은 과연 어떤 인생을 꾸려 나가야 할까?

옛날 주(周) 나라에 재산을 크게 이룩한 윤씨라는 이가 살았다. 큰 재산을 이룩하자니 그 밑에서 일하는 사람들의 노고는 이루 말할 수 없었다. 이른 아침부터 늦은 저녁까지 잠시도 쉴 새 없이 갖은 고통을 무릅쓰고 일하지 않아서는 안 되었다.

윤 씨는 사람 부리기를 매우 거칠게 하여 조금만큼도 사정을 두는 일이 없었다. 그의 하인 가운데 늙은이 한 사람이 있었는데 근력이 달리고 힘이 부쳐 끙끙 신음 소리를 내면서도 항상 웃는 낯으로 일하며, 괴로운 빛이 조금도 없었다.

한편 윤 씨는 많은 일꾼을 마음대로 부리면서 한껏 재산을 늘려 갔으므로 그런 대로 유복한 생활을 하고 있다고 하겠는데, 사실은 그렇지가 못하였다. 심신이 늘 피곤하고 초조하고 짜증스럽기만 했다. 그럴 수밖에 없는 것이 그는 어찌된 일인지 날마다 밤이면 꿈에서 어느 못된 상전 밑에 들어가 혹독한 종살이를 하는 것이었다. 밤새 진이 빠지도록 종살이를 하고 나면 온 몸이 지치고 짜증밖에 나는 것이 없었다.

그런데 그는 자기보다 하나도 처지가 나을 것이 없는 늙은 일꾼이 항상 웃는 낯으로 일하고 있는 것이 도무지 이해되지 않았고, 돌이켜 그보다 몇 갑절 유복한 자기가 이처럼 즐겁지 못한 것이 이상하기까지 했다.

윤 씨는 궁금한 끝에 하루는 늙은이를 불러 그가 즐거워하는 까닭을 물었다. 늙은 일꾼이 말하였다.

"저는 낮 동안 주인어른 밑에서 일합니다만 밤만 되면 꿈에서 나랏님이 되어 백성 위에 군림하여 한 나라를 다스립니다. 인생 백년에 낮과 밤의 시간이 반반으로 나뉘는데, 저는 낮 동안 종노릇을 하고 밤에는 임금이 되니 낮의 괴로움을 어찌 괴로움이라 원망하겠습니까? 낮은 낮대로, 밤은 밤대로 저에게는 다 뜻있는 삶입니다. 저는 종으로서 사는 낮 동안 임금으로서 사는 법을 배우고, 임금으로서 사는 밤 동안 아래 사람으로서 사는 법도 배웁니다."

이 말에 윤 씨는 크게 깨달았다. 그는 늙은 일꾼의 과중한 노역을 덜어주고, 일꾼들에게도 전에 가져보지 못한 온정을 갖게 되었다. 이렇게 되면서 그 자신의 고달픈 중세와 짜증도 씻은 듯이 가시었다.

위의 '일꾼의 꿈'을 일러 '역부지몽(役夫之夢)'이라 하는데, 세상 부귀영화가 꿈과 같이 덧없음을 이르기도 하나, 다른 한편 한 번만의 인생을 불평하고 짜증스럽게 살기보다 어떤 어려움 속에서도 좌절치 않고 열심히 일하고, 그 가운데서 뜻을 찾아 사는 인생이 값진 것임을 말해 주는 것으로 이해된다.

황패강, 『두 귀를 씻고 듣는 이야기』 중에서

 글의 줄거리를 5-6줄 정도로 정리해 보세요.

 1분당 읽은 글자 수를 측정해 보세요.

본문 글자 수	1,303	자
읽은 시간	분	초
1분당 읽은 글자 수		자
요약 정리 시간	분	초

▶ 1분당 읽은 글자 수 계산하는 방법

*글을 읽는 데 소요한 시간을 초로 환산한다.

　　예: 2분 30초 → 150초

*본문의 글자수를 소요시간(초)으로 나눈다.

　　글자 수 ÷ (　　)초 = 초당 읽은 글자 수 (소수점 1자리까지만)

*초당 읽은 글자 수에 60을 곱한다.

　　초당 읽은 글자 수 × 60 = 1분당 읽은 글자 수

위에 실시한 테스트 결과를 통해서 각자의 속독력과 속해력의 정도를 확인할 수 있다. 그 동안 속독법이라는 이름으로 독서 능력을 향상시키는 많은 프로그램들이 있었다. 이런 프로그램들은 대부분 책을 기능적으로만 빨리 읽게 하는 능력을 향상시키는 것들이었다. 그러나 우리가 하려고 하는 훈련은 글의 내용을 자연스럽게 이해하면서 누구나 가지고 있는 보편적인 읽기 속도를 회복하는 데 목적이 있다. 평균 독서 속도만 회복한다고 해도 우리의 독서량은 2배 이상 많아질 수 있다.

3. 속해 독서 방법

(1) 바른 자세로 읽기

책 읽는 속도를 높이는 데 가장 기본적이면서도 중요한 것이 바른 자세로 책을 읽는 것이다. 나쁜 자세로 책을 읽게 되면 집중력도 떨어지고 몸의 피로도 쉽게 온다. 많은 사람들이 책을 읽으면서 바른 자세를 유지하라고 한다. 이것은 학생들의 건강에도 중요하지만 독서 속도를 향상시키는 데도 중요한 요인이 되기 때문이다.

바른 자세는 책상에 가깝게 앉아, 허리를 곧게 펴고, 책과 눈과의 거리를 30㎝정도 유지하며 절대로 고개를 돌리면서 책을 읽지 말고 눈만 좌우로 이동시키며 책을 읽는 것이다. 이렇게 책을 읽으면 독서 속도가 향상된다.

(2) 묵독하기

책 읽는 속도를 높이는 두 번째 방법은 눈으로만 책을 읽는 것이다. 책을 읽을 때 소리를 내느냐 내지 않느냐에 따라 낭독과 묵독으로 구분한다. 초등학교 저학년으로부터 학년이 올라갈수록 낭독에서 묵독으로 읽는 방법이 바뀌게 된다. 그러나 우리 학생들은 묵독을 하면서도 낭독하는 습관이 그대로 배어있어 책 읽는 속도에 변화가 없다. 사람들은 소리를 내지 않으면 다 눈으로만 책을 읽는 것으로 생각하지만, 사실 소리를 내지 않을 뿐 속으로는 글자 하나하나를 읽어가면서 독서를 하는 사람들이 많다. 심지어는 입을 오물오물 하면서 읽는 사람들이 있는데, 이는 낭독하듯이 책을 읽어가는 습관이 배어 있기 때문이다. 독서 속도를 높이기 위해서는 우리 몸에 배어 있는 낭독하는 습관을 없애야 한다.

초등학교 저학년 학생들 중에서 책을 빨리 읽는 학생들은 대개 분당 1,500~2,000자 정도를 읽는다. 그런데 초등학교 저학년 동안에 낭독 훈련을 받으면서 이 속도가 분당 600자 정도로 떨어지게 된 것이다.

일반적으로 숙련된 아나운서들이 1분에 600~700자 정도를 읽는다. 따라서 소리 내지 않고 읽는 묵독 방법으로 책을 읽더라도 실제로 학생들이 책을 읽는 속도는 낭독의 속도를 벗어나지 못하고 있다는 것을 알 수 있다. 이것은 묵독을 하면서 혀를 앞니에 붙여보면, 자신도 모르게 혀가 움직이고 있음을 보면 알 수 있다. 이 문제를 해결하면 속도가 향상될 수 있다.

이 문제를 해결하기 위해서는 책을 읽으면서 혀를 윗니 뒤에 붙이거나 두 이빨로 가볍게 물고 읽는 훈련을 하면 낭독하는 습관을 없애고 독서 속도를 높일 수 있다.

(3) 의미 단위(Sense Group)로 읽기

① 사선 치면서 읽기

앞에서 우리는 언어 정보를 받아들일 때 의미 단위로 받아들이는 것이 이해도 빠르고 독서 속도도 빨라진다고 하였다. 그런데 낭독하는 습관이 배어 있을 경우에는 처음부터 의미 단위로 글을 읽는 것이 어렵다. 그래서 의미 단위로 사선을 치면서 읽는 훈련을 해야 한다.

책을 잘 이해하기 위해서 정독이라는 방법을 많이 사용한다. 정독은 책을 천천히 읽으면서 책의 내용을 정확하게 파악하기 위한 방법이다. 그러나 이 정독을 하면서도 책 읽는 속도를 향상시킬 수 있는 방법은 의미 단위로 책을 끊어 읽는 것이다.

의미를 가진 언어 단위는 형태(morph)에서 출발해서 단어(word), 구(phrase), 절(clause), 문장(sentence), 문단(paragraph), 글(text)로 확장되어 간다. 이 중에서 완전한 의미 전달의 기본 단위는 문장이다.

일반적으로 한 문장은 '주어부＋술어부'로 구분되어 있고, 이 주어부와 술어부가 확장되어 복잡한 문장을 이루게 된다. 따라서 문장을 정확히 이해하기 위해서는 문장을 이루고 있는 하위 구성요소들을 의미 단위로 끊어 읽음으로써 가능해진다. 이것을 '의미 단위로 읽기'라고 한다.

사람은 일반적으로 2~3단어를 한 번에 볼 수 있는 능력을 가지고 있다. 따라서 처음에는 2~3단어의 묶음에 사선을 치고, 그렇게 읽는 것이 답답해질 정도로 익숙해지면 4~5단어, 6~7단어로 확장해 간다. 의미 단위를 확장시켜 갈수록 독서 속도는 빨라진다.

이 훈련에서 중요한 것은 사선을 친 의미 단위를 한 글자 한 글자 읽어 나가는 것이 아니라 의미 단위 전체를 한 눈에 읽어야 한다는 것이다. 즉 의미 단위를 입체적인 이미지로 받아들여야 한다. 그렇기 때문에 한 번에 읽을 수 있는 의미 단위의 범위를 벗어나면 우리 눈은 자동적으로 글자를 죽 따라가며 읽게 된다. 따라서 사선을 칠 때는 한 눈에 읽을 수 있는 정도의 단위에 사선을 쳐야만 한다.

다음 글을 사선 친 단위를 한 번에 읽는다는 생각을 가지고 읽어보자.

이렇게 상상으로 읽으면/ 엄청나게 빨리/ 읽을 수 있습니다./ 상상이라는 것은/ 생각입니다./ 안구운동에 비해서/ 월등히 빨리/ 볼 수 있는데,/ 보통 사람들은/ 상상을 해도/ 상상의 힘으로/ 못 읽고/ 안구운동 하는 정도로만/ 읽습니다./ 상상력이 부족한 사람이어서/ 처음부터/ 그림도 안 그려지는/ 경우라 할지라도/ 그려졌다 생각하고/ 계속 훈련하면/ 어느 정도는/ 상상력을/ 키울 수 있습니다./

이런 방식으로 의미 단위 확장 훈련을 계속해 보자. 이를 위해서는 새로운 독서 습관을 가져야 한다. 반드시 연필을 들고, 어떤 글을 보더라도 의미 단위 범위만큼 사선을 치면서, 이해되는 범위만큼 읽어 나가는 습관이다. 이런 식으로 계속 훈련을 하면 한 눈에 들어오는 범위가 점점 증가되어 10~15단어 정도까지는 충분히 한 눈에 이해할 수 있다.

② 안구 훈련법

　사선을 친 의미 단위를 입체적인 이미지로 받아들이기 위해서는 안구의 움직임이 달라져야 한다. 즉 문자로 된 정보가 선형구조로 표현되어 있기 때문에 우리 안구 움직임도 일직선으로 움직이도록 훈련되어 있다. 따라서 실제로 소리 내어 책을 읽지 않으면서도 우리 눈은 글자 한 자 한 자를 따라가며 움직인다. 그런데 사선을 치면서 의미 단위로 책을 읽으면 눈도 사선이 쳐진 범위를 하나의 이미지로 받아들여 몇 개의 단어 묶음을 한 번에 이해하게 된다. 이렇게 의미 단위로 책을 읽는 방법이 효과를 얻기 위해서는 적절한 안구 훈련이 함께 이루어져야 한다.

　아래에 제시된 <안구 훈련표>는 가상의 책이다. 책을 읽으면서 안구 훈련을 하는 것이 이상적이지만, 기존의 습관 때문에 속도가 빨라지지 않는다. 그래서 의미가 없는 <안구 훈련표>를 가지고 훈련을 하면 효과적이다.

　<안구 훈련표>에 있는 원은 아무런 의미가 없다. 따라서 눈으로 볼 수 있는 만큼을 한 번에 보면서 안구가 멈추지 않도록 계속 움직이면서 처음부터 끝까지 보아나간다. 의미가 없는 것이기 때문에 가능하면 빨리 본다. 1분에 몇 회를 반복하는가를 표에 쓰고, 이 훈련을 매일 3차례 반복 실시한다. 1분에 10회 이상 읽을 수 있게 되면, 독서 속도는 분당 1,200자 정도가 된다.

　사선을 치면서 의미 단위로 읽는 훈련과 안구 훈련은 반드시 병행되어야 한다. 안구 훈련만 열심히 하고 책을 읽을 때는 이전 습관대로 글자 하나하나를 따라가면서 읽게 되면 안구 훈련은 그야말로 눈의 근육 운동밖에 되지 않는다. 또한 사선을 치면서 의미 단위로 읽는 훈련을 열심히 하고 안구 훈련을 하지 않는다면 사선을 치는 의미 단위가 더 이상 확장되지 않아 기대한 만큼의 독서 속도를 낼 수 없다.

5분 안구 훈련법		
1차 　 번 / 분	2차 　 번 / 분	3차 　 번 / 분

○　○　○　○　○　○　○　○　○　○　○　○　○　○

○　○　○　○　○　○　○　○　○　○　○　○　○　○

○　○　○　○　○　○　○　○　○　○　○　○　○　○

○　○　○　○　○　○　○　○　○　○　○　○　○　○

○　○　○　○　○　○　○　○　○　○　○　○　○　○

○　○　○　○　○　○　○　○　○　○　○　○　○　○

○　○　○　○　○　○　○　○　○　○　○　○　○　○

○　○　○　○　○　○　○　○　○　○　○　○　○　○

○　○　○　○　○　○　○　○　○　○　○　○　○　○

○　○　○　○　○　○　○　○　○　○　○　○　○　○

○　○　○　○　○　○　○　○　○　○　○　○　○　○

○　○　○　○　○　○　○　○　○　○　○　○　○　○

③ 의미 단위 읽기의 발전 단계

안구 훈련과 사선치기 훈련을 계속하다 보면, 처음에는 서너 단어 정도만으로 의미 단위를 구분하다가 점차 많은 단어들의 묶음으로 의미 단위를 구분할 수 있게 된다. 그 발전 단계를 개략적으로 제시하면 아래와 같다.

> 우리가 / 아무리 좋은 뜻을 / 갖고 있다 하더라도 / 단순히 자신이 경험한 / 제한된 지식만으로는 / 그것을 이루기가 / 쉽지 않다./ 이미 동일한 주제에 대해 / 수많은 사람들이 고민했고, / 그 결과들이 / 엄청나게 다양한 / 정보의 형태로 / 존재하고 있다./ 그들의 고민과 / 연구 결과들에 / 접촉할 수 있는 능력을 / 갖추지 못한 사람들은 / 진정으로 / 가치 있는 삶을 위해 / 노력하는 것이라고 / 보기 어렵다./
>
> 사선치기 20회 = 초보단계

초보단계에서는 2~3단어 정도를 의미 단위로 구분하면서 사선을 치고, 그 의미를 동시에 처리한다. 그 다음 하루 5분 정도씩의 훈련으로 2~3단어씩 끊어 읽는 것이 답답하게 느껴지고 오히려 독서 속도를 늦추는 것 같다면, 이 때 아래와 같이 의미 단위를 조금 더 확장시켜서 읽는다.

> 우리가 아무리 좋은 뜻을 / 갖고 있다 하더라도 / 단순히 자신이 경험한 제한된 지식만으로는 / 그것을 이루기가 쉽지 않다./ 이미 동일한 주제에 대해 / 수많은 사람들이 고민했고, / 그 결과들이 엄청나게 다양한 / 정보의 형태로 존재하고 있다./ 그들의 고민과 연구 결과들에 / 접촉할 수 있는 능력을 / 갖추지 못한 사람들은 / 진정으로 가치 있는 삶을 위해 / 노력하는 것이라고 보기 어렵다./
>
> 사선치기 13회 = 약간 발전단계

　그리고 안구훈련과 사선치기에 익숙해진 다음, 그러니까 훈련을 시작한 지 2~3주 후가 되어 안구 속도가 1분당 7회 이상이 되었을 경우에는 사선치기 범위를 좀 더 확장시켜 거의 문장별로 끊어 읽어 가면 된다.

　　　우리가 아무리 좋은 뜻을 갖고 있다 하더라도 / 단순히 자신이 경험한 제한된 지식만으로는 / 그것을 이루기가 쉽지 않다./ 이미 동일한 주제에 대해 수많은 사람들이 고민했고, / 그 결과들이 엄청나게 다양한 정보의 형태로 존재하고 있다./ 그들의 고민과 연구 결과들에 / 접촉할 수 있는 능력을 갖추지 못한 사람들은 / 진정으로 가치 있는 삶을 위해/ 노력하는 것이라고 보기 어렵다./

사선치기 8회 = 발전단계

　한 줄 이상을 동시에 읽기 위해서는 안구의 움직임이 글자만을 따라 일직선상으로 움직여서는 안 된다. 즉 두 줄, 세 줄을 한 번에 보면서 읽어야 된다는 말이다. 이렇게 되기 위해서는 안구속도가 1분에 8~12회 정도는 되어야 한다.

　　　우리가 아무리 좋은 뜻을 갖고 있다 하더라도 / 단순히 자신이 경험한 제한된 지식만으로는 그것을 이루기가 쉽지 않다./ 이미 동일한 주제에 대해 수많은 사람들이 고민했고, 그 결과들이 엄청나게 다양한 정보의 형태로 존재하고 있다./ 그들의 고민과 연구 결과들에 접촉할 수 있는 능력을 갖추지 못한 사람들은 / 진정으로 가치 있는 삶을 위해 노력하는 것이라고 보기 어렵다./

사선치기 5회 = 성숙단계

　안구의 속도가 1분에 13회 이상이 되면 우리 눈은 2~3 행을 한 번에 읽어 낼 수 있는 능력을 가지게 된다. 이렇게 되면 독서 속도는 엄청나게 빨라지게 된다.

　　이제 우리는 속해 독서를 하기 위해 의미 단위로 사선을 치면서 글을 읽고, 글을 읽은 내용을 요약하는 훈련을 하게 될 것이다. 그래서 1 분당 몇 글자를 읽게 되는지, 그리고 얼마만큼씩 향상되어 가는지를 스스로 점검할 것이다. 중요한 것은 우리가 글을 읽고 내용을 정리할 때 반드시 한 번만 읽고 정리해야 한다는 것이다. 정보를 빠르게 입수하는 방법을 훈련하는데, 내용 정리를 위해서 읽은 글을 또 읽고 또 읽고 한다는 것은 결과적으로 정보를 받아들이는 속도가 그만큼 느리다는 것을 의미하기 때문에 반드시 한 번만 읽고 정보를 처리해야 한다는 생각을 가져야 한다. 그래야 한 번을 읽으면서도 집중하며 읽게 되는 습관을 기를 수 있다. 물론 정리한 후에는 스스로 점검하여 부족한 부분을 체크해 나가야 한다.

　　이런 훈련을 처음 실시할 때는 속도가 더 느려지는 것이 보통이다. 그러나 새로운 습관을 체득하기 위해서는 꾸준한 노력이 있어야 한다. 아무리 좋은 원리를 듣고, 그 원리에 공감했다고 해서 그 원리가 바로 체득되는 것은 아니다. 느리고 답답해 보일지라도 꾸준히 훈련한다면 몇 개의 문장을 한 번에 읽을 수 있는 놀라운 체험을 하게 될 것이다.

속해 독서법에서 유의해야 할 점

▸▸ 반드시 눈으로만 읽어야 한다.
▸▸ 고개를 돌리며 읽어서는 안 된다.
▸▸ 의미 단위는 한 번에 읽어야 한다.
▸▸ 한번만 읽고 정리하는 습관을 들인다.
▸▸ 정리가 끝난 후 반드시 점검을 한다.

 다음 글을 사선(/)을 치면서 읽고, 요약해보자.

살아가면서 이 세상이 사람만 살아가는 세상은 아니라는 생각을 자주 하게 됩니다. 지금 우리가 뿌리 내리고 살아가는 세상은 사람뿐만 아니라 생명을 가진 모든 것들이 뿌리를 내리고 살아가는 세상이기 때문입니다. 풀 한 포기, 나무 한 그루, 하늘을 나는 새, 땅에 깃들어 살아가는 모든 생명체들. 그들의 삶터 또한 이 세상입니다. 그러나 인간의 삶을 돌아보면 인간만이 이 세상을 독차지하며 살아가는 것이 아닌가 하여 안타깝기만 합니다.

파헤쳐진 산, 뒤엎어놓은 시냇물, 숨 쉬는 땅을 시멘트로 도배해 놓은 도시. 그런 척박한 상황에서도 생명은 꽃을 피우고, 열매를 맺고, 새끼를 기르며 잠잠히 살아가고 있습니다.

2~3주 전이던가요. 늦가을의 정취가 한껏 펼쳐지던 날, 평등학교로 장애우 가족들을 보러 가던 길이었습니다. 전주에서 금산을 가는 길은 산길을 굽이굽이 돌아가는 한적한 길입니다. 깊은 산 밑으로 계곡물이 흐르고 있었지요. 아마 어느 집에서 오리를 계곡에 놓아 키우는지, 오리 다섯 마리가 시냇물에서 놀다가 집으로 돌아가는 길이었나 봅니다. 2차선 도로를 건너는 중에, 그만 오고가는 자동차를 만나게 되었지요. 제가 가는 반대 차선을 오리가 건너는 중이었는데, 그 때 자동차가 달려오고 있었습니다. 마주 쳐다보고 있는 제가 안타까울 정도로 오리들은 어떻게 해야 될지를 몰라 허둥지둥 헤매고 있었습니다. 길을 건너지도 못하고, 그렇다고 다시 돌아가지도 못하고 그 큰 눈을 뒤룩뒤룩 굴리며, 엉덩이를 뒤뚱뒤뚱하며 어쩔 줄을 몰라 제자리에서 빙글빙글 돌기만 하고 있었지요.

저도 마주 오는 자동차가 어떻게 할런지 몰라 너무 걱정이 되었습니다.

그런데 다행스럽게도 자동차의 운전자는 달려오던 속도를 서서히 줄이더니 급기야는 오리 앞에서 차를 세웠습니다. 그리고는 오리가 길을 다 건널 때까지 그렇게 가만히 서 있었습니다. 자동차 경적 한 번 누르지 않고 조용히 기다려 주는 모습이 어찌나 아름다웠던지 제 가슴이 다 뭉클하였습니다. 생명을 가진 것들과 더불어 살아가는 모습을 본 것 같아 흐뭇함이 넘쳤습니다. 그 흐뭇한 기억은 오래도록 저를 즐겁게 했습니다.

오늘 아침, 학교에 가던 길이었지요. 집에서 학교에 가는 길은 4차선 도로이지만 한적한 길입니다. 제 앞에 자동차가 한 대 달리고 있었지요. 그런데 반대 차선에서 강아지 한 마리가 길을 건너고 있었습니다. 마구 달려오는 강아지가 왠지 불안했습니다. 자동차가 속도를 줄이든지, 아니면 강아지가 걸음을 멈춰야 했는데, 속도를 좀 줄였으면 하는 제 바람과는 상관없이 그 자동차는 속도를 줄이지 않았고, 그 강아지도 그냥 내처 달려 길을 건너려 했습니다. 그 순간, 제 앞을 달리던 자동차 밑으로 강아지가 빨려 들어갔고, 강아지는 비명소리와 함께 길바닥에 나뒹굴고 말았습니다. 그 자동차는 그냥 달려가더군요. 가슴이 철렁했습니다. 뒤에서 불안하게 바라보던 제 마음, 가슴이 뛰기 시작했습니다. 차를 멈추고 백미러를 통해 강아지를 보니 강아지는 다리를 다쳤는지 일어서지도 못하고 그 넓은 길 가운데서 허우적대고 있었습니다.

그리고…….

하루 종일 마음이 우울했습니다. 어쩌면 세상의 어떤 생명체보다 강력한 힘을 가지고 있는 인간, 그렇기에 자연 속에서 군림하며 살아가고 있는 인간. 그러나 결국은 인간도 자연이 내리는 혜택 속에서 살아가고 있습니다. 그 혜택을 인간 혼자서 독차지하며 살아서는 안 되겠지요. 자연의 모든 생명들과 더불어 살아가려는 마음, 그들에게서 받는 혜택에 고마워할 줄 아는 마음, 그런 마음을 우리 잊고 사는 것은 아닌지…….

얼마 전 텔레비전에서 보았던 "이 길은 산양에게 우선 통행권 있음"이라는 외국의 어느 산길이 자꾸만 머릿속에 떠올랐습니다. 이제는 작은 생명들과도 더불어 살아가는 따뜻한 인간이었으면 좋겠습니다.

― 주경미, "더불어 사는 인간을 꿈꾸며"

 글의 줄거리를 5-6줄 정도로 정리해 보세요.

 1분당 읽은 글자 수를 측정해 보자.

본문 글자 수	1,840	자
읽은 시간	분	초
1분당 읽은 글자 수		자
요약 정리 시간	분	초

다음 글을 사선(/)을 치면서 읽고, 요약해보자.

낭만 산업

문화콘텐츠는 낭만 산업이다. 21세기가 추구하는 낭만은 기술과 테크놀로지를 인간화시키겠다는 야심찬 휴머니즘이다. 덕분에 어떤 한 사회에서 공인된 모든 문화는 문화콘텐츠의 자산으로 새롭게 각광받고 있다. 그동안 소홀히 여겨졌던 전통 문화는 꿈과 아이디어를 만나면서 미래의 유토피아적 희망이 되었다.

최근 선진각국에서 보이는 문화콘텐츠에 대한 열정어린 관심과 노력은 오늘을 사는 우리 인류가, '아름답도록' 인간적인 것을 갈구하는 애처로운 갈증에서 비롯된 것이 아닐까 싶다. 지난 세기에는 자유로운 공상과 상상이 위협 당했었다. 목표 지향적인 생각 외에 '딴 생각'을 금기시하던 탈인간화된 산업 시대를 지나면서 우리는 휴머니즘을 잃었다. 그러나 우리 인류는 그렇게 건조하게만은 살 수 없는 운명을 가진 것 같다. 우리 인류는 꿈을 갖고 꿈을 꾸어야만 살 수 있는 숙명적인 존재인 모양이다.

21세기를 살아가는 인류는 새삼스럽게 꿈, 환상, 이미지, 신화, 수수께끼 등에 열광하면서 신문명화 작업에 박차를 가하고 있다. 덕분에, 지하에서 떠돌던 전통문화가 최첨단의 디지털 기술과 융합하면서 현대 사회에서 생기발랄하게 살아 숨쉬는가하면 '딴따라'라는 이름으로 냉대 받던 연예인들은 사회의 우상 내지 국빈으로까지 대접받는 급격한 신분 상승을 경험하게 되었다.

단군 이래 최대의 주가를 올리고 있는 한류도 불굴의 힘을 가진 꿈의 소산이다. 분단된 작은 나라 한국이 이웃 민족을 열광시키고 더 나아가 기독교문화권을 비롯하여 이슬람 문화권에까지 진출하고 있다는 소식은 정작 한국인 자신들을 놀라게 하고 있다. 90년대 중후반부터 시작된 한류는 TV드라마 <사랑이 뭐길래>, <대장금>, <겨울 연가>, <천국의 계단>을 비롯하여 댄스그룹 <클론>, 가수 <보아>, <비>, 온라인게임 <리니지>, <미르의 전설>, <라그나로크>에 이르기까지 전 세계인의 호감을 이끌어내면서 성공적인 선전(善戰)을 계속하고 있다.

'이야기를 좋아하면 가난하게 산다'던 옛 사람들의 애정 어린 걱정은 기우(杞憂)가 되었다. 오히려 이야기가 없는 민족은 세계사적 흐름에서 점차 무기력해지고 있다. 문화콘텐츠의 근간은 민족적 정체성과 역사성이 담긴 이야기이기 때문이다. '이야기 좀 해 주세요', '이야기 하나 해 줄까?', '무슨 이야기 못 들었어?'가 넘쳐나는 한국은 미래형 등불이 되는 국가가 되었다. 앨빈 토플러가 말했던 제 3의 물결은 전 세계인의 심금을 울리고 있는 한류처럼 인간의 심성을 지배할 수 있는 희망시대의 도래를 예견한 것이다. 꿈이 많았던 한국인은 드디어 인류의 미래를 이끌어 갈 날을 맞이한 것이다.

— 장미영, 『문화콘텐츠와 스토리텔링』 중에서

 글의 줄거리를 5-6줄 정도로 정리해 보세요.

 1분당 읽은 글자 수를 측정해 보자.

본문 글자 수	1276 자
읽은 시간	분 초
1분당 읽은 글자 수	자
요약 정리 시간	분 초

다음 글을 사선(/)을 치면서 읽고, 요약해보자.

피그말리온 효과

김부식이 지었다는 삼국사기 열전을 보면 고구려 평강왕 때 사람으로 온달이 나온다. 온달은 집이 매우 가난해 늘 음식을 구걸하여 어머니를 봉양하였다. 찢어진 적삼과 해진 신발로 시정 사이를 다니는 온달의 용모는 구부정하고 우스꽝스러워, 당시 사람들은 그를 '바보 온달'이라고 불렀다.

평강왕한테는 울기를 잘하는 어린 딸이 하나 있었는데, 공주가 울 때마다 왕은 '네가 늘 울어대서 내 귀를 시끄럽게 하니 자라면 반드시 사대부의 아내가 되지 못하고 마땅히 바보 온달에게나 시집갈 것이다'고 말했다. 공주의 나이 16세가 되어 왕이 상부(上部)의 고씨에게 시집을 보내고자 했더니, 공주가 왕에게 말했다.

"대왕께서 늘 너는 반드시 바보 온달의 아내가 될 것이라고 말씀하시더니, 이제 무슨 까닭으로 말씀을 바꾸십니까? 필부도 오히려 식언(食言)을 하지 않으려 하거늘 하물며 지극히 존귀한 왕께서야 더 말할 나위가 있겠습니까? 이제 대왕의 명령은 잘못이므로 저는 감히 받들어 따르지 못하겠나이다."

마침내 왕은 화가 나서 '네가 내 명령을 따르지 않으니 진정 내 딸이 될 수 없도다. 어찌 함께 살겠느냐? 마땅히 네가 갈 데로 가거라'고 말했고, 공주는 보석 팔찌 수십 매를 팔꿈치 뒤에 매고 궁궐을 나와 온달을 찾아가 그동안 있었던 이야기를 하였다. 이에 온달이 당황하여 머뭇거리자 그 어머니가 '우리 아이는 지극히 비루하여 귀인의 배필이 되기에 부족하고, 우리 집은 지극히 가난하여 진실로 귀인이 살기에는 적당하지 않다'고 말했다. 공주가 대답했다.

"옛사람 말에 한 말의 곡식이라도 방아 찧을 수 있으며, 한 척의 베라도 바느질 할 수 있다고 했으니, 진실로 마음을 같이한다면 어찌 반드시 부귀한 다음에라야 함께 할 수 있는 것이겠습니까?"

이윽고 귀금속을 팔아 집과 밭, 그리고 살림에 필요한 것들을 마련한 다음에 온달은 학문과 무예를 열심히 익혔다.

고구려에서는 매년 3월 3일이면 낙랑 언덕에 모여 사냥을 한 다음에 잡은 돼지와 사슴으로 하늘과 산천 귀신에게 제사하는 제전이 있었는데, 그날이 되어 왕이 신하들과 더불어 사냥을 갔다. 이에 온달도 그동안 기른 말을 타고 참여해서 뛰어난 사냥솜씨를 발휘하자, 왕이 불러 그 이름을 묻더니 놀랍고 기이한 일이라고 여겼다.

그즈음 후주(後周)의 무제(武帝)가 군사를 내 요동에 쳐들어오자, 온달이 고구려군의 선봉장이 되어 큰 공을 세우니, 이에 왕이 가상히 여겨 찬탄하면서 '이야말로 내 사위로다!'하며 예를 갖춰 맞이했다. 또한 작위를 내려 대형(大兄)으로 삼음으로써 총애와 여예가 더욱 높아지고 위세와 권위가 날로 커졌다.

우리가 어렸을 적부터 들었던 온달 장군 이야기인데, 우리는 여기서 '어째서 사람들의 웃음거리였던 바보 온달이 그렇게 훌륭한 장군으로 변했는가?' 하는 물음에 초점을 맞추어 보자. 무엇이 바보 온달을 완전히 다른 사람으로 만들었는가?

이러한 물음에 대한 대답으로 『끌리는 사람은 1%가 다르다』는 책을 쓴 심리학자 이민규는 '온달님은 성실하고 힘이 좋으니까 노력하면 틀림없이 훌륭한 장군이 되실 거예요' 하는 평강공주의 한 마디 말이었다고 대답한다. 평강공주의 기대에 찬 이 한 마디에 바보 온달은 완전히 다른 사람이 되어 낮에는 무예를 익히고, 밤에는 책을 부지런히 읽어 마침내 한 나라의 으뜸가는 장수로 거듭났다는 것인데, 이렇게 다른 사람에 대한 예측이나 기대가 그대로 현실로 나타난다는 것을 피그말리온 효과(Pygmalion Effect)라고 한다.

피그말리온은 그리스 신화에 나오는 키프로스의 조각가로, 여성을 혐오해 평생 독신으로 살겠다고 결심한다. 돌이란 돌은 무엇이든 다듬어 아름다운 작품으로 만들어내던 그가 하루는 상아로 여자를 조각했는데, 그 모습이 어찌나 완벽하게 아름다운지 살아 있는 인간의 모습 그대로였다.

피그말리온은 그만 넋이 빠져 자기가 만든 조각상을 사랑하게 된다. 그는 살아있는 연인을 대하듯 조각상을 갈라테이아라고 부르면서 자기가 할 수 있는 정성을 모두 쏟는다. 여인상을 안아보기도 하고, 젊은 처녀가 좋아할 만한 것들을 선물로 바치기도 하면서 조각상을 자기 아내라고 불렀다.

키프로스에 아프로디테 축제가 있던 날, 피그말리온은 제단에 나가 아름다움과 사랑의 여신 아프로디테에게 간절히 기도한다.

"신이시여! 저 상아 처녀를 제 아내로 점지해주소서."

피그말리온의 정성에 감복한 아프로디테는 그의 소원대로 아름다운 조각상에게 생명을 불어넣었다. 피그말리온이 집으로 돌아와 소파에 누워있는 조각상을 보자 생기가 도는 것 같아, 손을 가만히 만져보니 따뜻한 체온이 느껴졌다. 자기 입술을 처녀 입술에 대자 그 처녀는 수줍은 듯 얼굴을 붉혔다. 마침내 갈라테이아가 살아서 움직이기 시작한 것이다. 두 사람은 아프로디테의 축복 속에 결혼을 해서 파포스를 낳는데, 아프로디테에게 봉헌된 파포스라는 도시는 바로 이 아이의 이름에서 나온 것이라고 한다.

한 마디로 말해서, 피그말리온 효과는 사람의 태도와 행동이 그가 어떻게 대접받느냐에 따라 달라진다는 것을 보여준 것인데, 실제로 하버드대학교 심리학과 교수인 로젠탈(Robert Rosenthal)과 초등학교 교장인 제이콥슨(Lenore Jacobson)은 빈민들이 많이 사는 미국의 오크 초등학교 교사와 학생들을 대상으로 피그말리온 효과를 실험으로 증명하기도 했다.

로젠탈과 제이콥슨이 실시했던 실험에서 연구자들은 학년 초에 담임교사들에게 학생명단을 보여주면서 아주 심각한 말투로 '여러 가지 학습 능력 검사를 해보니 명단에 있는 학생들은 오래지 않아 커다란 학습 성장을 보일 것으로 사료 된다'고 귀띔해 주었다.

사실 교사들이 건네받은 학생들의 명단은 연구자들이 아무런 근거 없이 무작위로 뽑은 것이었다. 하지만 명단을 건네받은 교사들은 연구자들이 점찍어준 학생들이 정말로 학습 성장의 가능성이 있는 것으로 굳게 믿었다.

드디어 한 학기 수업이 시작되고, 교사들은 늘 하던 것처럼 아이들을 가르쳤다. 그런데 4개월이 지나자 놀라운 일이 벌어졌다. 연구자들이 말했던 학생들의 학업 성취 점수가 그러지 않은 학생들보다 무려 평균 10점 이상씩이나 높아진 것이다. 교사들이 그 학생들에게 특별 교육이나 특수 과외 활동을 시킨 것도 아닌데 말이다.

군이 새로운 것이 하나 있었다면, 그것은 교사가 연구자들이 점찍어 준 학생들에게 기대를 가졌다는 것이다. 연구자들의 귀띔대로 그 학생들의 우수한 잠재력이 머지않아 현실로 드러날 것이라고 믿는 기대감 말이다. 8개월 후에 교사의 기대 효과가 더 분명해졌다. 20개월이 지나자 교사의 기대에 따른 학습 능력 효과는 조금 감소했지만 그래도 학생들의 실력은 학기가 시작되고 4개월이 되던 당시보다 더 월등했다.

이 연구는 아주 단순하지만 엄청난 의미를 지닌 메시지를 교육자에게 던진다. 바로 학생의 학습 능력을 이끌어내는 직접 동인은 교사의 기대감, 다시 말해 학생에 대한 교사의 기대감이 학생의 학습 능력을 높여준다는 것이다. 따라서 학생의 학업 성장을 위해서는 무엇보다 먼저 학업 성장에 대한 교사의 기대가 앞서야 된다는 것이다. 사람은 관계 속에서 살아야 하는 존재이고, 교육도 이점에서는 예외가 아니라는 것이다.

그렇다면 우리는 이제 우리 자신에게 다음과 같은 질문을 던져보아야 한다. 지금 우리는 나 자신을 비롯하여 우리의 가족이나 주변 사람들을 어떻게 대접하고 있는가. 과연 우리는 지금 우리 스스로를 어떻게 조각하고 있는가.

— 원한식, "전주대 평생교육원 입학식 축사" 중에서

 글의 줄거리를 5~6줄 정도로 정리해 보세요.

 1분당 읽은 글자 수를 측정해 보자.

본문 글자 수	3,578	자
읽은 시간	분	초
1분당 읽은 글자 수		자
요약 정리 시간	분	초

글 분석법

1. 글 분석의 의의 및 목적

아무리 속해독서를 잘 해서 많은 정보를 받아들였다고 할지라도 그 자체로서는 양질의 정보가 될 수 없다. 양질의 정보가 되기 위해서는 입수된 정보를 잘 가공하는 작업이 병행되어야 한다.

빠른 이해를 통해 정보의 양을 늘리는 것이 중요한 것처럼 정확한 이해를 통해 정보의 질을 높이는 것은 매우 중요하다. 애써 받아들인 정보가 잘못 이해된다면 그것은 정보로서의 가치를 잃게 되며 심각한 문제를 초래할 수도 있기 때문이다.

정확한 이해를 통해 정보의 질을 높이는 것은 사고의 깊이를 더한다는 면에서도 중요하다. 똑같은 정보를 입수하더라도 그 정보를 정확하게 이해한 경우와 그렇지 않은 경우에 그 정보는 질적으로 명백한 차이가 있다. 정보의 질이 높아지면 이것은 곧 깊이 있는 사고의 밑거름이 되어 더 높은 차원의 정보를 정확하게 받아들일 수 있는 힘이 생기기 때문이다. 얕은 우물은 흙탕물이 고이거나 가뭄에 쉽게 마르지만 깊이 판 우물에서는 맑고 깨끗한 물을 많이 얻을 수 있는 것과 같다.

따라서 정보처리에서 신속성과 정확성은 수레의 두 바퀴와 같이 병행되어야 한다.

2. 정확한 이해를 위한 조건

(1) 중요한 것과 덜 중요한 것 판단하기

어떤 글이나 말을 잘 이해했다는 것은 글을 쓴 저자나 말을 한 화자의 의도를 정확하게 파악했다는 뜻이 된다.

어떤 연사가 1시간 동안 쉬지 않고 강연을 했다고 하자. 그 연사는 계속 무엇인가를 이야기했고, 청중들은 연사의 이야기에 도취돼 웃기도 하고 울기도 하면서 1시간이 흘러갔다. 그런데 강연을 듣고 나온 사람들이 전하는 말이 모두 다르다면 문제가 된다. 그저 느낌으로 강연이 '재미있었다, 유익했다, 감동적이었다' 등등의 평은 할 수 있다. 그리고 이 평은 사람에 따라 얼마든지 다를 수도 있다. 그러나 '강연 내용이 무엇이었지?'라는 질문에 청중들 모두가 다른 답을 한다면 그것은 문제가 된다.

정보를 처리할 때 신속하고 정확하게 처리하는 것이 중요하다는 것을 이야기하면서 예를 들어 '공중전'을 이야기했다고 하자. 현대의 전쟁은 주로 공중전에 의해 이루어지기 때문에 공중전에서 승리하기 위해서는 상대 및 주변 상황에 대한 정보를 신속하게 처리해야 한다. 그런데 수집된 정보가 정확하지 않은 정보라고 한다면 비록 빨리 미사일을 발사했다고 하더라도 패배할 수밖에 없을 것이다. 이 '공중전' 이야기는 신속하고 정확하게 정보를 처리하는 것이 얼마나 중요한지를 강조하기 위해서 제시한 한 예이다. 따라서 이 이야기에서 중요한 핵심은 '정보는 신속하고 정확하게 처리해야 한다.'는 것이다.

그러면 이런 경우를 상상해 보자. 정보처리의 신속성과 정확성을 강의하면서 '공중전' 이야기를 예로 들어서 했고, 강의를 들었던 학생들은 '참 재미있었다, 유익했다, 좋았다'

등의 긍정적인 평을 했다고 하자. 문제는 강의시간에 빠진 친구 B가 강의를 들었던 학생 A에게 '강의 내용이 무엇이었지?'라고 물었더니, 강의를 들은 A가 '강의 시간에 공중전에 대해서 이야기했는데 아주 재미있었어.'라고 강의 내용을 요약해서 전해주었다고 한다면, 그리고 이 말을 들은 B가 시험 준비를 하기 위해 도서관에서 공중전에 대한 책을 많이 읽고, 요약하고, 외워서 시험장에 들어갔다고 한다면 문제는 심각해진다.

분명히 필자는 공중전에 대한 이야기를 했다. 그리고 그 묘사가 아주 사실적이어서 재미가 있었다. 그러나 필자는 '공중전이란 무엇인가?'라는 시험 문제를 출제하지는 않는다. 그렇다고 A가 거짓말을 한 것은 아니다. 그러나 B가 시험을 망친 것도 사실이다. 이러한 문제가 발생한 근본적인 이유는 어디에 있는가? 그것은 A가 강의 내용을 요약하면서 중요한 것과 중요하지 못한 것을 구분하지 못한 데서 생긴 것이다.

하나의 주제로 진행되는 강의나 글에서 전달하려고 하는 내용은 많아야 서너 가지에 지나지 않는다. 따라서 이것만을 전한다면 아주 짧은 시간에 몇 마디의 말이나 글로 가능하게 된다. 그러나 이렇게 전달된 내용을 이해하려면 적어도 글을 쓴 사람과 같은 수준 이상의 지적 능력을 가진 사람이어야 하고, 그렇지 못한 사람들에게는 그들의 이해를 돕기 위해 일정한 양의 설명이나 예들이 추가되어야 한다. 앞에서 든 공중전도 이런 예의 하나이다. 따라서 이것은 중요한 핵심 내용이 아닌 것이다.

정보를 전달하는 말과 글이 가지고 있는 중요한 특질 중의 하나는 모든 단어와 문장이 결코 동일한 밀도의 정보를 담고 있는 것이 아니라는 사실이다. 즉 중요한 것과 중요하지 않은 것(부수적, 종속적인 것)으로 이루어져 있고, 중요한 것과 덜 중요한 것은 상관관계로 묶여 있다는 사실을 알아야 한다. 따라서 정보를 대할 때 각 문장 간의 상관관계를 살펴봄으로써 그 정보 속에서 중요한 것과 덜 중요한 것을 가려낼 수 있어야 한다. 중요하지 않은 것을 떨어내고 중요한 것만 골라내면 뼈대를 추려낼 수 있다. 그것이 바로 정보의 핵심이 되는 것이다. 이러한 능력이 갖추어지면 정보 처리 능력이 한 단계 높아질 수 있다.

(2) 저자 입장에 서서 보기

강의를 듣거나 책을 읽고 '어땠어?'라는 질문에 '좋았어, 재미있었어, 유익했어' 등의 대답은 느낌(feeling)을 표현하기 위한 것이기 때문에 차이가 있을 수 있다. 그러나 '어떤 내용이었어?'라는 질문에는 대답이 같아야 한다. 이것은 강사나 저자가 자신이 계획한 방법에 의해서 자신의 생각(내용, 정보)을 전달하는 것이기 때문에, 청중이나 독자들이 서로 다르게 받아들인다면, 전달에 문제가 있든지 수용에 문제가 있든지, 심각한 문제가 있는 것이다.

전달에 문제가 있다면 강사나 저자는 새로운 전달 방법을 모색해야 된다. 왜냐면 기본적으로 원고가 잘못되었거나, 전달 방법에 문제가 있어, 같은 내용을 여러 가지로 해석할 수 있는 모호성이 생겼기 때문이다.

반대로 수용에 문제가 있다면 청중이나 독자들이 내용을 정확하게 파악할 수 있는 방법을 찾아야 한다. 그렇다면 어떻게 해야 할까? 일반적으로 강사나 저자는 자신의 생각을 일정한 논리에 따라 전개시킨다. 따라서 그 논리를 잘 따라가면 저자의 의도, 즉 초점을 정확하게 파악할 수 있게 된다. 즉 철저하게 저자의 입장에서 받아들여야 된다는 말이다. 저자가 한 가지를 이야기했다면 청중도 한 가지만 이해하면 되고, 두 가지를 이야기했다면 두 가지만 이해하면 되는 것이다. 이것이 저자의 의도를 파악하는 가장 중요한 방법이다.

그런데 똑같은 정보를 주고 중요한 것을 찾으라고 하면 중요한 것이 일치되지 않고 여러 개로 나오는 경우가 흔히 있다. 이와 같이 동일한 글을 읽고도 중요한 내용을 각기 다르게 판단하는 것은 글쓴이의 생각에 충실하지 않고 읽는 이 자신의 생각대로 글을 읽기 때문이다.

따라서 글을 읽을 때 글쓴이의 생각에 초점을 두어야 한다. 아무리 열심히 수십 번, 수백 번 글을 읽는다고 해도 자신의 관점에서 읽었다면 결코 정확한 이해에 다다를 수 없기 때문이다.

(3) 선입관과 편견에서 벗어나기

정보의 입수는 단순한 '앎'을 충족시키기 위한 것은 아니다. 단순한 '앎'은 보편화와 일반화, 그리고 논리화를 거쳐 '지식'이 된다. 우리가 정보를 입수하는 것은 체계적인 지식을 얻기 위한 것이다. 그런데 우리가 가지고 있는 선입관과 편견은 이러한 지식화 과정을 왜곡시킨다. 즉 우리 지식화 과정에 색안경을 씌우는 것과 같다.

색안경을 쓰고 보는 세상은 색안경의 색에 의해 왜곡된 세상이다. 색안경을 쓰고 세상을 바라보면서 진실을 말한다는 것은 결국 색안경으로 왜곡된 진실을 말하는 것이다. 본인은 진실을 말하고 있다고 믿겠지만, 색안경을 벗고 있는 사람이 본다면 거짓을 말하고 있는 것이 된다.

'진리'란 보편성이 있어야 한다. 우리가 '지식'을 탐닉하는 것은 이 지식을 통해 궁극적으로 진리를 찾기 위한 것이다. 따라서 어떤 시각으로 바라보아도 동일하게 받아들여질 수 있는 지식이 되어야 한다. 그러자면 우리가 가지고 있는 선입관과 편견이라는 색안경을 벗어야만 된다.

객관적인 글 분석은 이런 선입관과 편견에서 벗어나 주어진 정보를 객관적으로 받아들일 수 있는 힘을 길러준다. 즉 객관적인 글 분석을 통해 선입관과 편견에서 벗어날 수 있게 되는 것이다.

객관적인 글 분석이란 글 읽는 사람의 주관적인 판단이 전적으로 배제된 상태에서의 글 읽기라고 할 수 있다. 쉽게 말하면 글에 쓰인 내용만을 객관적으로 정리함으로써 글쓴이의 핵심에 접근하는 글 읽기인 것이다.

3. 글 분석 방법

(1) 밑줄 치기

우리는 초등학교에서부터 책을 읽으면서 중요한 부분에 밑줄을 치면서 공부해 왔다.

밑줄을 쳤다는 것은 중요한 것과 중요하지 않은 것을 판단했다는 의미이다. 그런데 막상 대학생들에게 중요한 문장(핵심문장)에 밑줄을 치라고 하면 제대로 치는 사람이 거의 없다. 이것은 현재 우리나라 학생들의 언어능력에 심각한 문제가 있음을 대변해 준다. 주어진 글을 읽고 중요한 문장에 밑줄을 치라고 했는데 엉뚱한 곳에 밑줄을 쳤다면, 그 학생은 주어진 글의 핵심 내용을 정확히 파악하지 못한 것이다.

일반적으로 우리는 공부를 할 때 중요한 부분이나 반드시 기억해야 할 내용에는 밑줄을 친다. 그리고 시험공부를 할 때 시간이 부족하다거나 마지막 정리를 할 때면 공부할 내용에서 밑줄 친 부분만을 보면서 공부를 하게 된다. 그런데 밑줄이 엉뚱한 부분에 쳐졌거나, 전혀 안 쳐졌거나, 전체에 다 쳐졌다면 이것은 안 친 것만 못한 결과를 가져올 것이다.

밑줄은 선입견과 편견을 버리고 저자가 중요하게 생각하는 부분을 찾아 치는 것이다. 즉 주어진 정보에서 중요한 것과 중요하지 않는 것을 판단하는 것이다. 그런데 밑줄을 치라면 책을 읽는 속도가 뚝 떨어지는 것을 볼 수 있다. 중요한 부분을 찾기 위해서 몇 번이고 반복해서 읽기 때문이다. 그런데 이렇게 반복해서 읽으면서도 줄을 제대로 치지 못하다는 데 더 심각한 문제가 있다.

중·고등학교 선생님들이 언어 영역의 시험을 볼 때 시간을 절약하기 위해서는 지문을 읽기 전에 문제를 먼저 읽으라는 주문을 한다. 이것은 지문을 먼저 읽었는데도, 한 문제 한 문제를 풀면서 그만큼 다시 지문을 반복해서 읽는 잘못된 습관 때문에 나온 말이다. 그런데 문제를 먼저 읽고 나면 문제에서 요구하는 것들이 무엇인지, 무엇이 핵심인지를 염두에 두고 지문을 읽어 내려 갈 수 있기 때문이다.

얼마 전 대기업 입사 시험의 토플(TOEFL)은 80분에 60문항이 주어졌다. 대부분의 문항이 지문을 읽고 질문에 대답하는 독해문제들인데, 합격을 하려면 점수가 90점을 넘어야 하기 때문에 만만한 시험은 아니다. 이 시험을 보는 수험생들에게 하는 충고는 한 문제를 1분 이내에 해결하고, 10분 동안에 다시 검토하고, 남은 10분 동안에 답안지에 옮겨 쓰면서 최종적인 점검을 해야 한다는 것이다. 지문이 긴 것은 거의 3분의 2 쪽을 넘어가기 때문에 빨리 한 번 읽고 문제를 해결해야 1분 안에 해결이 가능하다.

이렇게 우리에게 주어지는 언어 문제들은 지문을 읽고 문제에 답하는 형태들이다. 여기서 시간을 절약하기 위해서는 한 번만 읽고, 전체 문제를 한 번에 해결하는 것이 중요하다. 비슷한 과정이지만 듣기의 경우는 더 심각하다. 한 번 지문을 들려주면 1~4개 정도의 문항이 주어진다. 그런데 듣기는 독해처럼 다시 읽을 수 있는 지문도 없기 때문에 들으면서 중요한 부분을 확인하지 못하면 전체 문항을 해결할 수가 없다.

독해와 듣기의 과정은 같은 과정이다. 다만 지문이 글로 주어지느냐 말로 주어지느냐의 차이만 있을 뿐이다.

그렇다면 지문을 한 번만 읽고 주어진 문제 전체를 해결할 수 있는 방법은 없는 것일까? 물론 있다. 일반적으로 독해 문제들은 대부분 ① 주제가 무엇인가? ② 제목이 무엇인가? ③ 밑줄 친 부분은 무엇을 가리키는가? ④ 빠진 부분에 들어갈 적절한 말은 무엇인가? 등이다. 이 문제의 답들은 대개 주어진 글의 핵심 내용들이다. 따라서 글을 읽으면서 중요한 부분에 정확하게 밑줄을 쳤다면 한 번에 해결할 수 있는 문제들이다. 글을 단번에 읽고 정확하게 이해하는 방법은 글을 읽어가면서 중요한 곳에 바로바로 밑줄을 치는 간단한 방법으로 해결되는 것이다.

그러면 중요한 문장과 중요하지 않은 문장을 가려내는 방법은 무엇일까? 글에서 중요한 문장과 중요하지 않은 문장은 문장들 사이의 관계 속에서 가려진다. 모든 문장들은 상호 연관관계를 가지고 기술되어 있다. 즉 어느 문장이 다른 문장을 설명하기 위한 것인지, 아니면 다른 문장이 그 문장을 설명하기 위한 것인지를 파악하면 된다. 여기서 설명되는 문장이 그 문장을 설명하는 문장보다 중요한 것임은 자명하다.

이러한 원리를 알고 글을 읽어 나가면서 중요한 문장에 밑줄을 치면 된다.

(2) 네모 치기

의미를 전달하는 완전한 언어형식은 문장이다. 그런데 문장은 단어들의 결합으로 이루어진다. 따라서 문장에 사용된 단어를 이해하지 못하면 문장의 의미를 제대로 파악할 수 없게 된다.

문장을 읽어나가다가 모르는 단어가 나왔을 때 어떻게 해야 하는가? 대부분의 모국어 화자들은 글을 읽다 모르는 단어가 나오면 그 단어의 앞뒤 문맥이나 문장의 뜻을 통해 대략적인 의미를 짐작하면서 읽어나간다. 그러나 이렇게만 넘어가서는 어휘력이 신장되지 않는다.

따라서 책을 읽다가 모르는 단어가 나오면 네모를 치고 위에서 설명한 것처럼 뜻을 미루어 짐작하고 넘어간다. 그러나 읽고 난 후에는 반드시 사전을 찾아 그 뜻을 정확하게 확인하고, 그 단어를 이용해서 다른 문장을 만들어보는 습관을 길러야 한다. 이것이 어휘력을 신장시키는 가장 좋은 방법이다.

어휘력은 사고력을 키우는 데 중요한 능력이다. 인간은 자신이 아는 단어 수에 비례한 사고력을 가진다고 한다. 보통 사람들은 평생 7,000여 종류의 단어를 사용하고, 전문 작가들은 15,000~25,000여 개의 단어들을 사용한다고 한다. 그런데 셰익스피어는 40,000~45,000개 정도의 단어를 사용했다고 한다. 우리나라에서 1년 동안 출판된 모든 문서(신문, 잡지, 저서 등)들에서 사용하고 있는 단어수가 90,000개 정도밖에 안 된다는 점을 생각하면 셰익스피어가 사용한 단어가 얼마나 풍부했는가를 짐작케 한다.

(3) 동그라미 치기

글쓴이가 전달하고자 하는 내용이 글의 표면에 들어나는 사실적인 글에서 글을 정확하게 이해하기 위해서는 위에서 이야기한 것처럼 중요한 문장을 밑줄을 치면서 읽으면 된다. 그런데 글의 주제나 핵심 내용이 글의 표면에 드러나지 않고 내면에 녹아들어간 글에서는 밑줄을 칠 수가 없다. 이런 문학적인 글에서는 글을 이루어가는 중요한 핵심어(구)나 상황어(구)에 동그라미를 치면 전체 글의 내용 흐름을 파악하는데 도움이 된다.

또한 글을 읽어 나가다가 밑줄을 칠 수 있는 문장은 아니지만 중요한 개념어(구)가 나오면 동그라미를 친다. 이는 핵심 내용을 파악하는 데 보조적으로 이용하는 방법이지만, 글의 전체 내용이나 흐름을 파악하는 데 도움을 얻을 수 있다.

(4) 5가지 질문으로 분석하기

학생들이 주어진 정보를 얼마나 정확하게 이해하고 있는지를 평가하기 위해서 도입된 방법 중에 가장 많이 쓰는 것이 시험이다. 이 시험은 보는 사람 입장에서는 부담스러운 일이지만, 평가하는 입장에서 본다면 얼마나 내용을 정확하게 파악하고 있는가를 알 수 있는 기회가 된다.

과목에 따라 문제의 유형에 상당한 차이가 있기는 하지만, 모든 학문의 기초가 되는 이해력을 측정하는 문항들에는 일정한 유형이 있다. 이 유형은 결국 글을 읽는 사람 입장에서 보면 인식의 유형이 되고, 글을 쓰는 사람의 입장에서 본다면 표현의 유형이 된다.

질문은 문제 해결의 지름길이다. 즉 질문에 적절한 답을 찾아가는 과정이 문제해결의 과정이고, 이 과정에는 자신이 알고 있는 모든 지적인 능력이 동원된다. 따라서 적절하고, 유용한 질문이 주어진다면 지적인 능력을 향상시키는데 아주 도움이 될 수 있음은 자명한 일이다.

그러면 주어진 글을 읽고 정확하게 이해했는지를 파악하기 위한 질문은 무엇일까? 아마 아래 5가지로 정리될 수 있을 것이다.

    q1. 핵심은 모두 몇 개인가?
    q2. 각 핵심을 요약하면?
    q3. 그 중 가장 중요한 핵심은 어떤 것인가?
    q4. 이 정보가 전달하고자 하는 중심 생각은 무엇인가?
    q5. 이 정보의 제목은 무엇인가?

이 다섯 가지 질문을 그 동안 학교 교육에서 사용했던 용어로 표현하면 다음과 같다.

    Q1. 이 글은 몇 문단인가?
    Q2. 문단의 중심내용은 무엇인가?
    Q3. 이 글의 형식은 무엇인가?
    Q4. 이 글의 주제는 무엇인가?
    Q5. 이 글의 제목은 무엇인가?

그렇다면 이 다섯 가지 질문을 통해서 무엇을 해결할 수 있을까?

Q1. 이 글은 몇 문단인가?

문단은 의미를 전달하는 하나의 내용 덩어리로, 단락이라고도 한다. 문단은 형식 문단과 내용 문단으로 구분되는데, 일반적으로 글에서 들여 쓰기 단위로 구분된 덩어리를 형식 문단이라고 하고, 한 가지 중심 내용으로 묶일 수 있는 문단을 내용 문단이라고 한다.

하나의 문단은 여러 개의 문장으로 이루어지는데, 여기에서 어떤 문장이 중요한 문장이고 어떤 문장이 중요하지 않은 문장인지를 문장들 간의 상관관계를 통하여 파악하여야 한다. 하나의 문단에는 하나의 핵심 문장(내용)이 있게 되므로, 몇 개의 핵심 문장(내용)이 있느냐에 따라 문단의 수가 결정된다.

이상적인 문단 구성은 형식 문단과 내용 문단이 일치되는 것이지만, 보통은 여러 개의 형식 문단들이 모여서 하나의 내용 문단을 이룬다. 이렇게 여러 개의 형식 문단들이 모여서 이루어진 내용 문단에서 중심 문단을 찾는 것도 문단들의 상호 관련성을 통해서 이루어진다. 즉 중심 문단을 설명하거나, 그 문단의 예를 드는 문단은 종속 문단이 된다.

Q2. 문단의 중심내용은 무엇인가?

문단의 중심내용은 주제, 즉 소주제이다. 일반적으로 이러한 주제는 한 문장으로 표현된다. 글쓴이가 전달하고자 하는 핵심 내용이 글의 표면에 드러나는 글에서는 중심 문장이 글의 표면에 드러나지만, 문학적인 글에서는 이 중심내용이 표면으로 드러나는 않고 숨겨져 있어서 재구성해야 찾아낼 수 있다.

밑줄은 문단의 중심이 되는 내용을 전달하는 문장에 치는 것이다.

Q3. 이 글의 형식은 무엇인가?

글의 형식은 주어진 글의 주제가 어디에 있는가를 말하는 것이다. 주제가 처음에 있으면 두괄식, 마지막에 있으면 미괄식, 가운데에 있으면 중괄식, 같은 중요도를 가진 내용들이 여러 개 나열되어 있으면 병렬식, 처음과 마지막에 주제가 오면 양괄식, 표면적으로 전혀 드러나지 않으면 무괄식이라고 한다.

글의 형식은 각각의 문단에서 밑줄 친 중심 문장 중에서 가장 핵심적인 내용이 어디에 있는지를 결정하는 것이다.

Q4. 이 글의 주제는 무엇인가?

주제는 글쓴이가 전달하고자 하는 내용으로, 글 전체의 중심 생각이다. 일반적으로 작자가 글을 쓸 때는 가장 먼저 주제를 정하게 되고, 주제가 정해지면 주제를 중심으로 이야기를 어떻게 전개해 나갈 것인가를 구상하게 된다. 따라서 주제에 따라 글의 전개 방향이 결정된다.

글을 읽을 때는 이와 반대되는 방향을 취하기 때문에 여러 개로 나열된 소주제들 중에서 가장 핵심적인 소주제가 글 전체를 주관하는 주제가 된다.

Q5. 이 글의 제목은 무엇인가?

제목은 글의 내용 전체를 대변하는 것으로, 글의 얼굴이라고 할 수 있다. 글은 전달을 위주로 하는 글과 표현을 위주로 하는 글이 있다. 전자는 글의 주제가 제목에 분명하게 나타나도록 제목을 붙이지만, 후자는 주제를 암시하는 어구나 글감을 제목으로 삼기도 한다.

제목을 붙일 때는 주제문을 압축하거나 요약하면 된다.

같이 하기 : 다음 글에서 중요하다고 생각되는 곳에 밑줄을 치면서 읽어 보자.

모든 동물은 자라고 번식하는 데 먹이를 필요로 합니다. 그래서 동물들 사이에는 먹고 먹히는 관계가 형성됩니다. 우리는 이러한 관계를 먹이 사슬이라고 부릅니다.

그러면 동물들 사이에는 어떻게 먹이 관계를 이룰까요? 거기에는 일정한 법칙이 있습니다. 식물은 초식동물에게 먹힙니다. 그리고 초식동물은 육식동물에게 먹힙니다. 육식동물이 죽으면 썩어 식물이 자라는 데 필요한 거름이 됩니다. 예를 들면, 파리는 개구리의 먹이, 개구리는 뱀의 먹이, 뱀은 매의 먹이, 매가 죽으면 파리의 먹이가 됩니다.

 이 글을 분석해 보자.

Q1. 이 글은 몇 문단인가?

Q2. 각 문단의 중심내용은 무엇인가?

Q3. 형식은 무엇인가?

Q4. 주제는 무엇인가?

Q5. 제목은?

실습을 통해서, Q1에 대해 '3개의 문단', Q3에 대해 '미괄식', Q4에 대해 '생태계의 먹이 사슬 관계', Q5에 대해 '먹이 사슬'이라는 대답이 많이 나와 쉽게 일치를 볼 수 있었다.

그런데 Q2에 대해서는 의견이 갈리는 경우가 있다. 1문단의 중심내용을 사람들마다 달리 파악하여 3가지로 나뉘는 것이다.

(1) 의견 : 모든 동물은 자라고 번식하는 데 먹이를 필요로 합니다.
(2) 의견 : 동물들 사이에는 먹고 먹히는 관계가 형성됩니다.
(3) 의견 : 우리는 이러한 관계를 먹이 사슬이라고 부릅니다.

이렇게 문단의 중심내용이 분명하게 가려지지 않을 경우에 그 정확성을 확인하는 가장 좋은 방법은 다른 문단의 중심내용과 연관성을 가지고 있는지 여부를 살펴보는 것이다. 즉 각 문단의 중심 내용이 논리적 일관성을 가지고 연결되어 있는가를 살피는 것이다. 각각의 문단과 문단은 하나의 주제를 설명하기 위해 서로 논리적으로 연결되어 있기 때문에 밑줄 친 중심 내용들을 연결하여 논리적으로 자연스러우면 문단의 중심 내용을 정확하게 가려낸 것이다. 즉, 위 세 문장 중 1문단의 중심내용으로 적합한 것이 어느 것인지를 가려내기 위해서는 2문단, 3문단의 중심내용과 연결해 보아 그 논리성을 살피면 된다는 것이다.

그럼 먼저 2문단과 3문단의 중심문장을 찾아보자.

2문단은 모두 여섯 개의 문장으로 되어 있다. 하지만 '식물은 초식동물에게 먹힙니다' 이하의 네 문장은 비중이 같은 문장을 나열하고, 예를 든 것이기 때문에 중심문장으로 보기가 어렵다. 결국 앞에 있는 두 문장 중 한 문장이 중심문장이라는 말이 되는데, 두 문장도 질문을 던지고 답을 하는 형태로 되어 있기 때문에 두 번째 문장이 중심문장이라는 것을 쉽게 알 수 있다. 3문단은 하나의 긴 문장으로 구성되어 있기 때문에 중요한 부분만 찾아서 밑줄을 치면 된다.

그러면 2문단, 3문단의 중심 문장을 1문단의 중심내용으로 생각되는 각 문장과 연결시켜 보도록 하자.

[Type 1]
1. 모든 동물은 자라고 번식하는 데 먹이를 필요로 합니다.
2. 거기에는 일정한 법칙이 있습니다.

3. 생태계의 모든 생물들은 서로 먹고 먹히는 먹이 사슬 관계를 맺고 있습니다.

[Type 2]

1. 동물들 사이에는 먹고 먹히는 관계가 형성됩니다.

2. 거기에는 일정한 법칙이 있습니다.

3. 생태계의 모든 생물들은 서로 먹고 먹히는 먹이 사슬 관계를 맺고 있습니다.

[Type 3]

1. 이러한 관계를 먹이 사슬이라고 부릅니다.

2. 거기에는 일정한 법칙이 있습니다.

3. 생태계의 모든 생물들은 서로 먹고 먹히는 먹이 사슬 관계를 맺고 있습니다.

이렇게 3가지 예 중에서 가장 논리적으로 자연스럽게 연결되는 유형은 'Type 2'이다. 따라서 첫 번째 문단의 중심내용은 '동물들 사이에는 먹고 먹히는 관계가 형성됩니다.'이다.

이렇게 중심문장에 밑줄을 치고 문단과 문단의 중심내용, 형식, 주제, 제목에 답하는 훈련은 무척 간단하지만 모든 지적 활동의 근본이 되는 언어를 올바르게 다룰 수 있는 힘을 키워 준다. 그리고 이러한 힘이 진정한 실력을 쌓을 수 있는 토대를 마련한다.

다음 글을 사선(/)을 치면서 읽고, 모르는 낱말이 나오면 네모(□)를 치고, 중심 문장인지 보조 문장인지를 판단하여 중심 문장이라고 생각되는 곳에 밑줄을 치면서 읽어보세요.

다소 진부하지만 중요한 암시를 지니는 수수께끼가 있다. 세상에서 가장 넓은 것은 무엇인가? 바다, 하늘, 우주……. 무수한 답변이 나올 수 있다. 그러나 정답은 '눈'이다. 왜냐하면 인간의 '눈'은 바다도 담고, 하늘도 담고, 우주도 다 담을 수 있기 때문이다. 그런데 눈 못지않게 넓은 것이 또 있다. 바로 책이다. 책은 담을 수 없는 것이 없다. 책에는 온갖 삼라만상이 모두 들어올 수 있다.

인간이 나이를 먹어간다는 것은 세상사의 경험을 넓혀간다는 말과 동의어다. 그리고 경험의 폭이 넓다는 것은 세상사의 이치를 더 잘 안다는 말과 유의어라 할 수 있다. 따라서 인간이 나이를 먹어간다는 것은 세상사의 이치를 더 많이, 더 넓게, 더 깊게 헤아릴 줄 안다는 의미가 된다. 실제로 머리가 허옇고 얼굴에 주름이 완연한 할아버지나 할머니들과 이야기를 나누다보면 책에서는 만나기 쉽지 않은 지혜를 접하는 경우가 많다. 그리고 대부분의 경우에는 할아버지, 할머니들의 경구나 해석에 공감을 표하며 고개를 끄덕이게 된다.

그렇지만 나이를 먹는다는 것이 단순히 생물학적인 노령화를 의미하는 것은 아니다. 그것은 한마디로 세상을 파악하는 안목의 확대와 심화로 요약된다. 달리 보면 지혜의 축적이며, 지식의 확장이다. 그러나 지혜니 지식이니 하는 것은 그것 자체로 의미를 가지는 것이 아니다. 궁극적으로 한 개인의 인격적 성장 혹은 성숙으로 발현되지 않으면 소용이 없다. 젊은 세대의 같은 또래 중에서도 유달리 생각이 깊고 넓은 사람들은 있게 마련이다. 그들은 대체로 어떤 화제에 대해서 자신의 주체적인 신념과 가치를 분명히 밝히기도 하고, 남들이 보지 못하는 사태의 이면을 드러내는 데 능숙하다. 어찌 보면 이들은 '애늙은이'일 수도 있다. 그러나 우리는 이들이 경험의 폭이 넓고 세상사의 이치를 볼 줄 아는 안목을 가졌다고 단정해도 좋은 것이다. 이들은 성숙한 사람으로서의 가능성을 보다 많이 함축하고 있는 것이다.

동일한 분량의 시간을 보냈는데도 왜 이런 안목의 차이가 생기는가? 그것은 경험의 질이 다르기 때문이다. 동일한 세월을 보냈다면 직접적인 경험의 양은 비슷할 것이다. 그러니 중요한 것은 경험의 질이다. 그 질은 어떻게 보장되는가? 결국 그것은 간접 체험의 폭과 범위, 깊이이고, 그것을 자기화하는 사고의 습관이라 할 수 있을 것이다.

독서의 가치와 중요성은 바로 여기에서 생겨난다. 독서는 가장 농축된 간접 체험의 통로이기 때문이다. 처음에 제시된 수수께끼의 이치에 수긍할 수 있는 것은 이 때문이다. 인간의 경험은 직접적인 체험과 간접적인 체험의 총합이다. 그러나 직접적인 체험은 시간적으로나 공간적으로 아주 제한적이다. 따라서 간접적인 체험이 인간 경험의 대부분을 차지하겠는데, 독서는 그 간접적인 체험 중에서도 가장 농축적인 통로이자, 가장 폭넓은 통로가 된다는 것이다.

— 류수열, "글 읽기와 글쓰기의 통합적 교육을 위하여" 중에서

Q1. 몇 문단입니까?(밑줄 친 문장의 개수)

Q2. 형식은?(밑줄 친 문장 중에서 가장 핵심이 되는 내용이 어디에 있는가?)

Q3. 각 문단의 요지를 적어 보세요.(밑줄 친 각 문장을 중요한 단어나 구절 중심으로 정리)

4 중심 생각(주제)을 적어 보세요.(밑줄 친 것 중 가장 중요하다고 생각되는 문장을 중요한 단어 중심으로 요약하여 정리)

5 제목을 붙여 보세요.(주제에서 중요한 단어 중심으로 짧게 줄이거나 요약)

6 이 글을 끝까지 읽었는데도 뜻을 모르는 낱말이 있으면 사전을 찾아 그 낱말의 뜻을 적어 보세요.

7 6번의 낱말 중에서 한두 개를 가지고 짧은 글을 지어 보세요.

 1분당 읽은 글자 수를 측정해 보자.

본문 글자 수	1,390	자
읽은 시간	분	초
1분당 읽은 글자 수		자
요약 정리 시간	분	초

다음 글을 사선(/)을 치면서 읽고, 모르는 낱말이 나오면 네모(□)를 치고, 중심 문장인지 보조 문장인지를 판단하여 중심 문장이라고 생각되는 곳에 밑줄을 치면서 읽어보세요.

글을 쓰려고 할 때 가장 어려운 점은 '무엇'을 써야 할지를 모르는 것이다. 간혹 써야 할 주제가 분명히 주어진 경우라 해도 글을 쓰는 데에 익숙하지 않은 사람은 '무엇'부터 써야 할지에 대해 난감해 한다. 그것은 쓸거리를 찾아내는 능력이 부족하기 때문에 생긴다. 쓸거리를 잡는 능력이 생기면 글쓰기에 대한 두려움은 크게 줄어든다.

쓸거리를 잡는 방법으로 가장 널리 사용되는 전략은 브레인스토밍이다. 브레인스토밍은 1941년 BBDO광고 대리점의 알렉스 F. 오스본(A. Osborn)이 개발한 아이디어 생성 기법으로, 그의 저서 『독창력을 신장하라』(1951년)를 통해 널리 알려졌다. 이 기법은 일정한 테마에 관하여 회의 형식을 채택하고 구성원의 자유발언을 통하여 아이디어를 끌어내는 것이다. 이 기법은 문제의 해결책을 찾으려고 할 때 '놀이'와 같은 방식으로 문제에 쉽고 재미있게 접근할 수 있게 한다. 브레인스토밍은 '놀이'를 하는 것과 같이 편안하고 자유분방한 심리 상태를 유지하면서 동시에 폭넓고 다양한 생각을 활발히 끄집어낼 수 있게 하는 것을 기본 원리로 삼고 있기 때문이다.

브레인스토밍(brainstorming)은 브레인(brain), 즉 '뇌'라는 단어와 스톰(storm), 즉 '폭풍'이라는 단어가 조합된 브레인스톰(brainstorm)에서 시작되었다. 브레인스톰(brainstorm)은 원래 '발작적 정신착란'을 의미하는 단어로 사용되다가 미국의 구어체 영어에서 '영감(inspiration)', 즉 '순간적으로 떠오르는 아이디어'를 가리키기도 했다. 그러다 오스본에 의해 브레인스톰은 '문제를 브레인스토밍으로 토의하다'라는 의미로 바뀌게 되었다. 이에

브레인스토밍은 '각자가 아이디어를 내놓아 최선책을 결정하는 창조 능력 개발법'이라는
의미로 통용되기에 이르렀다.

브레인스토밍의 핵심 원리는 구성원 모두가 거리낌 없이 참여하여 자유롭게 의견을
교환하는 것이다. 브레인스토밍을 할 때는 아이디어 각각을 참여자 전원이 이해할 수 있
도록 의미의 명확화에만 초점을 둔다. 즉 브레인스토밍은 자유롭고 재미있어야 하기 때문
에 상대방의 의견에 대한 비판이나 찬사, 코멘트, 토의 등을 배제하는 것이 관건이다. 따
라서 이 기법은 아이디어의 질보다 가능한 많은 수의 해결안을 도출할 수 있는 아이디어
의 양을 더 중요시한다.

이와 같이 브레인스토밍은 원래 6~10명 정도의 집단에서 이루어질 수 있는 회의기법
으로 개발된 것이긴 하지만, 글쓰기를 시작하는 단계에서 쓸거리를 생성하기 위한 효과적
인 방법으로 활용할 수 있다. 아이디어를 생성하기 위해서는 여러 사람이 집단으로 브레
인스토밍을 하는 것이 바람직하나 쓸거리를 잡기 위해서는 혼자서도 브레인스토밍의 원
리와 기본 취지를 바탕으로 많은 아이디어를 이끌어낼 수 있다.

— 장미영, "브레인스토밍과 글쓰기" 중에서

1 몇 문단입니까?(밑줄 친 문장의 개수)

2 형식은?(밑줄 친 문장 중에서 가장 핵심이 되는 내용이 어디에 있는가?)

3 각 문단의 요지를 적어 보세요.(밑줄 친 각 문장을 중요한 단어나 구절 중심
으로 정리)

Q4. 중심 생각(주제)을 적어 보세요.(밑줄 친 것 중 가장 중요하다고 생각되는 문장을 중요한 단어 중심으로 요약하여 정리)

Q5. 제목을 붙여 보세요.(주제에서 중요한 단어 중심으로 짧게 줄이거나 요약)

Q6. 이 글을 끝까지 읽었는데도 뜻을 모르는 낱말이 있으면 사전을 찾아 그 낱말의 뜻을 적어 보세요.

Q7. 6번의 낱말 중에서 한두 개를 가지고 짧은 글을 지어 보세요.

 1분당 읽은 글자 수를 측정해 보자.

본문 글자 수	1,390	자
읽은 시간	분	초
1분당 읽은 글자 수		자
요약 정리 시간	분	초

다음 글을 사선(/)을 치면서 읽고, 모르는 낱말이 나오면 네모(□)를 치고, 중심 문장인지 보조 문장인지를 판단하여 중심 문장이라고 생각되는 곳에 밑줄을 치면서 읽어보세요.

디지털 공간은 과거의 인쇄물로는 도저히 경험할 수 없었던 '새로운 읽기'를 촉구하고 있는 것만은 사실이다. 그 '새로운 읽기'의 정체란 무엇인가? 사람들은 그 옛날 성스러운 텍스트를 천천히 몇 번이나 소리내어 읽으며 음미하던 수도사들을 반추동물인 소에 비유했다. 당시 수도사들은 문자 그대로 '미독'(味讀)했던 셈인데, 텍스트를 여러 번 '반추'함으로써 그 깊은 뜻을 완전히 소화해 흡수할 수 있었던 것이다. 그러다 13세기 무렵을 경계로 음성이 아닌 눈으로 읽는 '묵독'(默讀)이라는 새로운 형태의 독서시대가 열렸다. 종교적 목적의 '성스러운 독서' 대신 지식 습득을 위한 '속된 독서'의 시대가 열린 것이다. 이 시대에 대학, 지식인, 도서관 등 새로운 개념이 자연스럽게 등장했다. 텍스트 자체는 단락, 편집, 찾아보기와 같은 참조기술이 발명되어 시각적 질서에 맞게 분절화되었다.

그러나 최근 이런 '문화적 질서'는 급속하게 붕괴되고 있다. 발터 벤야민의 표현대로 '서적이 되어 침대에 뉘어졌던 문자가 다시 일어나기 시작'한 것이다. 우리는 컴퓨터 액정화면에 비문처럼 서 있는 텍스트를 일상적으로 '바라보게' 된 것이다. 이런 미디어 자체의 변화는 독서의 감정적, 신체적 지각을 다시 바꾸고 있다. 온라인 공간에 올라 있는 전자 텍스트는 텍스트를 만드는 사람과 읽는 사람의 경계를 무너뜨리고 있다. 읽는 사람은 텍스트의 서체, 크기, 페이지의 레이아웃을 자유롭게 변형할 수 있게 되었다. 활자책 시대에는 미디어가 작가의 형상과 작품의 윤곽을 명확하게 해주었지만, 디지털 시대에는 필사본 시대와 비슷한 무정형(無定型)의 텍스트 공간이 다시 출현하려는 조짐을 보이는 것이다. 미디어 자체의 변화에 따라 텍스트에 담기는 정보도 그 특성에 따라 나뉘고 있다. 텍스트의 모든 것을 포괄해 '정보'로 보던 데서 벗어나 데이터(Data), 정보(Information), 인텔리전스(Intelligence) 등으로 세분화해 그 차이를 구체적으로 인식하기 시작한 것이다.

컴퓨터를 사용하는 전자 언어는 과거에 종이와 펜을 사용하던 문자언어와는 여러 가지 점에서 다르다. 우선 전자 언어는 종이 위에 물질적 형태로 고정시키던 이전의 글쓰기와는 달리 키보드를 두들겨 입력한 글자를 전자적 신호 체계로 바꿔 전달하고, 그것을 다시 모니터 상에 빛의 형태로 재현하는 것이다. 이렇게 모니터 상에 나타난 글도 비록 비트의 조합이기는 하나 종이 위에 쓰여지던 글과 동일한 모습을 하고 있는 탓에 기호학적인 연구 대상이 될 수 있다. 하나의 기호는 그것에 상응하는 하나의 의미(sens)와 동시에 현실 공간에 이 기호의 지시물(referent)을 갖는 의미작용(signification)을 한다. 예를 들면 <의자>라는 기호는 현실 공간의 실물인 의자를 지시물로 갖는다는 뜻이다. 이런 기호의 범주에 상징이란 특별한 기호가 있는데, 상징은 여러 가지 이미지(image, 心象)들을 낳는다. 인간의 능력 중에 상징을 사용해서 심상들을 만드는 그런 능력을 상징적 상상력(imagination)이라 하는데, 이 때의 심상 역시 각기 하나의 기호로 현현돼 음성적 실체를 가진다. 그러나 가상공간의 전자 언어는 이런 기호의 개념에 문제를 야기한다. 가상공간 상에 나타난 비트로 표시되는 글은 자체의 공간에 구체적인 지시물을 갖지 못한다는 점 때문이다. 보드리야르는 이것을 기호라는 용어 대신에 시뮬라크르(simulacre)로 부르기를 제안한다. 이 시뮬라크르는 가상공간에서 현실 공간의 기호가 하는 역할과 동일한 역할을 하지만, 그것은 존재 공간인 가상공간 내에 빛으로 현현된 그 자체 외는 어떤 다른 지시물도 갖지 못한다. 따라서 가상공간상의 시뮬라크르는 현실 공간에서 기호가 수행하는 의미작용(signification)을 하지 못한다. 기호가 구체적인 참조물을 갖지 못할 때 독자들의 독서 기억은 가역적인 이미지에 의지할 수밖에 없다.

근본적으로 독자는 주어진 텍스트를 읽을 때, 작가의 '의도'를 자신의 '의미'로 맥락화시키는 작업을 수행한다. 이때 독자의 '의미화' 작업에 주요한 모티브로 기능하는 것이,

작가가 텍스트에 의도적으로 삼투시켜놓은 이미지들이다. 전통적인 글쓰기에서 텍스트는 이미지의 시니피에(기표, 記票)들 사이에서 독자를 지도하며, 거기에서 어떤 것은 피하고 다른 어떤 것은 받아들이도록 해준다. 흔히 섬세한 배치(dispatching)를 통해서 텍스트는 독자를 사전에 선택된 의미로 원격조정한다. 따라서 이미지는 조작된 곳이며, 그것은 작가만이 정당하게 해독할 수 있고 독자는 그것을 받아들이는 수동적 이미지 생산 밖에는 행할 수 없다.

그러나 전자책은 그 이미지들을 창작주체들의 섬세한 배치에 의해 독서주체들로 하여금 능동적으로 재생산해내도록 유도하는 문학이다. 어떤 문학텍스트를 읽을 때, 독자는 작중 화자와 자신을 동일시하거나 더 나아가 작가의 창작 의식과 자신의 독서 의식을 동일시 할 수도 있다. 그리고 만약 이 동일시만으로 독서 행위가 끝난다면, '그'는 자신만의 '바라보기 방법'으로 새로운 의미 기호 구축에 실패하고 만 것이다. 이것이 광고와 문학이 다른 점이다. 광고는 '동일시'가 곧바로 자신의 미래태에 대한 확신으로 연결되면서 스스로의 시뮬라시옹 과정을 거쳐 완벽하게 자신의 이미지로 치환될 수 있지만, 문학은 '동일시'의 미래태에 대한 확신이 독서행위가 끝나는 순간 희미해지거나 사라짐으로써, '동일시'만으로는 시뮬라시옹을 수행할 수 없다. 상품은 다 소비하면 똑같은 것으로 다시 구매함으로써 '동일시'가 끝없이 반복될 수 있지만, '문학'은 단 한번의 소비로 완벽하게 그것을 자신의 것으로 만들어야하기 때문이다. 똑같은 책을 두 번 읽었을 때, 우리는 두 가지의 상이한 독서체험을 하게 되는데, 한가지는 처음 읽었을 때보다 더 많은 감동을 받는 경우와, 또 하나는 처음 읽었을 때의 감동이 전혀 되살아나지 않는 경우이다. 전자의 경우, 독자는 처음의 독서행위시, 텍스트의 이미지들을 자의적인 것으로 해석함으로써 무궁무진한 해석의 여지를 남겨놓았음으로 해서 그 여지들이 다시 감동으로 되풀이되는 것이며, 후자의 경우에는 작가가 만들어놓은 의도를 의미화하는 것에만 국한된 독서행위를 수행한 결과이다.

『러셔』의 상상력은 구체적인 참조물을 갖고 있지 못한 이미지의 산물이다. 실제로 가능하지 않은 먼 미래를 소재로 한 버츄얼 리얼리티의 세계이다. 마이클 하임은 가상적인 (virtual) 것을 형상적으로는(주관과 독립해서 객관적으로) 인지되거나 허용되지는 않지만 본질적으로 또는 효력을 미치는 면에서 존재하는 것으로, 현실(Reality)을 실제적인 사건, 사물 또는 일의 상태라고 해석하고, 버추얼 리얼리티를 효력 면에서는 실제적이지만 사실상 그렇지 않은 사건이나 사물이라고 정의하였다. 언뜻 장 보드리야르의 시뮬라크르 개념과 유사한 듯 하지만 사실은 전혀 다르다. 시뮬라크르가 후기산업사회가 대중에게 제공한 감각적 이미지라면, 버추얼 리얼리티는 정보화사회가 대중에게 선사한 공감각적 이미지이다. 제공한 사회 패러다임의 문제가 아니라 제공된 이미지의 문제이다. 시뮬라크르가 시각을 우선시하는 반면, 버추얼 리얼리티는 우리의 오감을 만족시켜주는 공감각적인 이미지이다. 마이클 하임도 이 점에 착안해 버추얼 리얼리티의 일곱 가지 특징 중의 '상호작용'과 '온몸몰입'을 강조하고 있다. 상호작용과 온몸몰입은 버추얼 리얼리티가 공감적인 이미지임을 드러내 준다. 우리는 가상공간 안에서 실재하지 않는 무수한 이미지들과 상호작용을 통해 자신의 이미지를 구체화시키며, 그 과정은 가상과 현실의 빗금을 지우는 온몸몰입을 통해 이루어진다. 상호작용과 온몸몰입은 주체로 하여금 실재가 무엇인지에 대한 판단을 모호하게 해 준다. 당연히 주체가 바라보고 재현하고자 하는 대상도 '지금' '자신'과 상호 작용을 하면서, 주체로 하여금 몰입의 경험을 가져다주는 버추얼 리얼리티가 리얼리티로 부각되어진다.

『러셔』가 보여주고 있는 '컴퓨터로 통제되는 견고한 지배 메카니즘과 거기에 저항하는 레지스탕스'라는 소재는 이미 「메트릭스」나 「토탈리콜」, 「코드명 J」 등 사이버펑크 영화를 통해 우리에게 익숙한 상상력이다. 영화 속에서 익숙하게 보아왔던 영상 이미지가 문자이미지로 치환되었을 뿐이며, 따라서 독자들은 익숙하게 텍스트를 여행할 수 있다.

그러나 『러셔』의 표면적인 스토리 라인 이면에는 기왕의 SF와는 다른 백민석 류의 SF 문법이 숨어있다. 『러셔』에는 선악의 대립구조가 분명하게 드러나 있지 않다. 모비나 메꽃이 왜 호흡중추를 파괴하려는 가에 대한 설명이 빈약하며, 따라서 저항의 당위성은 생략된 채 무모한 돌진만이 텍스트에 가득 보여질 뿐이다. 그래서 작품 마지막에 질과 모비가 나누는 지극히 상징적인 대화는 기본 SF 문법에 충실한 독자들에게는 추상적으로 읽힐 수 있다. 그러나 조지 오웰이 『1984』를 통해 그려냈던 '빅 브라더'라는 겉으로 드러난 파쇼적 권력보다 『러셔』에서 '초월의 나무'로 형상화된 실체 없는 권력과 그 권력에 스스로 편입하는 두 주인공의 여정은 미래의 권력 메카니즘에 대한 불안을 더욱 더 극적으로 상징해 준다.

텍스트 안에는 무수한 이미지들이 부유하고 있다. 그것은 의도적이든 의도적이지 않는 작가의 창작 의식에 의해 생산된 것이지만, 독자의 독서행위 안으로 들어가는 순간, 독자의 독서 의식에 의해 재생산되어야 한다. 『러셔』의 지극히 추상적인 결말은 동일한 소재를 선택하였음에도 불구하고 영화와 문학이 갈라지는 부분이며, 텍스트의 이미지가 독자들에게 요구하는 주체적인 의미 부여의 장소이다. 백민석은 아무 말도 하지 않고 다만 보여줌으로써 독자들이 『러셔』에서 찾아낸 버추얼 리얼리티를 자신만의 독서 경험 안으로 끌어들일 수 있도록 텍스트를 개방하였다.

정보화사회는 우리에게 의사 체험의 공간인 가상 현실의 세계를 활짝 열어주었다. 현실 세계가 물질적인 공간이라면 가상 현실의 세계는 비물질적인 공간이다. 지금까지 우리들은 오직 '볼 수 있는 것'만을 보아 왔다. 그러나 가상현실(Virtial Reality)로 대표되는 정보화의 진전에 의해, 현실세계에서 보는 것과는 구별되는 또 하나의 방식(컴퓨터를 통해 본다고 하는)이 동시에 성립할 수 있게 되었다. 이것은 인간의 인지와 이해에 커다란 영향을 미친다. 현실 공간에서 볼 수 있는 것과 컴퓨터를 통한 비현실 공간에서 볼 수 있는 것이 모두 '보고 있다'라고 우리에게 인지된다 했을 때, 당연히 현실에서 '보는 것'과 비현실에서 '보는 것'의 거리만큼 '보여질 수 있는' 상상의 세계 또한 분명히 달라진다. '이전부터 존재해 왔던 일상세계'와 '가상 현실로 구성되는 새로운 일상세계'가 공존하고 있는 지금, '보는 것'을 토대로 '보여질 수 있는' 세계를 구현하고자 하는 문학의 상상력은 기왕의 일상세계와 새로운 일상세계가 어떤 공간적 특성을 갖고 있는가에 따라 그 형질 변화가 수반될 수밖에 없는 것이다. 따라서 가상 현실의 세계가 보편화되거나 현실 세계와 동등한 비중을 지니게될 때, 문학적 리얼리티는 지금까지 우리가 생각지도 못했던 전혀 새로운 형질을 갖게될 것임은 자명하다.

리얼리티 논의에서 중심이 되는 것은 실재(재현대상)와 재현 사이의 지시관계의 문제이다. 여기서 논점을 다시 두 가지로 나누어 보자. 실재 즉 재현 대상의 성격과 그것을 어떻게 파악할 수 있는가의 문제가 그 하나라면, 재현가능성 혹은 재현의 자기창조성 문제가 다른 하나이다.

첫 번째 문제는 철저하게 현실 변화와 그에 따른 인식론의 문제를 닮아 있다. 특히 격변하는 요즘의 현실과 문학에서 대단히 문제적인 대목이다. 소박한 의미에서의 리얼리즘 시대에는 재현대상은 질서정연하게 실재하는 것으로 여겨졌기에 재현과 실재 사이의 지시관계는 아무 명료하였다. 그러나 가상공간의 대두로 인한 버추얼 리얼리티의 대두는 리얼리즘 자체의 성격을 근본적으로 바꾸어 놓고 있다. 재현 대상이 비물질적이며, 시공간의 거리가 무화되어 있을 때 과연 그것을 '실재'라고 할 수 있을 것인가? 정보화사회의 문학은 바로 이 재현의 딜레마를 어떻게 풀어 나가느냐에 따라 새로운 문학 패러다임을 생산해낼지, 아니면 기존의 패러다임에 의지하여 전통적인 리얼리티의 세계로 침잠할지가 결정난다.

두 번째 문제인 재현가능성, 혹은 재현의 자기창조성 역시 버추얼 리얼리티를 리얼리티로 볼 것인지, 아니면 감각에 의존하는 환상으로 판단할 지에 따라 그 결과가 달라진다. 버추얼 리얼리티를 리얼리티로 상정하고 그 재현 가능성을 전제한다면 문학적 실천이 기왕의 리얼리티와는 다른 재현의 자기창조성을 획득할 것이지만, 감각에 의존하는 환상으로 판단한다면, 버추얼 리얼리티는 기왕의 환상소설이나 과학소설의 상상력과 별반 다를 바 없게 된다.

『러셔』의 리얼리티는 실재와 재현 사이의 지시관계의 문제에 있어 위 두 가지 논점이외에 또 하나의 문제를 제기한다. 즉, 이미 독자들에게 익숙한 이미지를 차용하여 부분 복사하였을 때 독자들이 느끼는 리얼리티를 어떻게 해석하여야 하는가 하는 것이다.

『러셔』는 텍스트 전체에 우리에게 이미 익숙한 영상 이미지들을 배치해 놓고 있다. 주인공 모비가 추방당하는 '샘 샌드 듄'은 『저지드래곤』에 나오는 황량한 유배지를 떠올리게 하고, 공격용 우주선과 전투장면은 『스타워즈』의 전투씬을, 모비와 메꽃은 『메트릭스』의 남녀 주인공과 겹쳐진다. 독자들이 『러셔』를 읽으며 리얼하다고 느끼는 것은 상황 자체의 사실성 때문이 아니라 그들에게 이미 익숙한 이미지들이 텍스트 곳곳에 숨어있기 때문이다. 리얼리티는 변화한다. 문학의 생명력은 새로운 시대에 맞춰 새로운 리얼리티를 창출해내는데 있으며 그 전위에는 항상 새로운 세대들이 위치해 있다. 문학 생산 메카니즘의 가장 주요한 위치를 차지하고 있는 독자들의 소비적 기호가 변화하고 있는 상황에서 새로운 리얼리티의 창출과 수용은 필연적으로 요구된다. 그리고 이 새로운 리얼리티가 메타 리얼리티이다. 메타 리얼리티는 용어는 메타 픽션이라는 용어를 개념을 차용한 것이다. 문학 텍스트가 텍스트 밖에 존재하는 다른 세계를 반영하거나 재현하는 것이 아니라 텍스트 자체를 반영하는, 창작과정 자체를 중요한 방법론으로 상정하는 자기반영적인 소설을 메타 픽션이라 한다면, 메타 리얼리티는 현실의 세계를 반영하는 것이 아니라 작가의 의식 또는 무의식적인 세계 안에 자리잡고 있는 시뮬라크르한 세계를 반영한다. 메타 픽션이 글쓰기 행위 자체에 주목한다면, 메타 리얼리티는 리얼리티가 만들어내는 과정과 거기에 관여하는 우리들의 기시감에 주목한다. 『러셔』에서 차용하고 있는 영화적 이미지들은 독서 과정 중에 익숙한 기시감으로 의식의 수면 위로 떠오르며 자연스럽게 리얼리티를 확보한다.

독자들의 기시감을 리얼리티의 장치로 이용하는 『러셔』의 '메타리얼리티' 전략은 백민석이 『러셔』의 독자를 문자보다는 영상 이미지에 익숙한 신세대들로 미리 상정하고 글을 썼음을 의미한다.

『러셔』는 종이 책과는 분명 다른 서사 전략을 보여주고 있다. '모비'와 '메꽃'이라는 두 주인물의 행위 동선을 서로 교차하며 보여준다거나, 심리상태는 간결한 문장으로, 전투장면은 세밀한 묘사로 형상화한 점 등은 '읽기'보다는 '보기'라는 측면이 강조될 수밖에 없는 전자책의 존재방식이 서사 전략에 미친 영향으로 해석될 수 있다. 이미지 중심의 버츄얼 리얼리티와 기시감을 이용한 메타 리얼리티는 종이 책의 리얼리티와 분명 다른 층위에 놓여져 있다. 물론 전자책이 독서 과정에서 '문장'보다는 '단어'에 독자의 시선이 집중된다는 점을 염두에 두어볼 때 과도하게 사용된 외래어와 신조어들은 오히려 독서 흐름을 끊어놓았다거나 빠른 속도감에 비해 빈약한 서사와 너무 추상적인 결말 등은 미학적 약점으로 지적될 수 있다. 그러나 『러셔(RUSHER)』는 전자책으로 출간될 것을 염두에 두고 주제와 소재, 서사 방식을 작가가 전략적으로 선택하였고, 그것이 일정의 문학적 성취를 확보하고 있음으로 해서, 새로운 문학 환경이 작가의 세계관과 창작방법론에 어떤 영향을 미치는 가를 보여주는 구체적인 텍스트라는 점에 그 문학적 의의가 있다고 하겠다.

전자책이 종이 책을 쇠퇴시키지는 않을 것이다. 오히려 각자의 영역을 분명히 하면서 결과적으로 문학의 저변 확대에 일조하는 시너지 효과를 창출해낼 수 있을 것이다. 대중적이고 상업적인 출판물은 전자책에 내어주는 대신 종이책은 고급화, 희소화(다품종 소량 생산), 장서화 전략을 택해 고급독자층을 확보할 수 있을 것이다.

대학생을 대상으로 하는 한 잡지의 설문 조사 결과는 앞으로의 독서 시장이 나아가야 할 바를 시사해주고 있다. 인터넷과 책의 효용성에 대한 질문에서 응답자의 56.9%가 "인터넷의 이용 가치가 책보다 더 높다"고 답하였다. 또한 독서를 멀리하게 된 가장 큰 원인으로 "인터넷의 확산으로 인한 독서의 필요성 감소"(54.3%)를 얘기한다는 점에서 인터넷이 독서에 커다란 영향을 미치고 있음을 알 수 있다. 결국 미래의 독자들에게 책이 다가갈 수 있는 방식은 인터넷과 책의 결합, 즉 전자책을 통해 이루어질 것이다.

정보화사회는 우리에게 책에 대한 고정관념을 깰 것을 요구하고 있다. 문자로 조합된 종이 책만을 책으로 받아들인다면 우리는 기술의 발전이 선사한 편리하고 유용한 출판도구와 그 생산물이 가져다줄 문학의 혁명적인 변화로의 동참을 스스로 포기하는 오류를 범하게 될 것이다. 인류가 당대의 지적 유산을 후대에 물려주기를 포기하지 않는 한 책의 운명 역시 우리와 함께 할 것이다. 책은 어떤 외피를 쓰고 있는가가 중요한 것이 아니라 어떤 내용을 담고 있는가가 중요한 것이다. 대학에서의 문학 교육이 인터넷과 그 안에서 활발하게 펼쳐지고 있는 문학 실천 행위에 시선을 돌려야 하는 이유도 바로 여기에 있다.

— 이용욱, 『문학, 그 이상의 문학』 중에서

Q1. 몇 문단입니까?(밑줄 친 문장의 개수)

Q2. 형식은?(밑줄 친 문장 중에서 가장 핵심이 되는 내용이 어디에 있는가?)

3 각 문단의 요지를 적어 보세요.(밑줄 친 각 문장을 중요한 단어나 구절 중심
으로 정리)

4 중심 생각(주제)을 적어 보세요.(밑줄 친 것 중 가장 중요하다고 생각되는 문
장을 중요한 단어 중심으로 요약하여 정리)

5 제목을 붙여 보세요.(주제에서 중요한 단어 중심으로 짧게 줄이거나 요약)

6 이 글을 끝까지 읽었는데도 뜻을 모르는 낱말이 있으면 사전을 찾아 그 낱말
의 뜻을 적어 보세요.

7 6번의 낱말 중에서 한두 개를 가지고 짧은 글을 지어 보세요.

 1분당 읽은 글자 수를 측정해 보자.

본문 글자 수	8,610	자
읽은 시간	분	초
1분당 읽은 글자 수		자
요약 정리 시간	분	초

메 모

글 감상법

1. 글 감상의 의의

'글을 왜 읽지요?'라는 질문에는 대부분 '심심해서요, 재미가 있어서요, 시간이 남아서요, ……'와 같이 대답하는 경우와 '무엇인가를 배우려고요, 어떤 정보가 있잖아요, ……''와 같이 대답하는 경우가 있다. 모두 맞는 대답이고, 훌륭한 대답이다.

즉 글에는 전달하고자 하는 내용을 직접적으로 전달하려는 의도로 쓰인 논문, 논설문, 설명문, 보고서 등과 같은 실용적인 글들이 있는가 하면, 같은 내용이라도 재미를 느끼고 감동을 주기 위해서 쓰인 시, 소설, 수필 등과 같은 문학 작품이 있다.

설명문이나 논설문 같은 실용문들은 일반적으로 사실(fact)의 이해를 바탕으로 주제를 직접적으로 전달하는데, 글을 읽는 사람들은 글의 내용을 이해하고 수긍하게 된다. 즉 사실적인 글을 쓰는 목적은 이해와, 설득, 수긍 등이다. 이런 글들은 앞 장에서 설명한 '글 분석법'을 통하여 정확한 이해에 도달할 수 있다.

소설이나 시 등과 같은 문학작품은 느낌(feeling)을 통해서 글을 쓴 사람과 읽는 사람 사이에 감정적 공유가 일어난다. 이런 글들은 주제가 표면에 드러나지 않기 때문에 주제를 발견하는 일도 '글 분석법'과는 다르게 하여야 하며, 이런 글을 읽고 단순히 주제를 찾아내는 데만 몰두한다면 감정적 공유가 가져다주는 재미와 감동을 제대로 느낄 수 없게 된다. 따라서 '글 분석법'과는 다른 '글 감상법'을 통하여 입수하는 정보의 질을 높여야 한다.

그런데 같은 주제를 전달하면서도 이렇게 서로 다른 과정을 택하는 이유는 무엇일까? 이는 마치 쓴 약을 편하게 먹기 위해서 당의정(糖衣錠)을 고안해낸 것과 같다. 당의정은 말 그대로 설탕 옷을 입힌 알약이다. 이 약이 몸에 들어가서 효능을 발휘하게 하는 것은 당의정 속에 들어있는 쓴 약(즉 내용)이고, 겉에 발라져 있는 설탕 옷(즉 재미)은 쓴 약을 먹기 쉽게 하기 위한 보조적인 수단에 불과하다.

〈그림 6〉 당의정

약을 먹고 효과를 본다는 면에서는 쓴 약을 직접 먹으나 당의정으로 먹으나 매 한 가지다. 쓴 약을 직접 먹는 것과 같은 방법으로 쓴 글을 실용문이라고 한다면, 쓴 약에 설탕 옷을 입혀 당의정으로 먹는 것과 같은 방법으로 쓴 글을 문학이라고 할 수 있다.

따라서 글을 읽는 입장에서 본다면, 실용문에서 전달하려는 내용(즉 주제)을 찾는 것은 쓴 약에 아무런 포장이 없기 때문에 직접 눈으로 볼 수 있는 것처럼 비교적 용이하지만, 문학 작품에서 주제를 찾기 위해서는 당의정의 겉에 덧입혀진 설탕 옷을 벗겨내야만 쓴 약을 찾을 수 있는 것처럼 별도의 추가적인 작업이 필요하게 된다. 우리가 문학 작품을 읽으면서 주제나 핵심내용을 파악하는 데 어려움을 느끼게 되는 이유가 바로 여기에 있다.

그렇다면 왜 글에 이런 당의정을 입히는 것일까? 실용문이 전달하는 사실과 주장은 독자에게 논리적으로 글의 내용을 이해시키는 데 목적이 있다. 따라서 정서적으로 공감을 한다거나 재미와 감동을 느끼게 하기는 어렵다. 그러나 문학 작품의 경우 독자는 작품의 내용에 대해 재미와 감동을 느끼게 되고 정서적으로 공감을 하게 된다. 작가는 독자들이 이러한 감동과 공감을 느끼도록 자기가 전달하려고 하는 내용에 당의정을 입히는 것이다.

감성은 이성보다 사람을 더 강하게 변화시키는 힘을 가지고 있다. 최근에 I.Q.보다 E.Q.를 더 강조하는 것도 바로 이런 이유 때문이며, 처세술이나 자기관리의 중요성을 소설의 양식을 빌려 쓰는 글들도 공감을 통한 독자의 변화를 유도하기 위함이다. 동일한 주제를 전달하지만 실용문보다는 문학작품이 독자에게 더 강력한 영향을 줄 수 있기 때문이다.

다음의 두 글을 통해서 실용문과 문학작품에서의 차이를 알아보자.

1 참 행복은 물질의 많고 적음에 있는 것이 아니라 서로를 위해주는 마음에 있다. 아무리 돈이 많고 궁궐 같은 집에 산다고 해도 서로 미워하는 마음이 가득하다면 행복감을 전혀 느낄 수 없을 것이기 때문이다. 그러나 반대로 조금 가난하다고 해도 서로가 아끼고 사랑하는 마음이 있다면 어려움이 있더라도 행복을 느낄 것이다.

2 그들은 가난한 신혼부부였다. 보통의 경우라면 남편이 직장으로 나가고 아내는 집에서 살림을 하겠지만 그들은 반대였다. 남편은 실직으로 집안에 있고 아내는 집에서 가까운 어느 회사에 다니고 있었다. 어느 날 아침, 쌀이 떨어져 아내는 아침을 굶고 출근을 했다.

"어떻게든지 변통을 해서 점심을 지어 놓을 테니 그 때까지만 참으오."

출근하는 아내에게 남편은 이렇게 말했다.

마침내 점심 시간이 되어서 아내가 집에 들어와 보니, 남편은 보이지 않고 방안에는 신문지로 덮인 밥상이 놓여 있었다. 아내는 조용히 신문지를 걷었다. 따뜻한 밥 한 그릇과 간장 한 종지…… 쌀은 어떻게 구했지만 찬까지는 마련할 수 없었던 모양이다. 아내는 수저를 들려고 하다가 문득 상 위에 놓인 쪽지를 보았다.

"왕후의 밥, 걸인의 찬…… 이걸로 시장기만 속여 두오."

낯익은 남편의 글씨였다. 순간, 아내는 눈물이 핑 돌았다. 왕후가 된 것보다도 행복했다.

만금을 주고도 살 수 없는 행복감에 가슴이 부풀었다.

김소운, 『가난한 날의 행복』 중에서

대부분의 사람들이 글 ①의 주제는 쉽게 찾을 수 있는 반면, 글 ②의 주제는 찾지 못하는 경우가 많다.

앞에서 배운 글 분석법으로 살펴볼 때, 글 ①의 중심문장은 '참 행복은 물질의 많고 적음에 있는 것이 아니라 서로를 위해주는 마음에 있다.'라는 첫 번째 문장임을 쉽게 알 수 있다.

하지만 글 ②는 글 분석이 매끄럽게 되지 않는다. 중심내용이나 중심 생각으로 어느 부분에 밑줄을 쳐야 하는지 찾기 어렵기 때문이다. 이렇듯 중심내용이나 중심 생각이 글 속에 내재되어 있는 글에서는 보물찾기를 해야 한다.

이러한 글은 우선 밑줄을 칠 수는 없지만 글 분석법을 이용하여 그 내용을 파악할 수 있다. 하지만 중심내용이 나타나 있지 않으므로 재구성해야 한다. 그와 함께 놓치지 말아야 할 것이 바로 이 글에 대한 감상이다. 이러한 글에서 글 분석만을 하면 작품의 멋을 놓치게 된다. 즉, 이 주제를 말하기 위해서 글쓴이가 어떤 소재로 어떤 표현 방법으로 나타냈는지도 보아야 한다는 말이다. 이것이 바로 정보적인, 실용적인 글을 분석하는 방법과는 다른 방법으로 분석해야 하는 이유이다. 우리는 이것을 '글 감상법'이라 지칭한다.

글 ②의 등장인물은 '가난한 신혼부부'이다. 그리고 내용은 '쌀이 떨어진 어느 날'에 관한 이야기이다. 그런데 도대체 이런 이야기를 하는 글쓴이의 의도는 어디에 있다는 말인가? '아내가 참 안됐다.'라는 말을 하기 위함인가, 아니면 '남편이 능력이 없다'는 것을 말하기 위함인가. 아니다. 이 글의 숨겨진 보물은 남편의 편지를 본 아내가 '왕후가 된 것보다 행복했다. 만금을 주고도 살 수 없는 행복감에 가슴이 부풀었다.'라는 것이다. 결국 이 글은 '참 행복의 의미가 부유함에 있지 않다는 것'을 효과적으로 설명하기 위해 '가난하지만 서로를 위할 줄 아는 부부'의 이야기를 하고 있는 것이다.

이렇게 글 1과 글 2는 똑같이 '인간의 진정한 행복이 무엇인지'에 대해 다루고 있지만 주제를 나타내는 표현 방식이 다르기 때문에 읽는 사람이 주제를 찾는 방식에도 차이가 난다.

따라서 당의정이 입혀진 글을 제대로 읽기 위해서는 글에 대한 단순한 이해를 넘어서 글쓴이와의 감정적 교류가 있어야 한다. 그러나 너무나 감정적 교류만을 강조하여 글쓴이가 전달하고자 하는 사실과 동떨어진 이해를 한다면 그것도 문제가 될 것이다.

문학 작품은 주제를 재미라는 설탕으로 포장하여 전달하기 때문에 설탕 속에 묻혀 있는 내용을 찾아내야 한다. 이렇듯 설탕 속에 숨겨진 보물, 즉 주제를 찾기 위해서는 실용문을 읽을 때와는 달리 숨겨진 글쓴이의 의도를 찾아내야 한다.

2. 글 감상 방법

보물찾기 놀이에서 보물을 숨기는 이유는 보물 찾는 재미를 주려는 목적 때문이다. 즉 찾아지지 않을 보물이라면 아예 숨길 필요도 없다. 글도 마찬가지다. 직접적으로 정보를 전달하기 위해 쓴 글에서는 굳이 정보를 숨길 이유가 없다. 따라서 이런 글을 읽을 때는 특별한 노력 없이도 정보의 흐름을 파악할 수 있다.

그러나 정보의 직접적인 전달보다는, 인간의 심미적 기능을 자극함으로써 독자들에게 미적인 감흥을 불러일으키고, 그 감동을 통해 간접 체험의 교훈을 전하려는 문학은 정보가 겉으로 드러나지 않는다. 따라서 표현 방법도 다양하고, 논리의 흐름도 여러 가지로 굴절되어 있다. 그래서 문학 작품을 제대로 감상하기 위해서는 특별히 주의해야 할 몇 가지 사항이 있다.

우선, 문학 작품은 전체를 한꺼번에 읽는 것이 좋다. 문학 작품은 일반 실용문처럼 내용 단락의 구분이 용이하지 않다. 어떤 것은 한 편 전체를 읽어야만 주제를 알 수 있는 경우도 많이 있다. 따라서 문학 작품을 읽을 때는 가능하면 전체를 한꺼번에 읽는 것이 이해에 도움이 된다. 시, 수필, 단편 소설처럼 분량이 적은 것은 문제가 없지만, 장편 소설은 한꺼번에 읽기가 쉬운 일이 아니다. 그러나 장편 소설도 가능하면 전체를 연결시킬 수 있도록 짧은 시간 내에 읽는 것이 좋다.

둘째, 문학 작품을 읽을 때는 글쓴이나 글의 주인공과 하나가 되는 것이 좋다. 문학 작품은 독자의 감정에 호소하는 글이 대부분이다. 감정은 말하는 사람과 듣는 사람, 또는 글쓴이와 읽는 이 사이에 공감대가 형성될 때 전달이 쉽게 이루어진다. 따라서 문학 작품을 읽을 때는 가능하면 글쓴이나 글의 주인공과 감정이 일치되도록 노력하는 것이 도움이 된다.

셋째, 문학 작품을 읽을 때는 상황이나 배경의 변화에 주목해야 한다. 문학 작품에서 큰 단락의 구분은 주로 인물, 상황, 배경의 변화와 더불어 이루어진다. 따라서 이런 부분에 주목하면 이해에 도움이 된다.

(1) 상상하기

가장 짧은 시에서부터 가장 긴 장편소설에까지 문학 작품들은 이야기, 즉 스토리를 가지고 있다. 문학 작품을 이해하는 가장 기본적인 작업은 스토리를 파악하는 것이다. 수필이나 소설과 같은 산문들에서는 스토리 파악이 어렵지 않다. 그러나 시와 같은 운문들에서는 언어의 압축과 생략이 심해서 스토리를 복원하는 일이 쉬운 작업이 아니다.

스토리를 파악하거나 작품의 상황이나 분위기를 상상하는 데 도움이 되는 방법은 우선 문학 작품을 읽으면서 중요한 용어라고 생각되는 단어나 어구에 동그라미를 치는 것이다. 문학은 분명하고 직설적으로 정보를 전달하기보다는 상징과 비유라는 방법을 통해서 간접적으로 정보를 전달하는 것이 일반적이다. 따라서 실용문에서처럼 어느 문장이나 문단이 중요하다고 판단되어 자신 있게 밑줄을 칠 수 있는 경우가 많지 않다. 그러나 글쓴이는 자기의 생각을 전개시키기 위해 특정 단어에 특별한 의미를 부여한다. 따라서 문학 작품을 이해하기 위해서는 먼저 이런 단어들을 포착해야 하고, 다음으로 자신의 상상력을 동원해서 그 단어가 암시하고 있는 상황이나 분위기를 상상해야 한다.

여기에 동원된 상상은 독자 개개인의 삶의 투영이기 때문에 사람에 따라 달라질 수도 있다. 그러나 이런 과정을 통해서 문학 작품을 이해하고 감상하는 능력을 배양하지 않고 남이 해놓은 감상을 무비판적으로 받아들인다면, 결코 작품을 감상하면서 즐길 수 있는 능력은 배양되지 않을 것이다.

아래에 김용택 시인이 근무하고 있는 초등학교 학생의 시(운문)와 김용택 시인의 감상 (산문)을 제시한다.

소 나 무

소나무는 씩씩하다
봄에도 죽지 않고
여름에도 죽지 않고
가을에도 죽지 않고
겨울에도 죽지 않고
소나무는 씩씩하다

― 서 창 우

☑ 감 상

내가 근무하는 작은 학교 뒤엔 늘 푸른 솔숲이 있다. 봄, 여름, 가을, 그리고 추운 겨울에도 소나무는 늘 씩씩하다. 마른 솔 이파리들이 소복이 쌓인 겨울날 아침 우리 반 창우, 다희, 창의, 다솔이랑 솔잎에 내린 흰 서리를 밟으며 솔숲을 걷는다. 아이들 소리가 솔바람 소리보다 더 청아하다. 그 겨울날 2학년 창우는 나에게 '소나무'를 써 왔다. 올 한해는 우리 모두 창우의 소나무처럼 씩씩하고 늘 푸르렀으면 좋겠다.

― 김용택, "시가 있는 아침"(2001.1.5. 중앙일보)에서

참 단순하면서도 싱그럽고, 청아한, 그러면서도 웃음을 함박 머금게 하는 감칠맛 나는 시다. 그러나 이 시를 창우가 김용택 시인에게 가져가지 않고 다른 사람에게 가져갔다면 이 시가 세상에 소개될 수 있었을까.

문학 감상은 풍부한 감수성을 가지고, 중간 중간에 빠져 있고 상징과 비유로 숨겨진 보물들을 찾아내는 작업이다. 따라서 누구나 할 수 있는 작업이고, 누구나 잘 할 수 있는 일이다.

다음 글을 감상해 보자. 먼저 이 글을 읽으면서 글의 분위기나 상황, 전달하고자 하는 내용 등에 부합되는 중요한 단어나 어구에 동그라미를 치면서 읽어보자.

달 밤

내가 잠시 낙향(落鄕)해서 있었을 때 일.

어느 날 밤이었다. 달이 몹시 밝았다. 서울서 이사 온 윗마을 김 군을 찾아갔다. 대문은 깊이 잠겨 있고 주위는 고요했다. 나는 밖에서 혼자 머뭇거리다가 대문을 흔들지 않고 그대로 돌아섰다.

맞은 편 집 사랑 툇마루에 웬 노인이 한 분 책상다리를 하고 앉아서 달을 보고 있었다. 나는 걸음을 그리로 옮겼다. 그는 내가 가까이 가도 별 관심을 보이지 아니했다.

"좀 쉬어 가겠습니다."

하며 걸터앉았다. 그는 이웃 사람이 아닌 것을 알자,

"아랫마을서 오셨소?"

하고 물었다.

"네, 달이 하도 밝기에……."

"음! 참 밝소."

허연 수염을 쓰다듬었다. 두 사람은 각각 말이 없었다. 푸른 하늘은 먼 하늘에 덮여 있고, 뜰은 달빛에 잠겨 있었다. 노인이 방으로 들어가더니, 안으로 통한 문소리가 나고 얼마 후에 다시 문소리가 들리더니, 노인은 방에서 상을 들고 나왔다. 소반에는 무청김치 한 그릇, 막걸리 두 사발이 놓여 있었다.

"마침 잘 됐소. 농주(農酒) 두 사발이 남았더니……."

하고 권하며, 스스로 한 사발을 쭉 들이켰다. 나는 그런 큰 사발의 술을 마셔 본 적이 일찍이 없었지만 그 노인이 마시는 바람에 따라 마셔 버렸다.

이윽고

"살펴 가우."

하고 노인의 인사를 들으며 내려오다 돌아보니, 노인은 그대로 앉아 있었다.

— 윤 오 영

이 글은 글쓴이가 김 군을 찾아갔다 못 만나고 돌아오는 길이 도입 부분이고, 우연히 노인을 만나 따뜻한 인정을 체험하는 부분이 분위기의 정점, 작별 부분이 결말 등, 세 부분으로 되어 있다. 문단 구분은 가능하지만 중심 내용에 밑줄을 치기란 어렵다. 왜냐하면 글 속에 중심 내용들이 숨어 있기 때문이다. 즉 함축적인 의미를 담고 있기에 표면화되지 않은 것이다. 글쓴이는 자신이 표현하려는 것을 행동과 대화로만 보여 줄 뿐이고, 중심 문장으로 요약하여 보이지 않았다. 이런 정서적인 느낌을 위주로 표현하려는 글에서는 중심 문장이 안 나타나는 무괄식 구성이 많다.

그렇지만 무괄식 단락은 자칫 중심 내용이 무엇인지 얼른 파악하기 어려운 경우가 있다. 특히 중심 내용을 정하지 않고 이것저것 늘어놓거나, 있더라도 그것을 중심으로 뒷받침하지 않으면 그 중심 내용이 무엇인지 파악하기 어렵게 된다.

중심 생각인 주제 또한 마찬가지이다. 겉으로 드러나 있지 않고 글 속에 잠재적으로 들어 있다. 그러므로 읽는 이가 중심 생각을 재구성해야 할 필요가 있다.

이 작품에는 우선 '달'이라는 단어가 자주 등장한다. 그것으로 보아 '달'이 이 작품에서 의미 있는 것임을 알 수 있다. '달'은 나와 노인을 이어주는 매개체가 된다. 그리고 '농주'와 소박한 안주상은 노인의 정을 드러내는 소재이다. 이 작품은 달빛이 비치는 시골 풍경을 바탕으로 하여 독특한 분위기와 정감을 빚어내고 있는 모습을 그리고 있다. 달빛의 밝음, 밤의 고요함, 노인의 정이 어우러진 둘째 부분은 마치 한 폭의 정물화처럼 시골의 풍경에서 무르익은 인정을 느낄 수 있게 한다. 이런 부분이 정보 전달을 목적으로 하는 글과 다른 점이다.

글자와 단어와 문장을 따라가면서 글의 의미를 알아가기보다는 글 속에 숨어 있는 느낌을 상상하여 찾아내야 글을 제대로 볼 수 있다. 내가 글쓴이가 되어 그 노인을 만나는 모습을 상상해 보라. 전혀 모르던 사람이 '달'이라는 공통 소재로 만났다. 그래서 인간적인 관계를 맺게 된 모습을 그려보자. 얼마나 따뜻한가? 이런 것까지 찾아내야 글을 제대로 감상할 수 있다.

이 글은 단순히 달빛의 아름다움 또는 노인과의 만남을 나타내려고 한 것이 아니다. 이 글을 쓴 이는 자신의 경험을 통해 '자연 속에 피어나는 인간의 아름다운 정'을 형상화하기 위해 이 글을 쓴 것이다.

이와 같이 문학작품을 감상하는 데는 글 분석뿐만 아니라 소재들 자체가 주는 분위기와 정서, 즉 느낌에 초점을 두고 음미해 나가야 할 것이다. 그만큼 이러한 문학적인 글은 뜻의 전달보다 감동과 감성의 환기에 중점을 두고 있기 때문이다.

 같이 하기 : 위의 감상을 토대로 하여 아래의 5가지 질문에 답해보자.

Q1. 이 글은 몇 문단인가?

Q2. 각 문단의 중심내용은 무엇인가?

Q3. 형식은 무엇인가?

4 주제는 무엇인가?

5 제목은?

(2) 객관적인 자료 참고하기

문학 작품을 감상하고 즐기는 일은 개인적인 상상력을 통해 가능하다. 상상은 개인적이고 주관적이기 때문에 상상력에만 의지한 작품의 이해는 잘못될 가능성도 있다. 이런 문제를 보완하기 위해서 객관적인 사실을 알려주는 참고 자료가 있어야 한다.

객관적인 자료로는 주로 주요 개념어의 보편적인 의미와 시대적·공간적 배경, 그리고 글쓴이에 대한 정보 등을 들 수 있다.

일반어와 문학어의 구분은 없다. 그러나 일반어가 문학 작품에 사용될 때는 은유와 상징의 과정을 거친다. 문학작품에서의 은유와 상징은 일반어가 가지고 있는 기본 개념에 문학적 상상력이 가미된 것이다. 따라서 작품을 제대로 이해하기 위해서는 일차적으로 일반어의 보편적인 의미를 이해하는 작업이 선행되어야 한다. 그런 연후에 해당 작품에서 단어가 갖는 은유와 상징의 의미를 찾아내야 한다. 그래야만 개인의 독특한 체험으로 잘못 해석될 위험을 최소화할 수 있다.

배경에 대한 정보도 중요하다. 앞에서 들었던 시 '소나무'는 시인과 그 제자들이 거니는 시골 학교의 뒷산이라는 배경을 고려하지 않으면 수용하기 어려운 작품이 될 것이다. 시대적 배경에 따라 작품의 의미가 달라지기도 하고 부가적 의미가 생겨나기도 하며, 공간적 배경에 따라 동일한 상황이 다른 의미로 해석되기도 하기 때문에 배경(시간적·공간적)은 작품을 객관적으로 이해하는 중요한 기준이 된다.

마지막으로 글쓴이에 대한 정보이다. 일단 글쓴이가 머릿속에 가지고 있던 생각을 원고지에 옮겨 놓는 순간부터 그 작품은 글쓴이와 무관하게 된다는 수용미학적인 관점이 있다. 즉 작품은 작품 자체만으로 평가를 받아야 한다는 입장이다. 맞는 말이다. 그러나 전통적인 관점에서는 아직도 작품에 반영된 글쓴이의 의도가 고려되어야 한다는 입장이 통용되고 있다. 여기에서는 굳이 두 견해의 우열을 가리지는 않는다. 다만, 문학 작품은 그 자체로 평가를 받고 향수되어야 한다는 입장에 동의하지만, 그래도 작자의 의도를 접목시킨다면 작품을 보다 잘 이해할 수 있을 것이라는 생각도 포기하지 않는다.

우리가 잘 알고 있는 한용운의 '님의 침묵'에서 '님'이 의미하는 것이 무엇인가 라는 질문에 '님'은 '사랑하는 사람, 종교적 절대자(부처님), 주권을 상실한 조국' 등으로 해석되는데, 이는 바로 이 작품에 대한 객관적인 자료, 즉 '님'이라는 단어의 기본 의미, 글쓴이에 대한 정보, 작품이 쓰인 시대적·사회적 배경 속에서 발견해 낸 의미들이다.

(3) 비교 · 정리하기

작품 감상의 마지막 단계는 처음에 자신이 상상한 것과 자료를 찾아 참고해 본 것 사이에 어떤 차이가 있는가를 확인하면서 그 의미를 되새겨 보는 것이다. 상상하기 과정을 통해 자유롭게, 그리고 폭넓게 해석된 내용을 객관적인 자료를 토대로 하여 수렴·정리해 나가는 과정은 작품을 자의적으로 감상하지 않고 객관적으로 감상하는 데 꼭 필요한 과정이다. 자신의 상상에 의한 것과 구체적인 자료를 참고한 것과의 차이를 줄이려는 노력은 문학 작품의 감상 능력을 향상시키는 데 큰 효과를 발휘할 것이다.

또한 해당 작품에 대한 다른 사람의 의견을 참조하는 것도 좋은 방법이다. 스스로 발견하지 못한 의미들을 발견할 수 있게 하여 작품을 폭넓게 이해하는 데 도움을 주기 때문이다.

글을 제대로 감상하기 위하여 '상상하기 → 객관적인 자료 참조하기 → 비교 · 정리하기'의 훈련 과정은 더욱 심화된 감상을 가능하게 하는 것으로, 반복적인 이런 훈련은 작품 감상 능력을 크게 향상시킬 것이다.

다음 시를 읽고, 시 속에 드러나는 광경과 시인의 심정을 상상해 보자.

장작을 패며

며칠 몸이나 누이며 법화사 행자로 쉬어 가겠다는 게으른 늦잠에 이순의 스님은 밥값이라 하라며 도끼를 냈다. 마른 팔을 걷어붙이고 운동 삼아 달려든 도끼질이 번번이 빗나가 마당을 찍어댈수록 오기에 힘을 실어 무거운 신음과 함께 나이테를 겨냥하지만 마냥 찍어대는 토막은 상처만 남긴 채 도무지 속이 드러나지 않는다. 무딘 날을 나무라며 손바닥에 침을 뱉고 용을 써 보지만 만신창이 토막이 남기는 건 끈끈한 향기로 뭉쳐진 송진뿐이다. 분에 못 이긴 도끼날이 허공을 가를수록 온몸은 땀에 절어 숨조차 제대로 가누지 못할 즈음 어깨 너머 스님의 도끼날에서 튕겨 나가는 나무의 속살이 봄 햇살에 유난히 밝다. 여태 젊다는 믿음으로 산 세상 이젠 그것도 잃었구나. 어디 세상을 힘으로만 살까만은 한낱 도끼질에도 도가 있음을 보란 듯이 보란 듯이 스님은 나무를 가른다. 정교한 리듬으로 난무하는 폭과 깊이를 알 수 없는 살생의 법도가 엄숙한 절도의 매듭에서 풀려 나오는 산사의 뒷마당에 주저앉아 우주가 물리적 법칙으로만 존재하지 않음을 본다. 오직 정신의 한 가닥 줄에 매달려 세상을 조율하는 경이로운 힘을 본다.

— 양은창, 『내 그리운 운문의 시대』 중에서

1 몇 연입니까?

Q2. 요지를 적어 보세요.

Q3. 중심 생각(주제)을 적어 보세요.

Q4. 다른 제목을 붙여 보세요.

Q5. 위 시를 감상한 소감이나 느낌을 중심으로 댓글을 달아 보세요.

 다음 산문을 읽고, 글쓴이가 전하고자 하는 메시지를 생각해 보자.

그대는 '나'를 아시나요?

이 세상에 하나밖에 둘도 없는 '나'의 그대여! 그대는 왜 자꾸만 '나'를 저버리려 하시나요? '나'는 무서운 생각이 들어 그대에게 "왜냐구?, 왜냐구?, 왜 그러느냐고?" 다그쳤죠. 그러자 그대는 '뭐가 어쩌느냐고' 알 수 없다는 표정을 지었어요. 그리고 뚱한 얼굴로 어깨만 들었다 놓았죠. 그래요. 모두들 그러죠. 그대같이 당연하다고 생각해요.

20대 때는 그럴 수도 있고 30대는 또 다른 것이라고. 어디 그 뿐인가요? 40대는 할 수 있지만 50대는 하지 말아야 하고, 60대는 생각해서도 안 되고, 70대는 꿈도 꾸지 말아야 하며, 80대는 그저 그렇게 죽은 듯이 가만히 있어야 한다나요?

그러나 그것은 터무니없어요. 다들 그런다고 옳은 것은 아니잖아요. 그대는 왜 '나'를 가지려하지 않나요? 왜 '나'를 포기하려는 거죠? 지금 그대는 숫자에 의지해서 살아가고 있어요. 좀 더 편하게 살려고. 좀 더 느긋한 마음을 즐기려고. 그래서 그대는 매 순간순간 숫자라는 각성제를 복용하죠.

"내가 내일 모레면 스물아홉 노처녀구나!", "나이가 벌써 30인데 어떻게 그런 연애를 꿈 꿀 수 있냐?", "50 먹어서 할 수 있는 사업이 따로 있지.", "내가 올해로 60이라니, 그런데 그런 운동을 시작할 수 있겠나?"라고.

그러나 그대! 나이라는 각성제의 부작용도 알아요? 그대는 지레 겁먹고 숫자가 앗아갈 수 있는 것을 미리 미리 생각해서 일찌감치 포기하곤 하죠. 그게 정신 말짱한 것이라고 믿으면서. 더군다나 그게 건강의 지름길이라고 자위하면서.

하지만 그대는 이미 알고 있어요. 잘 알면서도 그대는 살짝살짝 피해가고 싶겠지만, 늘상 보고 항상 들으면서 내심 자책도 하죠. 소설가 박완서 씨는 40대에 등단해서 세상을 놀래켰다고. 어디 그 뿐인가요? 60대의 전직 재벌회사 부회장이 20대들이 활보하는 식당에 들어가 20대 선배님들을 깍듯이 모시고서 웨이터 일을 시작했다고. 70대 화가가 30대 제자와 결혼해서 그 제자를 프랑스로 유학 보냈다고. 또 있어요. 70대의 지미 카터 전 미국대통령은 스카이다이빙에 도전했고 성공했다고요.

모든 생물체에는 생물학적 나이가 있다나 봐요. 진리인 것 같아요. 하지만 세상이 말하는 것이라고 다 진리는 아니잖아요. 세상에는 생물학적 나이만 있는 게 아니니까. 심리적·신체적·사회적·열정적 등등 '~적'자를 붙일 수 있는 나이는 다 어디 갔나요?

디오게네스가 그랬대요. 누군가 디오게네스에게 묻더라나요! 그 나이에 뭘 그렇게 열심히 하시느냐고. 그러자 디오게네스가 이랬다네요. "100m를 달리는데 결승점이 가까워오면 천천히 가야 하는가?" 겨우 100살 이쪽저쪽이라는 인생의 결승점이 가까워올수록 인생이라는 달리기는 더 속력을 내야한대요.

숫자라는 각성제를 복용하지 않고 '나'에게서 나이를 떼어내 버린다면 지금보다 더 긴장해야 되고 때로 더 많은 스트레스에 시달리기도 할 거예요. 그러나 그대! 이제 세상은 나이만으로 대접받는 시대가 지나갔어요. 이제 더 이상 나이는 세상에 들이댈 수 있는 우격다짐의 무기가 될 수 없어요. 그래서 저는 무서운 생각이 들어요. 그대가 어느 날 갑자기 세상을 달리 보게 될까 봐서요. 주변 사람 모두가 그대를 배신했다고. 세상이 그대를 버렸다고. '나'는 이 세상의 무용지물이 되었다고 생각할까 봐서요. 이런 두려움은 그대가 여전히 '나이'라는 숫자의 방석을 털고 일어나려 하지 않기 때문이에요.

'나'의 생물학적 얼굴은 숫자가 만드는 게 아니래요. '나'의 몸에도 반드시 숫자만 들어차는 게 아니라던데요. '나'의 얼굴도 몸도, 세상을 어떻게 생각하느냐에 따라 달라지는, 마음가짐의 전광판이래요.

그래요. '나'는 이 세상에 하나밖에, 둘도 없잖아요. 세상이 던져 준 숫자의 눈치를 안 보면 안 되나요? 숫자에 맞춰, 숫자의 지배를 받으며, 숫자가 좋아하는 대로만 살 필요가 있나요? 그대에게 자꾸만 달라붙으려는 숫자들을 땅에다 내팽개치세요. 그대가 그대 안에 꿈꾸고 있는 불사의 천사처럼 아름답게 세상을 날아다녔으면 좋겠어요.

그대를 끊임없이 사랑하는 '나' 올림.

— 장미영, "그대는 '나'를 아시나요?", <전북일보> 칼럼 중에서

1 몇 문단입니까?

2 형식은?

3 각 문단의 요지를 적어 보세요.

4 중심 생각(주제)을 적어 보세요.

5 다른 제목을 붙여 보세요.

6 위 글을 읽은 소감이나 느낌을 중심으로 댓글을 달아 보세요.

 1분당 읽은 글자 수를 측정해 보자.

본문 글자 수	1,978	자
읽은 시간	분	초
1분당 읽은 글자 수		자
요약 정리 시간	분	초

다음 수필을 사선(/)을 치면서 읽고, 기행문에 드러나는 장면과 글쓴이의 심정을 상상해 보자.

유럽 배낭 여행기

여행!

새로운 세계와의 만남이 시작되었다.

학교에서 배운 대로 '인간은 환경의 영향을 받으며 살아왔고 그 결과 다양한 문화를 형성해 왔다'는 것을 나는 믿는다. 그랬기에 늘 '우리와 다른 세계에 살고 있는 사람들은 어떻게 살아갈까?' 하는 다른 나라 사람들의 생활 모습에 대해 많은 궁금증을 가지고 있었고 '언젠가는 한번 직접 눈으로 확인해 보고 몸으로 느꼈으면…' 하는 갈증이 있었다.

유럽 배낭여행을 결심했다. 아들과 함께 여행 계획을 세웠다. 항상 착하고 여린 아들의 모습을 보면서 아들에게 '세상에는 다양한 삶의 모습이 있고 살아가는 방법도 가지각색이라'는 것을 스스로 깨닫고 공부할 수 있는 안목을 길러주고 새로운 삶의 전기를 마련해 주고 싶었다. 대부분의 준비는 아들에게 직접 해보도록 하고 아빠는 뒤에서 준비과정을 점검했다.

첫 번째로, 여권을 신청했다. 일단 외국에 가기 위해서는 여권이라는 것이 필요하다는 것을 새삼 확인하게 되었고 도청 민원실에서 그 일을 담당한다는 것도 알게 되었다. 여권 신청용 사진을 촬영하면서 '아! 이제 외국에 나가게 되는 구나'하는 생각에 가슴이 설레였다.

두 번째로, 여행할 나라와 도시를 찾아보았다. 첫 유럽여행인지라 우선 책이나 대중매체에서 친숙하게 대했던, 유럽 문명의 뿌리라고 알려진 이탈리아, 산업혁명을 가장 먼저 일으킨 신사의 나라 영국, 시민혁명의 본고장이자 문화 예술의 나라인 프랑스, 알프스 산을 비롯한 해발 4,000m 이상의 산간지대로 아름다운 스위스 등을 돌아보기로 했다. 서부유럽에서 남부유럽까지 여행 계획을 짰다. 먼저 아들에게는 유럽 여러 나라들의 위치를 알아보도록 하고 각 나라의 수도와 주요도시 이름을 찾아보도록 했다. 인터넷을 통해 여행지역의 자료를 수집하여 읽어보게 했고 유럽여행에 관한 책자를 구입하여 사전지식을 얻도록 했다.

세 번째로, 여행사에 모든 일정을 맡길 수도 있었지만 우리는 비행기 표만 예약하고 첫 도착지인 영국에 묵을 민박집만 인터넷으로 예약을 하였다. 나머지는 여행을 하면서 자유롭게 일정을 짤 수 있도록 했다. 말 그대로 준비부터 현지 여행일정까지 모든 것을 우리가 원하는 대로 하면서 시간에 구애받지 않고 자유롭게 돌아다닐 수 있는 방법을 선택했다. 비행기 표는 직항편과 경유편이 있는데 여행을 하는 것이 목적이었기 때문에 가능하면 이곳저곳의 모습들을 볼 요량으로 싱가포르를 경유하여 영국의 런던 히드로 공항에 도착하는 비행기 표를 예매했다.

네 번째로, 여행 경비를 고민했다. 유럽은 유럽통합으로 유로화를 사용하는 국가가 대부분이지만 아직도 영국은 파운드화를 사용하고 있었고, 중립국이면서 유럽연합국에 가입하지 않은 스위스는 프랑을 사용하고 있었다. 이런 정보를 가지고 외환은행에 들러 약간의 돈을 환전하고 필요한 나머지 돈은 신용카드를 사용하기로 했다.

다섯 번째로, 여행 복장과 카메라, 배낭 등 준비물을 챙겼다.

집을 나섰다. 리무진 버스를 타고 거대한 영종대교를 지나 인천공항에 도착해보니 사람들로 북적거렸다. 실로 많은 사람들이 해외를 오가고 있다고 생각하니 '국제화', '세계화', '지구촌'이라는 단어들이 새로운 느낌으로 다가왔다. 출국수속을 마치고 비행기 좌석표를 받았다. 출발까지는 한참을 기다려야 했기에 공항 내 이곳저곳을 두루 살펴보면서 아들과 그동안 못 나눈 이야기로 시간을 보냈다.

드디어 비행기에 올랐다. 약간 어슴프레한 저녁하늘을 배경으로 힘차게 이륙하는 비행기의 모습을 놓칠세라 창가에 시선을 두고 여행이 무사하기를 빌고 아울러 많은 것을 보고 올 수 있기를 기도했다. 인천에서 싱가포르까지는 약 6시간이 걸린다고 알고 있었다. 싱가포르의 시간은 우리나라보다 1시간이 느려 시간 계산에 신경을 써야했다.

무더위가 기승을 부리는 여름날 새벽 2시 30분(싱가포르 시간 1시 30분)에 싱가포르 공항에 도착했다. 이륙할 때와 달리 착륙할 때 귀에 약간의 통증이 있었다. 손으로 귀를 맛사지 하자 고막이 서서히 적응하면서 안정을 찾았다. 싱가포르 공항에서 7시간 30분을 기다려야 런던 히드로 공항 비행기를 탈 수 있었다. 여러 곳을 둘러보고 휴식공간을 찾아보았다. 의자들이 모두 눕기에는 불편한 칸막이로 만들어져 있어 의자에 앉아 잠시 눈을 붙이기가 어려웠다. 싱가포르의 바깥 기온은 28도 정도를 가리키는 더운 날씨인데도 실내는 에어컨이 있어 약간 싸늘했다.

인터넷 카페를 찾았다. 가족들에게 영어로 이메일을 보내면서 영어의 중요성을 새삼 느꼈다. 여행을 마치고 다시 영어공부를 해야겠다는 생각이 절로 들었다.

싱가포르에서 런던까지는 12시간이 걸렸다. 고도 10,000m이상의 상공에서 시속 1,000km 이상의 속도로 달려도 12시간이나 걸린다고 생각하니 '어쩜 진짜 지구반대편까지가 하루 생활권이구나'라는 감탄스런 생각이 들면서도 좁은 비행기 좌석의 불편함에 '유럽이 먼 곳임에는 틀림이 없구나' 하는 아득한 느낌도 강하게 들었다.

영국!

해상력을 바탕으로 세계 각지에 식민지를 건설하여 해가 지지 않는 대영제국을 건설했던 나라. 시민혁명과 산업혁명으로 민주주의와 자본주의가 가장 발달한 나라. 난류와 편서풍의 영향으로 온화한 날씨를 보이며 비가 자주 내려 흐린 날이 많다는 영국. 그 영국인들의 생활모습은 과연 어떨까?

영국의 히드로 공항에 도착한 것은 점심시간이 막 지난 오후 2시경이었다. 간단한 입국절차와 함께 영국에 오게 된 목적 등을 심사할 때 한국의 위상이 높아졌다는 것을 실감했다. 입국심사원들이 한국에서 왔다는 소리에 먼저 '월드컵 코리아, 김치, 안녕하세요?' 라고 어설픈 한국말로 아는 체를 하는 등 한국인에 대해 호의를 보이며 반갑게 대해주었다. 마치 한국의 어느 곳을 여행하는 착각이 들 정도였다. 여행하는 우리로서는 참 편안한 시작이었다.

지하철을 이용하여 런던시내 민박집까지 가는 길에 차창 밖으로 보이는 런던 시가지는 인상적이었다. 지하철 주변의 건물들은 깨끗하게 단장되어 있었다. 특히 창틀이 하얗게 페인트칠해진 모습은 우리의 시선을 끌었다.

민박집에 도착했다. 민박집 역시 지은 지 50년이 넘은 개인주택이라는데 건물 내부 및 외부가 깨끗하게 정돈되어 있었고 화장실의 세면대 문고리는 50년이나 되었다는데도 여전히 튼튼하고 고풍스러웠다.

배낭을 내려놓고 조금이라도 빨리, 그리고 많이 보고 싶은 마음으로 곧장 시내 관광을 하러 나갔다. 비행기 안에서 요모조모 궁리하기를, 즉 영국에 가면 무엇을 먼저 보고 얼마 후에 프랑스로 이동할 것인지의 대략적인 계획을 세웠기에 곧바로 이동을 할 수 있었다. 물론 항상 여행용 책자를 손에서 놓지 않아야 했다. 영국은 가는 곳마다 관광지도와 지하철 노선도 등이 무척 자세하면서도 정확하게 소개되어 있었다. 그래서 영국 내에서는 여행 책자 하나만 들고 다니면 어디나 갈 수 있었다.

런던을 가로지르는 템스강은 탁한 물이 흐르고 있었다. 바닥이 진흙밭이어서 그렇다고 한다. 템스강의 크기나 수량은 우리나라의 한강에 비할 바가 못 되었다. 찰스황태자가 결혼식을 올렸다는 세인트 폴 대성당은 거대한 돔으로 된 르네상스 양식의 건물이었다. 영국 내 대부분의 성당은 이처럼 웅장하고 아름답게 건축되어있어 보는 이의 입이 저절로 벌어지게 하였다. 그 앞에 세워진 밀레니엄 브리지는 금속을 사용하여 건축된 다리로 주변의 고건축물과 현대의 신건축물이 잘 조화된 모습을 자랑하고 있었다.

강가를 조금 거슬러 올라가서 보니 런던탑과 타워브리지가 화려한 모습을 뽐내며 서 있었다. 런던탑의 내부는 시간이 늦어 들어갈 수가 없어 아쉬웠지만 외관에서 풍기는 웅장함은 사진으로 보았던 유럽의 전형적인 성 모습이었다. 그 옆에 세워진 타워브리지는 성 모습을 본뜬 것으로, 다리라고 보기에는 너무 웅장하고 규모가 큰 옛 모습을 간직하고 있었다. 다리의 가운데 부분은 화물선이 지날 수 있도록 개폐교로 만들어져 있었다. 타워브리지의 야경을 한참 보고 있자니 무언지 허전한 생각이 들었다.

시간도 늦고 해서 지하철을 이용하여 시내로 들어가 슈퍼마켓을 구경하며 먹고 싶은 것들을 골라보았다. 물가는 우리나라보다 비싼 편이며 색다른 풍경이 있다면 많은 종류의 샌드위치들이 진열되어 있다는 것이었다. 이곳 사람들은 한 끼 식사로 샌드위치 2조각이면 충분하다고 말하며 장소에 구애받지 않고 간단하게 해결하는 것이었다.

영국에서의 둘째 날 오전, 헨리8세의 사냥터였다는 하이드 파크를 가보았다. 영국의 공원은 우리나라의 공원과는 좀 달랐다. 우리나라의 공원은 아기자기한 모습들로 꾸며져 있다면, 영국의 공원은 일단 규모가 크고 나무와 잔디 그리고 호수 등이 어우러져 아름다우면서도 시원스레 이루어져 있었다. 대부분 공원은 과거에 귀족들의 사냥터로 사용되던 곳이라 한다. 넓은 잔디에는 곳곳에 해수욕장에서나 볼 수 있는 의자들이 놓여있었고 일광욕을 즐기는 풍경도 볼 수 있었다. 영국의 남부지역은 높은 산이 없어서 이들은 우리나라 사람처럼 등산을 즐기는 기쁨을 누리는 대신 공원을 산책하고 뛰는 것으로 만족하는 것 같았다.

매일 11시면 영국의 버킹검 궁전에서는 근위병 교대식이 거행된다. 이 모습을 보기위해 많은 관광객들이 궁전 앞에 인산인해를 이루고 있었다. 특히 여름에는 영국여왕이 스코틀랜드지방으로 휴가를 떠나기 때문에 궁전 내부의 일부를 일반인들에게 공개하고 있다. 관람하고 싶은 사람은 입장료를 내야만 한다.

영국에는 대영박물관, 내셔널 갤러리, 국립 초상화 미술관, 자연사 박물관, 과학박물관을 비롯하여 170여 개에 달하는 박물관과 미술관이 즐비하며, 그 속을 가득 채운 문화재와 미술품들은 상상을 초월할 정도다. 이 곳 모두 대부분 무료로 이용할 수 있었다. 내셔널 갤러리에 걸려 있는 유명화가들의 작품 앞에 앉아 설명을 듣고 감상하는 런던시민들의 모습을 보면서, 우리는 기껏해야 교과서의 사진으로만 보는 작품을 영국인들은 일상생활에서 늘상 보고, 듣고, 느낀다고 생각하니 그들의 삶이 무척 부러웠다.

영국은 '신사의 나라'라는 명성답게 모든 질서, 예를 들면 교통질서, 공공질서 등이 잘 잡혀 있었고 모든 사람들이 친절하였다. 실례로 지하철 티켓 하나를 사더라도 고객의 입장에서 가장 저렴한 방법을 안내해주고 기차 예매를 하더라도 가장 싸면서도 편리하게 이용할 수 있는 시간대로 소개해 주는 판매원을 만날 수 있었다. 판매원들은 마치 어려운 문제로 고민하는 사람을 상담해 주듯이 예매를 해주었다.

우리나라에서도 어디를 가나 줄을 서서 차례를 지키는 모습은 볼 수 있지만, 영국의 줄서기 문화는 좀 색달랐다. 단지 줄만 서서 질서를 지키는 것이 아니라 상대방의 프라이버시를 철저히 존중해 주는 줄서기 문화였다. 예를 들면 슈퍼에서 앞사람이 계산대에서 일을 보고 있으면 뒷사람은 일정한 지역에서 대기하고 있다가 앞사람이 일을 다 마친 다음에야 계산대에 들어옴으로써 계산대 주변이 혼잡하지 않았고, 특히 외국인들이 셈 계산이 서툴러 시간을 많이 소비해도 불평 한마디 없이 기다려 주었다.

아쉬움을 뒤로 하고 영국에서 프랑스로 향했다. 영국은 프랑스와 접하고 있는 도버해협 밑으로 해저터널을 뚫어 기차를 왕래하게 함으로써 더 이상 섬나라가 아니었다. 더욱이 유럽연합(EU)의 탄생으로 국가 간 자유로운 왕래가 가능했다. 영국과 유럽대륙을 달리는 유로스타(기차)를 이용하여 출퇴근하는 모습을 직접 눈으로 확인하니 더 실감이 났다.

유로스타를 이용하여 3시간정도 달려 파리에 도착했다. 런던 시민들의 생활 모습이 좀 차분하다면 프랑스 파리 시민들은 훨씬 활기차며 시끌벅적한 모습이었다. 파리는 여행하면서 가장 당황스러운 곳이기도 했다. 가는 곳마다 프랑스인들은 지하철 티켓을 구매하는 고객에게 가장 비싼 티켓을 알선해 주는가하면, 다른 사람들의 말을 별로 귀담아 들어주려고 노력하지 않았다. 그리고 대부분의 안내 표지판들이 영어가 아닌 프랑스어로 쓰여 있어서, 가뜩이나 말이 안 통해 졸아있던 가슴이 시간이 갈수록 심하게 덜컹거리기 시작했다.

마음을 진정시키고 파리 시내를 둘러보기로 했다. 시내 어디서 보나 유별나게 눈에 띠는 건축물이 있었는데 바로 에펠탑이었다. 센 강변에 자리 잡은 에펠탑은 1889년 만국박람회를 위한 기념물로, 구스타브 에펠의 작품이라고 한다. 이 탑은 27개월의 공사기간 동안 단 한 건의 사고도 없이 완공되었다고 한다. 에펠탑과 센 강을 사이에 두고 있는 '사이요 궁'은 에펠탑의 반대편에 자리 잡고 있어 더욱 아름답게 느껴졌다. 에펠탑의 전망대까지 오르기 위해서는 보통 1-2시간 정도 기다려야 했다. 그런데도 에펠탑 관광객의 행렬은 하루 종일 계속되었다. 이 모습을 보면서 관광자원의 중요성을 더욱 실감했다. 오랜 시간을 기다린 끝에 드디어 아들과 함께 전망대에 올라 파리 시내를 바라보았다. 에펠탑 주변에는 높은 산이라곤 찾아볼 수 없는 온통 탁 트인 평원만이 있었다. 프랑스인들이 철제만으로 이미 100여 년 전에 320.75m 높이의 탑을 세울 생각을 하고 또 만들었다고 생각하니 프랑스가 우리보다 산업화가 얼마나 앞서서 일어났는지 까마득하게 느껴졌다.

프랑스인의 자존심은 에펠탑으로만 설명하기엔 너무 부족한 듯했다. 프랑스인들의 자기 문화에 대한 진짜 자부심은 루브르 박물관에 있는 것 같았다. 영국의 대영박물관에 소장하고 있는 문화재들을 보고 입이 다물어지지 않았었는데, 파리의 루브르 박물관은 규모 면으로만 보아도 혀를 내두를 뿐 말로 형언할 수 없을 정도였다.

세계 3대 박물관으로 꼽히는 루브르 박물관은 13세기에 파리를 방어하기 위해 세워진 요새였다. 이내 이곳은 왕궁으로 사용되다가 오늘날의 박물관으로 자리 잡게 되었다고 한다. 루브르 박물관에는 약 225개의 전시실에 40만점의 예술품이 전시되어 있었다. 전시장은 도시락을 싸들고 걸어가면서 본다 해도 하루에는 다 볼 수 없을 정도의 규모였다. 이곳에 소장되어 있는 작품으로는 레오나르도 다빈치의 모나리자, 밀로의 비너스, 앵그르의 오달리스크 등이 소장되어 있었고 이 그림들을 보기위하여 많은 관광객들이 인산인해를 이루었다. 청소년들은 무료입장이었는데, 학생들에 대한 이러한 배려는 외국 학생들에게도 예외는 아니었다.

다음 날은 아침 일찍부터 베르사유 궁전으로 향했다. 절대군주의 위세를 과시하던 태양 왕 루이14세의 막강한 권력과 50년이란 오랜 공사로 탄생한 바로크양식의 대표적인 건축물인 베르사유궁전은 이번 여행에서 꼭 가보기로 작정한 곳 중의 하나였다. 이곳은 시민혁명의 불씨가 된 사치와 향락의 궁전으로 국민의 피와 땀이 깊게 서려있는 역사적인 의미를 가득 담고 있었다. 궁전 앞에 도착하니 벌써 많은 사람들이 줄을 지어 문이 열리기를 기다리고 있었다. 궁전 내부는 화려하게 장식되어 있었으나 더 이상 절대 권력자의 존재가 없어서인지 일반인에게 공개되는 왕과 왕비의 침실, 거울의 방 등 궁전 내부는 어딘가 우울한 모습을 띠고 있었다. 거울의 방은 무도회와 파티장으로 쓰였고 1차 세계대전 종결 후 연합군과 독일의 국제관계를 확정한 베르사유 조약 체결 장소로 사용되기도 했다 한다. 반면 궁전 뒤쪽에 자리 잡은 넓은 정원은 꽃들로 잘 정리되어 있어 보는 이의 마음을 사로잡았다.

의젓하게 자라버린 아들은 여행 기간 내내 든든한 친구이자 동반자였다. 아들은 어느새, 지도와 지하철의 노선을 보면서 목적지까지 길을 잘 안내하는 여행 가이드가 되어 있었다. 아들의 안내를 받아 파리에서 로마로 이동할 때에는 야간 기차를 이용하기도 했다. 유럽의 기차는 국경을 자유롭게 통과하고 있었다. 대부분의 장거리 여행은 야간 기차를 이용하여 차 속에서 숙박을 해결하며 여행을 즐겼다. 우리도 한 침대칸에 6명이 같이 동행하는 쿠셋 표를 구입하여 기차 안에서 잠을 즐기며 12시간이나 걸리는 테르미니 역에 좀 수월하게 도착할 수 있었다. 열차의 창가에 비춰지는 프랑스의 차창 밖 풍경은 대부분 넓은 평원을 이루고 있었다. 들판에는 밀을 수확하고 남은 밀짚들이 가축의 사료로 쓰이기 위해 큰 덩어리로 뭉쳐져 있었다.

밤새 달려온 기차는 새벽녘의 이탈리아를 달리고 있었다. 멀리서 아스라이 햇살이 비치며 날이 새고 있었다. 창밖으로 보이는 이탈리아 산지는 프랑스와는 달리 험한 지형을 이루고 있었다. 들판에는 넓은 포도밭, 해바라기 밭, 싱싱한 야채를 심은 곳 등이 있었다.

이탈리아의 수도인 로마의 날씨는 장난이 아니었다. 로마는 여름에 무덥고 건조한 지중해성 기후이기는 하나 이상 기후로 인해 유난히 무더웠다. 조금만 걸어도 온몸이 땀으로 젖었다. 로마를 여행하는 내내 심한 갈증을 느꼈다. 한 손에는 지도책, 또 한 손에는 물통을 들고 로마에서의 하루를 시작했다.

고대도시의 모습을 가장 많이 간직하고 있는 로마의 곳곳에는 넓은 광장이 있었다. 베네치아 광장, 스페인 광장, 콜로냐 광장, 트레비 분수 등 도로의 네거리에는 대부분 넓은 광장이 있었다. 광장에는 분수대와 함께 분수대를 장식하는 그리스-로마 신화에 나오는 각종 신들의 동상이 세워져 있었다. 과거 로마제국시대의 화려한 귀족문화가 바로 이곳 광장에서부터 시작되었을 거란 생각이 들었다.

로마에서 가장 큰 원형극장인 콜로세움은 많은 부분이 파손되었지만 그 규모로 볼 때 로마인들의 실용적인 건축 기술이 얼마나 발달했었는지를 가늠케 했다. 건축물로 빼놓을 수 없는 것 중에 또 하나가 모든 신의 신전을 의미하며 신들에게 제사를 지내기 위해 지었다는 판테온 신전을 들 수 있다. 건물은 기둥하나 없이 반원형의 지붕과 아치의 원리를 이용한 벽만으로 지탱되고 있었다. 벽면의 두께가 약 6m라고 한다. 또한 반원형의 지붕에는 9m 가량의 구멍이 뚫려 있어 자연채광이 들어오고 있었으며, 천장의 구멍으로 비가 들이치기는 하지만 그리 많은 양이 들어오지는 않았다. 이것은 건물 안의 더운 공기가 상승하면서 들이치는 비를 밖으로 밀어내기 때문이라고 한다. 설명을 듣고 실제로 살펴보니 로마인들의 건축 기술이 얼마나 대단했는지 놀라울 뿐이었다.

흘러내리는 땀을 식히며 먹는 아이스크림의 맛은 '둘이 먹다가 하나가 죽어도 모를 만큼' 꿀맛이었다. 이탈리아의 대표적인 음식으로 피자, 스파게티, 아이스크림을 꼽을 수 있다. 관광명소의 어디를 가나 관광객들은 여러 종류의 아이스크림을 푸짐하게 먹을 수 있었다. 또 하나, 슈퍼나 시장에서 값싸게 먹을 수 있는 것은 과일이었다. 수박, 포도의 과일즙은 설탕물 그 자체였다. 다만 껍질이 두꺼운 것이 흠이라면 흠일까?

남북으로 길게 뻗은 이탈리아는 곳곳이 관광 명소였다. 피렌체의 피사의 사탑, 세계 3대 미항으로 꼽히는 나폴리 항구, 화산폭발로 폐허가 된 폼페이 유적지, 이름 모를 성당 등 어느 도시를 가보나 화려한 조각 장식물과 거대한 대리석 기둥, 두꺼운 벽, 아아치 형태의 천정에 그려진 벽화 등 수 많은 건축물들이 우리를 압도했다.

인구 1,000명이 안 되는, 세계에서 가장 작은 나라, 가톨릭의 총본산이자 전 세계 가톨릭신도의 정신적 구심점인 교황이 살고 있는 나라 바티칸 시티는 하루를 꼬박 투자하여 여행을 했다. 바티칸 시티는 좁은 공간에 베드로 대성당, 시스티나 예배당, 바티칸 박물관 등 여러 건물들이 밀집해 있었다. 규모가 작아 한번 빙 둘러보기로 하면 금방이겠지만 내부에 진열되어있는 문화유산을 꼼꼼히 살펴보고 있자면 하루로도 부족할 정도의 많은 예술품들이 소장되어 있음을 알 수 있었다. 미켈란젤로의 천지창조, 최후의 심판과 같은 작품은 그 크기만으로도 관광객들 입이 벌어지게 만들었다. 사진으로만 보던 명화를 실제 크기의 그림으로 만나는 감동은 희열 그 자체였다.

여행은 새로운 세계와의 만남이었을 뿐만 아니라 조급하게 앞만 보고 달려온 나 자신에 대해 성찰할 수 있는 색다른 시간이기도 했다. 한번은 꼭 가보고 싶었던 유럽배낭여행! 하지만 여행을 하면서 '좀 더 미리 유럽에 대해 공부하고 좀 더 준비하고 여행을 왔더라면 더 많은 것을 보고 갈 수 있었을 텐데' 하는 아쉬움이 남았다. '아는 만큼만 보인다'는 말을 실감하면서 아들과 함께 더 열심히 하루하루를 생활해야겠다고 마음을 다잡아 보았다.

유럽문화를 이해하거나 유럽여행을 위해서는 그리스 로마신화와 성경의 내용을 잘 알고 있어야겠다는 생각도 들었다. 그림 하나를 감상하더라도 알고 보면 그 그림이 자기 것이 되지만 모르고 보면 그냥 그저 스쳐지나갈 뿐이다. 그런 의미에서 로마신화와 성경은 새로운 의미로 다가왔다.

유럽 대부분의 관광지에 들르면 영어, 일어, 중국어로 설명하는, 카세트와 같은 오디오 설명 기계를 대여 받을 수 있다. 여행 내내 오디오 설명 기계에 한국어가 없다는 것이 못내 아쉬웠다. 이 기계에 한국어가 들어갈 날을 기대해본다. 아니 기다리기 전에 한국어의 세계적인 위상을 높일 수 있도록 준비하고, 한국어를 아름답게 가꾸는데 최선을 다해야겠다는 다짐을 했다. 여행 끝에 뜻밖에도 한국에서는 전혀 생각지도 않았던 고민을 하게 되었다. 영어에 절절매지 않고 입에 익은 내 나라 말이 전 세계인에게 공인되어 널리 사용되려면 어떻게 해야 할까. 갑자기 한국말이 그리워진다. 속 편하게 들을 수 있는 한국말을 하루 빨리 실컷 들었으면 좋겠다는 생각을 하니 더욱 귀가 불편했다.

귀국길에 올랐다. 주머니 속엔 동전만 남았지만 가슴속엔 세계가 남았다. 귀국하면 또 다른 세계와의 만남을 준비하며 내실 있는 삶을 살 것이다.

— 심웅택, "유럽 배낭 여행기" 중에서

Q1. 몇 문단입니까?

Q2. 형식은?

Q3. 각 문단의 요지를 적어 보세요.

4 중심 생각(주제)을 적어 보세요.

5 다른 제목을 붙여 보세요.

6 위 글을 읽은 소감이나 느낌을 중심으로 댓글을 달아 보세요.

 1분당 읽은 글자 수를 측정해 보자.

본문 글자 수	10,258 자	
읽은 시간	분	초
1분당 읽은 글자 수		자
요약 정리 시간	분	초

메 모

03

정보의 질서화

정보의 질서화

1. 정보 질서화의 의의

입수된 정보, 즉 원자료(raw data)는 가공되어야만 고급 정보가 된다. 이렇게 정보를 고급화하는 과정을 정보의 심화 또는 내면화 과정이라고 한다. 이 과정은 정보의 질서화, 정보의 구체화, 정보의 의식화 단계로 구분된다.

정보의 질서화는 입수된 원자료를 일정한 기준에 따라 분류(classify)하고 정리(sorting)하는 것을 말한다. 같은 자료라도 질서화 된 자료와 그렇지 못한 자료는 똑같은 정보이지만 그 질적인 면에서는 엄청난 차이를 갖는다. 아무런 가치가 없었던 정보들이 분류와 정리 과정을 거치면 엄청나게 가치 있는 것으로 변하게 되는 것이다.

간단하게 전화번호를 메모하는 것을 예로 들어보자. 만약 한 사람은 순서 없이 되는 대로 전화번호를 메모한 반면, 다른 한 사람은 '가, 나, 다, ……' 순서대로 번호를 분류해 적어 놓았다면, 이 두 사람이 가지고 있는 전화번호는 그 효용면에서 커다란 차이가 있다.

이렇게 정보를 질서화 한다는 것은 실생활의 많은 효용성을 가지기 때문에 꼭 필요한 작업이다. 이것이 바로 지혜고, 우리가 지식을 운용할 수 있는 힘이다. 그런 힘들을 훈련시켜 주는 것이 많은 지식을 넣어주는 것보다 훨씬 더 중요하다.

동양에서는, 산을 잘 그리기 위해서는 '먼저 숲을 보고, 나중에 나무를 보라.'고 말한다. 즉, 전체의 큰 구도를 먼저 파악한 다음에 구체적인 부분들을 세밀하게 살펴보아야 산이 총체적으로 이해된다는 말이다. 여기서 전체와 부분은 서로 불가분의 관계를 가지고 있다. 따라서 우리는 전체는 보는데 부분을 보지 못하거나, 부분만을 보다가 전체를 보지 못하는 오류를 범해서는 안 된다.

받아들여진 정보를 질서화 하기 위해서는 전체를 본 후 부분을 보아야 한다. 정보를 분류하고 정리하기 위해서는 부분 정보들 간의 관계를 제대로 파악해야 하는데, 이는 정보를 구조화하는 것을 의미한다. 정보를 구조화함으로써 우리는 주어진 정보에 대하여 전체를 본 후 부분을 볼 수 있게 하는 안목을 기를 수 있다.

전체를 보고 부분을 보는 인식 변화의 결과는 그 동안 못 보던 것을 보게 하고, 해결하지 못했던 문제를 해결할 수 있게 하며, 정보의 내용을 암기하는 데 많은 도움을 준다.

2. 정보 질서화의 방법

(1) 전체를 보는 지혜 : 고공학습법

퍼즐게임에서 유치원생용 퍼즐은 조금만 노력하면 쉽게 완성된 그림을 맞출 수 있다. 그러나 성인용 몇 천 조각의 퍼즐은 쉽게 맞추어지지 않는다. 이 일을 쉽게 할 수 있는 사람은 완성된 전체 그림을 본 사람이다.

공부를 잘 하는 사람들은 조각으로 존재하는 지식을 유형별로 묶어 잘 정리하는 사람들이다. 이런 사람은 전체를 보는 능력, 즉 조망하는 능력이 있는 사람이다. 전체를 보는 능력이 뛰어난 사람은 공부에서뿐만 아니라 모든 생활에서 뛰어난 능력을 발휘할 수 있다.

전체를 보는 지혜를 기르기 위한 학습 방법을 멀리 위에서 바라본다는 의미에서 '고공학습법'이라고 한다. 즉 고공학습법은 비행기에서 아래를 내려다보면서 땅의 윤곽을 파악하듯이, 정보를 처리하면서도 위에서 내려다보는 것과 같이 넓은 시야를 가지고 전체를 꿰뚫는 법칙을 찾아내 정리하는 방법이다.

고공학습법으로 정리한 표를 고공표라고 하는데, 고공표를 만드는 방법은 다음과 같다.

※ 책 한 권, 또는 글 한 편을 한 장으로 만들기

고공표를 그리는 목적이 전체적인 내용을 한 눈에 보기 위한 것이기 때문에 책 한 권의 내용이나 글 한 편의 내용을 한 장에 그려야 한다. 고공표를 작성하는 데에는 약간의 시간이 필요하겠지만, 고공표를 작성하는 것은 자기의 능력과 성격에 꼭 맞는 맞춤옷을 만드는 것과 같고, 일단 작성한 고공표를 이용하면 더 빨리 정보의 내용을 정리할 수 있기 때문에 전체적으로 볼 때 훨씬 효과적이다.

※ 큰 것부터 작은 것, 성근 것부터 촘촘한 것으로

제일 처음에 책이나 글 전체를 조망하는 고공표를 작성하고, 그 다음에는 각 장별로 요약하는 고공표를 그린다. 그러면 책 전체를 알 수 있는 고공표와 부분의 내용을 알 수 있는 고공표로 그릴 수 있다.

※ 표, 지도, 그림 등 여러 가지 모양을 활용해서

고공표의 모양은 여러 가지로 자유롭게 활용할 수 있다. 일반적으로 표 방식, 지도 방식(mapping), 그림 방식이 있다. 글의 내용이나 형식에 따라 적절한 방식을 선택하여 고공표를 그릴 수 있다.

우리가 살고 있는 세계에서는 수많은 현상들이 일어나는데, 그러한 현상들은 크게 자연 현상과 사회·문화 현상으로 구분할 수 있다.

자연 현상은 인간의 힘이 가해지거나 인간이 직접 만든 것이 아닌 데 비해서, 사회·문화 현상은 인간의 의지와 행동에 따라 이루어진다. 예를 들면, 가뭄, 태풍 등은 자연 현상으로, 교통 문제, 선거, 물가 상승 등은 사회·문화 현상으로 나눌 수 있다.

'금강산 찾아가자 일만이천 봉…… 철따라 고운 옷 갈아입는 산……', '누구의 주제런가……오늘에야 찾을 날 왔나.' 라는 노래를 비교해 보자.

'철따라 고운 옷 갈아입는 산'은 인과 관계가 분명하며 감각기관을 통해 관찰할 수 있는 자연 현상으로, 인간의 의지와는 관계없이 자연의 질서에 의해 움직인다. 그러나 '오늘에야 찾을 날 왔나.'라는 노래에는 통일을 바라는 우리 민족의 의지가 담겨 있다. 이러한 사회·문화 현상은 사람들의 의도가 무엇인지, 어떠한 가치를 가지고 있는지를 알아야 바르게 이해할 수 있다.

1960년대까지만 해도 우리 사회에서는 '남녀 칠세 부동석'이라 하여 이성 교제를 곱지 않은 시선으로 바라보았다. 하지만 요즘은 '남녀 칠세 지남철'이라는 우스갯소리로 표현되듯이, 이성 교제를 당연한 것으로 받아들인다. 또 나이 드신 부모님이 양로원에서 생활하는 것을 서양 사람들은 당연하게 받아들이지만, 우리나라 사람들은 불효라고 여기기도 한다. 이러한 차이가 생기는 이유는, 인간의 의식과 가치관은 그 사회의 관습, 역사와 밀접한 관련이 있기 때문이다.

이처럼 사회·문화 현상은 시간과 공간을 떠나서는 이해하기 어려운 특수성을 가지고 있다. 하지만 이러한 특수성을 인정한다고 해서, 인류의 보편적인 가치가 부정되는 것은 아니다. 부모에 대한 공경심은 동서고금을 막론하고 존중되어 왔으며, 자유와 인권은 세계의 모든 사람들이 추구하는 이상이 되고 있다.

따라서 사회·문화 현상의 특수성과 보편성의 관계는 배타적인 것이 아니라, 서로 보완적인 것으로 파악해야 한다.

〈그림 7〉 고공표

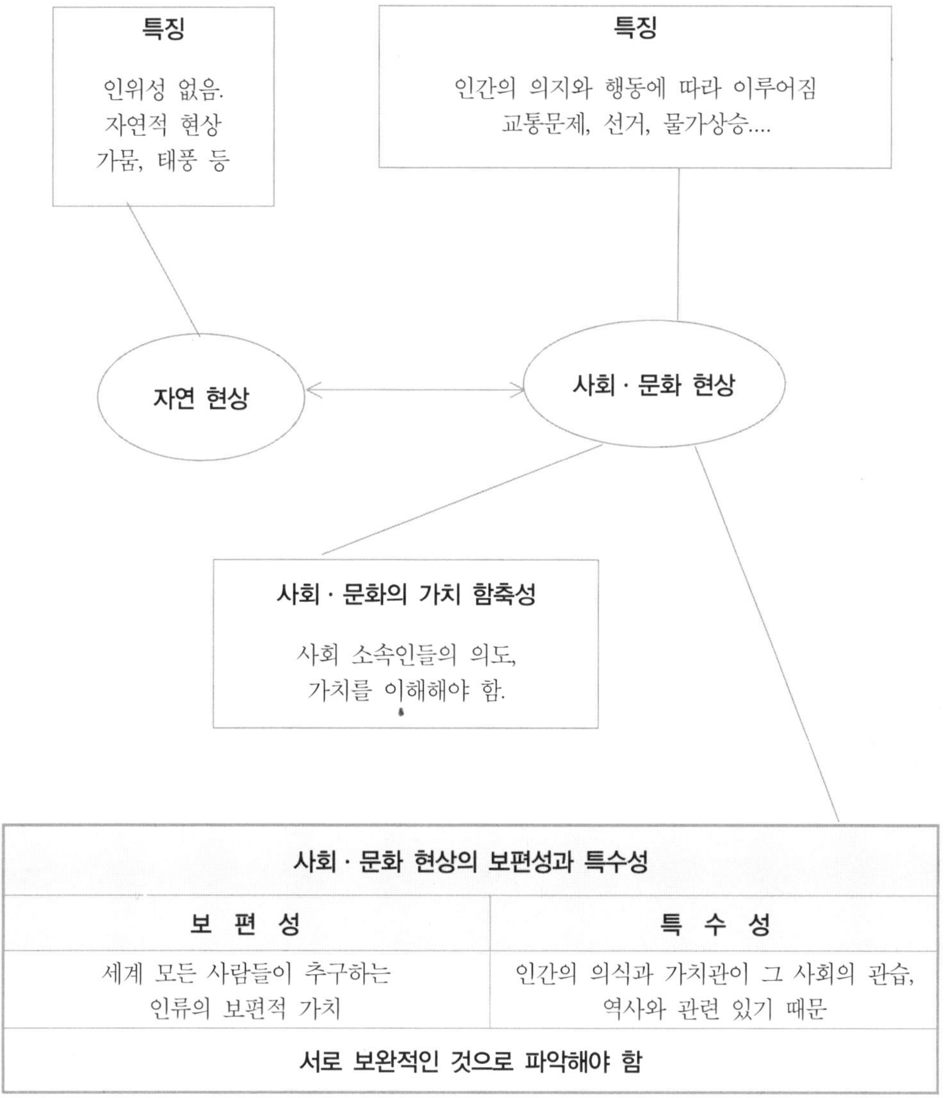

사회 · 문화 현상의 보편성과 특수성	
보 편 성	특 수 성
세계 모든 사람들이 추구하는 인류의 보편적 가치	인간의 의식과 가치관이 그 사회의 관습, 역사와 관련 있기 때문
서로 보완적인 것으로 파악해야 함	

(2) 부분을 보는 지혜 : 상관관계학습법

조각으로 존재하는 지식들을 하나로 묶기 위해서는 각 조각들(種, species) 상호간에 존재하는 상관관계를 살펴보아야 한다. 전체를 이루는 부분들은 유기적으로 연결되어 있기 때문에 이들 간에는 어떤 모양으로든 상관관계가 존재한다. 이러한 관계를 정밀하게 밝히는 능력은 전체를 조망하는 능력과 함께 사용될 때 그 진가를 십분 발휘한다.

전체를 이루고 있는 각각의 부분들이 어떠한 유개념으로 묶일 수 있는지, 각각의 유개념들이 어떤 연결 고리에 의해 연결되는지를 찾아내는 일이 상관관계학습법이다. 각 부분의 연결고리를 찾는 방법에 대해 알아보자.

[illegible] 반복되는 말 찾기

고공표에서 각 부분에 반복되어 나타나는 말을 찾음으로써 각 부분이 어떤 연결고리에 따라 관련을 맺고 있는지 알 수 있다. 대개 반복되는 말은 유개념으로 묶을 수 있는 개념이다.

[illegible] 근본적인 차이점 알아내기

유개념으로 묶인 개념들은 몇몇 개의 하위 개념으로 구분된다. 이때 하위 개념으로 구분되는 내용들이 어떤 점에서 차이를 보이는지를 찾아내면 전체를 이루는 부분 정보들 사이의 관계를 파악할 수 있다. 즉 각각의 부분적인 정보를 확연히 구분 지어주는 근본적인 차이점이 무엇인가 하는 것을 찾아내는 것이다.

[illegible] 접속어를 넣어 문장으로 연결시켜 보기

각 부분의 연결고리를 찾기 위한 또 다른 방법은 각각의 부분적인 정보를 접속사를 이용해 하나의 문장으로 연결시켜 보는 것이다. 접속사는 두 개 이상의 정보를 그 성격에 맞게 연결시켜 주는 말로 '그리고, 또한, 그런데, 그러나, 하지만, 그래서, 왜냐하면' 등이 있다. 때문에 이러한 접속사를 이용해 각각의 부분적인 정보들을 맞춰보면 이 각각의 부분적인 정보들이 어떤 관련성 아래 묶여 있는지를 금방 알 수 있다.

 같이 하기 : 〈그림 7〉의 고공표에서 반복되는 말을 찾아보고, 부분 정보들 간의 차이점을 찾아보자.

‣ 반복되는 말

‣ 부분 정보들 간의 차이점

다음 글을 사선(/)을 치면서 읽고, 중요한 문장이라고 생각되는 부분에 밑줄을 쳐 보자.

생명은 가꿔야지

무뇌아를 낳고 보니 산모는
몸 안에 공장지대가 들어선 느낌이다.
젖을 짜면 흘러내리는 허연 폐수와
아이 배꼽에 매달린 비닐 끈들.
저 굴뚝들과 간통한 게 분명해!
자궁 속에 고무인형 키워온 듯
…(하략)…

— 최승호, 「공장지대」 일부

위에 인용한 글은 최승호 시인의 「공장지대」라는 시이다. 시에 나타난 '무뇌아', '폐수', '배꼽에 매달린 비닐 끈' 등은 현대 산업문명이 초래한 재해이다. '공장', '굴뚝'으로 대변될 수 있는 산업문명은 우리 인류에게 기형성과 불모성을 가져다 주었다. 이것을 우리는 흔히 환경 문제라고 부른다. 이제 우리는 인간의 생존이 위협 당할 만큼 심각하게 환경이 훼손되고 파괴되었음을 잘 안다.

과학기술문명은 인간에게 풍요와 여가를 안겨주었다. 인간은 과학기술 덕에 상당 부분 힘겨운 육체노동으로부터 빠져나올 수 있게 되었다. 그런데 우리 인류가 누리는 그러한 풍요로움과 여유로움 뒤에는 물과 땅과 벌레들의 희생이 있었다. 물은 더러워지고 땅은 죽어가고 벌레들은 기형이 되거나 극심하게 독해졌다. 이제 인간조차 더럽혀지고 악독해지고 불구가 되다 못해 죽어가게 되었다.

인간이 초래한 재앙은 환경오염이나 심각한 질병만이 아니라 심성의 교란과 마음의 악화까지 불러 일으켰다. 우리의 삶터는 삶터대로, 우리의 인간성은 인간성대로 내면까지 깊숙이 병들고 파괴되어가고 있다.

우리 여성들은 몸과 마음으로 현대문명의 재앙을 훨씬 더 잘 느낀다. 오염된 세상에서 겪는 여성의 체험은 갑작스런 생리불순으로 드러나거나 아예 생리가 끊기는 몸의 현상으로 확연하게 나타난다. 여성의 피부도 민감하게 말을 한다. 얼굴에 뾰루지가 나거나 설거지하는 손 사이사이가 헐어간다. 더구나 아이를 배고, 낳고, 키우면서 우리 여성들은 세상의 오염에 위협을 느끼고 불안에 떤다.

"임신 중에 농약을 많이 만졌는데, 혹시 기형아를 낳지는 않을까?"

"내가 바빠서 요 며칠 인스턴트 음식으로 때웠는데 우리 가족이 병들지 않을까?"

"이 장판은 독한 화학 성분이 많이 들어갔다는데도, 싼 맛에 그냥 사서 깔았는데 몸을 해치지나 않을까?"

"내가 어제 하루 종일 살충제를 뿌려서 그런지, 간 밤 꿈에 벌레들이 나타나 내 몸을 온통 뒤덮고 있는 거야. 어찌나 징그럽고 무섭던지 막 털어내는 데도 벌레들이 안 떨어지는 거야. 도리어 벌레들이 혀를 날름거리며 나를 위협하는 거야. 놀래서 비명을 지르다가 깨보니 꿈이었어."

환경과 인간성이 위기에 처해있는 오늘, 인류의 위기를 이렇게 예민하게 느끼고 이렇게 또렷하게 알고 있는 우리 여성들은 세상을 위해 무엇을 해야 하고 어떻게 해야 하는가?

관광객들이 잔잔한 호수를 건너갈 때

수부(水夫)는 시체를 건지려
호수 밑바닥으로 내려가
호수 밑바닥에 소리 없이 점점 불어나는

배때기가 뚱뚱해진 쓰레기들의 엄청난 무덤을,

버려진 태아와 애벌레와

더러는 고양이도 개도 반죽된

개흙투성이 흙탕물 속에

신발짝, 깨진 플라스틱통, 비닐조각 따위를 먹고 배때기가

뚱뚱해진 쓰레기들의 엄청난 무덤을,

갈수록 시체처럼 몸집이 불어나는 무덤을

본다 폐수의 독에 중독된 채

창자가 곪아 가는 우울한 쇠우렁이를

물가에 발생했던 문명이

처리되지 않은 뒷구멍의 온갖 배설물과 함께

곪아 가는 증거를

…(하략)…

— 최승호, 「물 위에 물 아래」, 일부

요즘 들어 가뭄과 물난리를 만들어내는 것은 자연이 아니다. 그것은 우리 인간들이 자초한 인공적 재난이었다. 더 많은 이윤과 더 높은 수입을 위해서 나무들이 베어지고 산이 파헤쳐졌다. 많은 농작물과 가축과 식수를 위해서 지하수가 너무 많이 끌어올려졌다.

마을의 생명줄인 샘과 우물과 시냇물과 강물이 말라간다. 여성들은 밥 지을 깨끗한 물을 얻기 위해 더 많이 마음을 써야 하고 전보다 훨씬 더 많이 애가 탄다. 여성들은 가족들이 마시는 물 때문에 부쩍 걱정이 늘었다. 어디 가서 약수를 떠오나? 약수라고 다 믿을 수 있나? 수돗물은 믿을 수 있나? 정수기를 써야 하나? 모든 물은 끓여먹어야 하나? 도무지 믿고 마실 수 있는 물이 없다.

시골·도시 할 것 없이 물 때문에 싸움이 일어난다. 어떤 사람들은 물을 훔쳐가기도 한다. 이제 물은 돈이 되어 버렸다. "돈을 물 쓰듯 한다"라는 말은 이제 먼 옛날이야기가 되어 버렸다. 한때는 그렇게도 풍족하던 물이 다 어디로 갔는가? 한때는 지나가면서도 손으로 움켜 마셨던 그 맑디맑은 물이 다 어디로 떠났나? 조금만 땅을 파도 솟구치던 지하수가 다 어디로 숨었나? 이가 시리도록 차갑고 투명하던 지하수에서 웬 냄새가 나는가?

인도의 가르왈(Garhwal) 농촌 여성들은 칩코(Chipko)운동을 펼쳤다. 칩코 운동이란 나무에 올라가 나무를 껴안고서, 인도의 숲을 벌채하려했던 선진국들의 무분별한 자원개발에 저항했던 인도 여성들의 생존을 위한 투쟁이었다. 맨 몸으로 불도저에 맞서고 전기톱을 밀어내면서, 인도 여성들은 인도의 숲을 지켜내고 숲 속에서 노닐던 동물들을 살려내고 숲 속의 맑은 바람을 간직해내고 숲을 따라 졸졸 흐르던 인도의 맑은 물을 보존해냈다.

···(상략)···
썩은 실개천에서 그래도 아이들은
등 굽은 물고기를 건져 올리고
늙은이들은 소줏집에 모여 기침과 함께
농약으로 얼룩진 상추에 병든 고기를 싸고 있다
한낮인데도 사방은 저녁 어스름처럼 어둡고
골목에는 고추잠자리 한 마리 없다
바람 속에서도 화약 냄새가 난다
종소리에도 가스냄새가 난다
— 신경림, 「이제 이 땅은 썩어만 가고 있는 것이 아니다」, 일부

흙이 시들시들하니 기운이 빠졌다. 흙덩이가 윤기 없이 푸석푸석하다. 파고 또 파도 싱싱하게 살아 숨 쉬는 흙이 없다. 흙들이 거무죽죽하니 앓고 있다. 흙이 흙다운 맛을 잃어간다. 상큼했던 흙냄새가 속을 메스껍게 하는 약품 냄새로 변했다. 흙이 아스팔트와 시멘트에 밀려 무시당하고 있다. 흙장난하도록 내버려두기가 겁나고 맨발로 다니기가 무섭다.

원래 우리의 땅은 이렇게 무능하지도 무기력하지도 않았다. 무엇이든 심으면 잘 자라서 걱정이었지. 초등학교부터 고등학교에 이르기까지 우리들은 방학 때마다 풀을 베어서 퇴비를 만들었다. 퇴비 만들기는 집안의 큰 일 중의 하나였고 학교에서 내 준 방학숙제이기도 했다. 이삼십 년 전 까지만 해도 우리 한국인들은 가정과 학교에서 땅의 생명을 가꾸는 일에 온 국민이 참여했다. 생명의 원천으로서 땅은 각 가정의 믿음이었고 국가의 재

원이었다. 그 뿐만이 아니다. 땅은 모든 한국인들의 고향에 대한 기억이자 푸근한 안식처였고 소꿉놀이하며 수박서리하던 놀이터였다. 애어른 할 것 없이 한국인들은 땅과 친하게 지냈다.

땅에 인스턴트 거름을 그만 줄 일이다. 땅이 자꾸만 헐어가고 암에 걸려 죽어가니까. 땅에 화학 음식을 그만 먹일 일이다. 땅이 오그라지고 뒤틀리면서 불구가 되어가니까. 땅을 이제 그만 혹사시킬 일이다. 땅이 기진맥진 지쳐서 쓰러져가니까.

이제 여성들이 앞장서야 할까 보다. 우리 여성들이 땅을 위해, 땅이 좋아하는 맛있는 요리를 해서 먹여야 할까보다. 여성들이 먼저 땅을 쓰다듬고 어루만지면서 아껴줘야 할 것 같다. 그래야 우리들의 일거수일투족(一擧手一投足)을 보고 자라는 우리의 아이들이 감히 땅을 함부로 하지 않을 것 같다. 집에서, 탁아소에서, 유치원에서, 학교에서, 미래의 새싹들을 보살피는 우리 여성들이 모범을 보여야 우리의 후손들은 우리의 선조들처럼 다시 땅을 우러러 받들고 존경하게 될 것이다. 아마 우리의 자식들은 우리의 조상들처럼 땅과 친하게 지내면서 서로 생기와 활력을 얻을 것이다.

인간들이 땅위에 군림하면서 인간의 욕심만을 채우려 한다면 어느 날 땅은 우리를 떠날 것이다. 그러기 전에 우리는 땅의 울부짖음에 귀를 기울일 일이다.

— 장미영, "생명은 가꿔야지", <한국여성농민회 특강> 중에서

Q1 위 글을 내용 문단으로 나눌 때 몇 문단입니까?

Q2. 형식은?

Q3. 각 문단의 요지를 적어 보세요.

4 중심 생각(주제)을 적어 보세요.

5 제목을 붙여 보세요.

6 목차를 만들어 보세요.

 1분당 읽은 글자 수를 측정해 보자.

본문 글자 수	3,666	자
읽은 시간	분	초
1분당 읽은 글자 수		자
요약 정리 시간	분	초

다음 글을 사선(/)을 치면서 읽고, 모르는 낱말이 나오면 네모(□)를 치고, 중심 문장인지 보조 문장인지를 판단하여 중심 문장이라고 생각되는 곳에 밑줄을 치면서 읽어보자. 중심 문장이 드러나지 않을 때에는 중요한 낱말이나 구절에 동그라미를 치면서 읽어보자.

노화란 생물학자들에 따르면 세포가 현저하게 감소하기 시작하고 신체의 기능이 퇴행하는 자연스러운 신체적 변화인데, 일반적으로 개인과 그의 환경간의 상호작용에 의해 일어나는 생리적, 심리적, 사회-경제적, 정서적인 광범위한 변화를 의미한다. 연령증가와 함께 나타나는 생리적인 노화는 모든 인간이 피할 수 없는 절대적인 것으로써, 갑작스럽게 나타나는 것이 아니라 전 생애에 걸쳐 서서히 지속적으로 진행되는 과정이다.

인간의 신체적 변화는 생의 초기에 가장 두드러진다. 눈으로는 볼 수 없는 두 개의 세포가 9개월 후에는 키가 50㎝이고 무게가 3.3㎏이 되는 독특한 개체로 발달된다. 그 이후 13년에서 15년 동안 계속적인 성장이 일어난다. 대개 18세 정도가 되면 인간의 신체는 완전한 해부학적, 생리적 성숙단계에 도달한다. 이후 최고 상태의 생리적 기능은 10대 후반에서 30대까지 유지된다. 물론 이때도 신체적 변화가 없는 것은 아니지만 매우 느리게 진행되어 잘 인식하기가 어렵다. 그러나 50대, 60대가 되면서 이러한 작은 변화는 뚜렷한 기능저하로 나타나고 70대, 80대가 되면 너무나 확실하게 나타나 이러한 변화를 부정할 수 없게 된다.

이와 같이 노화는 출생 후 계속되는 신체변화의 일부라고 볼 수 있는데, 노화는 주로 기능저하와 관련되는 변화의 부분을 의미하며, 개인차가 있다. 따라서 각 개인의 노화 속도는 같지 않으며, 한 개인에 있어서도 각 기관의 노화 속도가 서로 다르다. 노화의 속도가 개별적이기 때문에 노인을 돌보는 사람들은 노인의 개인적 특성과 요구를 주의 깊게 관찰하고 평가하여 건강 유지를 위한 그들의 요구를 충족시켜 주어야 할 것이다.

노화의 일반적 특성을 요약하면 다음과 같다.
 1) 모든 생명체와 세포는 노화한다.
 2) 노화가 일어나는 속도는 개인에 따라 다르다.
 3) 연령이 증가할수록 노화의 개인차가 증가한다.
 4) 신체의 계통에 따라 노화의 속도가 다르다.
 5) 신체의 기관들은 서로 반의존적으로 노화한다.
 6) 노화에 따라 체내의 화학적 조성이 변화한다.
 7) 노화로 인하여 질병에 대한 감수성이 증가한다.
 8) 노화로 인하여 환경의 변화에 대한 적응력이 감소한다.
 9) 나이가 증가함에 따라 기능적 능력이 감소한다.

노화는 생리적인 현상으로 그 진행은 개체 간에 차이가 있다. 혹자는 노화현상은 내재적이고 보편적이며 진행성이고 유해한 과정이라고 설명하고 있다. 이는 노화과정이 근본적으로 환경요소에 의하여 결정된다기보다는 생물학적 속성으로서 나타나는 퇴행성 변화이며, 궁극적으로는 사망의 확률이 급속히 상승함을 의미한다. 여기에 태양광선이나 스트레스, 식사, 운동, 흡연과 같은 생활습관 등 다양한 환경요인들이 노화의 과정을 가속 혹은 지체시킨다. 그러나 다른 질환이 병발하지 않는 한 노화 자체로는 별다른 증상을 보이지 않아 85세 이상의 노인 중 1/3정도만이 일상생활에 지장을 받을 뿐이다.

임상적으로 연령에 따른 변화인 정상 노화는 질병에 의존하는 변화인 병적 노화와 다르다. 정상 노화의 특성은 다음과 같다.
1) 보편성(universal): 노화에 따른 변화는 누구에게나 동일하게 일어난다.
2) 내인성(intrinsic): 노화는 질병이나 사고가 아닌 내적인 변화에 의존한다.
3) 점진성(progressive): 노화에 따른 변화는 연령이 증가함에 따라 심해지며 절대로

회복될 수 없다.

　4) 쇠퇴성(deleterious): 노화는 궁극적으로 사망을 초래한다.

　병적 노화란 노인이 되면서 각종 질환의 발병 가능성이 커지는 것을 말한다. 같은 질환이라도 노인에서 발현되는 증상, 발현시기, 양상 등이 젊은 사람에서와 다르다. 예를 들어 세균뇨, 조기 심실수축, 골밀도 저하, 포도당 내성의 이상 등의 증상은 젊은 사람에서 병적으로 나타나지만 노인에서는 비교적 흔히 나타나는가 하면 빈혈, 발기부전, 우울증과 같은 증상들은 노화의 결과 나타나는 증상들이 아니므로 이러한 증상을 보일 경우 그 원인을 규명하여야 한다. 또 노인의 경우 질환에 따른 좋지 않은 결과들 때문에 더 고생할 가능성이 커지므로 적절한 치료는 오히려 젊은 사람에서 보다 더 효과적인 경우가 많다.

　대부분의 변화들은 성인이 되면서 시작되어 점진적으로 진행되지만 일부는 노년기에 이르러서야 비로소 나타난다. 이러한 변화는 신체적인 측면에서만 발생되는 것이 아니라 사회적 역할, 소득, 친구와 친척의 상실 등과 같은 다양한 사회·심리적 측면에서의 변화를 동반한다. 따라서 노인의 신체적 변화를 평가하면서도 그것을 후술되는 사회심리적인 측면의 변화와 연계하여 살펴보고 접근하여야 할 것이다. 노화에 따른 신체적 그리고 사회심리적인 변화들은 임상적으로 매우 중요한 의미를 가지고 있기 때문에 노인대상자를 만나는 사람들은 이에 대한 정확한 지식을 가지고 그들에게 접근해야 할 것이다.

― 고성희, '노인의 신체 변화 이해', 『실버를 골드로』 중에서

Q1. 위 글을 내용 문단으로 나눌 때 몇 문단입니까?

Q2. 형식은?

Q3. 각 문단의 요지를 적어 보세요.

4 중심 생각(주제)을 적어 보세요.

5 제목을 붙여 보세요.

6 목차를 만들어 보세요.

 1분당 읽은 글자 수를 측정해 보자.

본문 글자 수	2,329	자
읽은 시간	분	초
1분당 읽은 글자 수		자
요약 정리 시간	분	초

다음 글을 사선(/)을 치면서 읽고, 모르는 낱말이 나오면 네모(□)를 치고, 중심 문장인지 보조 문장인지를 판단하여 중심 문장이라고 생각되는 곳에 밑줄을 치면서 읽어보자. 중심 문장이 드러나지 않을 때에는 낱말이나 구절에 동그라미를 치면서 읽어보자.

시골의 작은 도시에 한 소년이 있었다. 그 소년은 언덕 아래에 자리한 마을에서 살았다. 그의 집에서는 서쪽으로 좀 멀리 떨어진 언덕이 바라다 보였는데, 그 언덕 위에는 이층집 한 채가 서 있었다.

그런데, 그 언덕 위의 집에서는 아침이면 한 줄기 빛이 찬란하게 반짝이곤 하였다. 크지는 않았지만 언제나 햇빛처럼 빛났다. 그리고 그 빛은 한참을 지나야만 사라졌다. 하지만 그것이 무슨 빛인지, 왜 항상 아침이면 반짝이는지는 전연 알 수가 없었다. 다만 빛을 보게 될 때마다 감탄하며 '참 신기하고 멋진 집이다'라고 생각하곤 하였다.

또한 밤이 되면 그 집에서는 유난히 밝은 불빛이 흘러 나왔다. 그 불빛은 가장 밝은 별보다도 더 크고 밝았다. 하지만 그 불빛도 무엇인지, 왜 밤에만 나타나는지를 알 수 없었다. 다만, 날마다 밤이면 불빛을 반짝이고 있는 언덕 위의집이 동화 속의 집처럼 황홀하게만 바라보였다.

그래서 소년은 언덕 위의 집을 바라볼 적마다 이렇게 생각하였다.

'저런 집에서 살면 얼마나 행복할까? 단 하루라도 저런 집에서 살아 보았으면……'

하지만 소년은 그 언덕에 가 보지는 않았다. 물론 그 집을 방문한 적도 없다. 가기 싫어서가 아니고 일부러 찾아갈 일이 없었다. 마을 사람들도 가는 것 같지 않았다. 다만 호기심도 일고 궁금증도 생기곤 했지만, 그냥 시간이 흘러간 것이었다.

그러던 어느 날, 그 집에 다른 사람이 새로 이사를 왔다. 자기 또래의 소년의 있었다. 소년은 그와 친구가 되었고, 그래서 놀러갈 기회가 생겼다. 소년은 도착하자마자 친구가 쓴다는 이층 방으로 올라가 보았다. 날마다 무엇이 아침저녁으로 빛을 냈을까?

그러나 둘러보아도 신기한 것이라고는 아무 것도 없었다. 평범한 구조와 일상의 가구들이 놓여 있을 뿐이었다. 다만 유리창이 큼직한 것이 좀 특별하다면 특별하다고 할 수 있었다.

소년은 실망한 마음으로 유리창가로 가서 밖을 내다보았다. 거기서는 언덕 아래로 마을이 빤히 내려다 보였다.

그런데 거기에, 자기 집과 마을이 황혼으로 붉게 물들고 있는 것이 아닌가! 지붕이며 벽이며 주변의 나무들까지도 붉게 물들어서 한 폭의 멋진 그림처럼 보였다. 점차 붉은 기운이 사라지며 어둠이 깔리자 이번에는 집마다 방마다 불이 하나 둘 켜져서 마치 밤하늘의 별들처럼 반짝였다. 이 모든 것이 자기 집에서 이 언덕을, 언덕 위의 집을 바라볼 때보다 훨씬 더 아름답고 멋지게 보였다. 한참을 내려다보고 있던 소년은 놀라움으로 가슴이 뛰었다. 언덕 위에서 바라보이는 자신의집과 자기 마을이 그렇게 아름다운 줄을 몰랐던 것이다.

'내가 저렇게 아름다운 곳에서 살고 있었다니……'

물론 이것은 이야기일 뿐이다. 하지만 많은 사람들은 이 이야기 속의 소년처럼 자신의 처지가 얼마나 다행이고, 자기가 얼마나 행복한가를 알지 못하고 살아간다. 때로는 언덕 위의 집에 가보기 전의 소년처럼 자신과 자기 마을이 남만큼 좋은 처지가 아니라고 여기고, 항상 언덕 위의 집만을 바라보며 부러워만 하는 사람들도 있다.

여행을 할 때에도 같은 생각을 가질 때가 흔히 있다. 바라보이는 모든 모습이 다 아름답고 멋지게 느껴지는 것이다. 바다와 언덕이 어울린 해안 풍경은 물론, 차창의 농촌 풍경도 하나같이 아름답게만 보인다. 산들이 겹겹으로 포개진 산골이나 어둠 속에 불빛이 깔린 도시 풍경을 보게 될 때도 "야! 멋지다" 하고 감탄을 한다. 때로는 '이런 데서 살아보았으면……' 하고 바라기도 한다.

어쩌다가 외국에라도 나가게 되면 이런 느낌은 더 강하게 나타난다. 이러지는 현장의 이색적인 풍경에 연신 탄복하기도 한다. 잠시 지나며 겉으로 나타나는 아름다움만을 바라보기 때문이다. 한결같이 꿈과 낭만과 편안함과 즐거움만을 연결한다.

하지만 눈으로 보는 세계와 실제로 겪는 세상은 서로 다르다. 또한 사물은 처지와 상황에 따라서도 달라진다. 이쪽에서 보면 저쪽이 더 나아 보이지만, 저쪽에서는 이쪽을 더 좋은 곳으로 생각할 수도 있는 것이다. 그러므로 이쪽의 여건을 불편하고 자신의 처지에 불만만을 가질 필요는 없다. 또한 저쪽만을 바라보며 무조건 부러워만 할 일도 아니다. 때로는 저쪽에서는 이쪽을 부러워하고 있을 수도 있는 것이다. 따라서 '무지개를 쫓는 소년'처럼 아름다운 무지개만 따라갈 일은 더욱 아니다. 언덕 아래에서는 언덕 위의 집이 아름답지만, 언덕 위에서는 이쪽이 더 아름다울 수가 있기 때문이다.

행복이란 멀리 있는 것이 아니다. 무지개처럼 항상 저쪽에 있는 것도 아니다. 행복은 바로 내 마음 속에 존재하는 것이다. 그리고, 행복은 바로 내가 행복하다고 여기는 마음에서 피어나는 것임을 생각해 볼 일이다.

— 신길우, 『모기사냥』 중에서

Q1. 글의 줄거리를 6~7줄 정도로 정리해 보세요.

Q2. 중심 생각(주제)을 적어 보세요.

Q3 제목을 붙여 보세요.

 1분당 읽은 글자 수를 측정해 보자.

본문 글자 수	2,248	자
읽은 시간	분	초
1분당 읽은 글자 수		자
요약 정리 시간	분	초

제 6 장

목차를 활용한 고공학습법

글을 쓸 때, 사람들은 우선 큰 주제를 정하고, 그 주제에서부터 작은 주제로 생각을 확대해 나간다. 이렇게 생각이 확산되는 모형을 책을 저술하는 과정과 관련지어 생각하면, 처음에 책의 제목을 정하고, 다음에 장, 절 등으로 소제목을 붙이게 된다. 즉 큰 주제에서 세부 주제로 주제가 확대되면서 정밀화된다. 이런 발전 단계는 일반적으로 책의 목차에 반영되어 있다. 따라서 책의 목차를 보면 책의 전체 내용을 한 눈에 조감할 수 있다.

한 편의 글에서도 마찬가지이다. 글을 쓸 때는 먼저 글의 개요를 작성한 뒤에 글을 쓰게 되는데, 개요는 글 전체의 뼈대를 이루기 때문에 개요를 보면 글의 전체 내용을 한 눈에 조감할 수가 있다.

따라서 책 한 권의 목차나 개요에서 같은 위계를 가진 제목들을 접속사와 약간의 수식어만으로 연결하면 글쓴이의 생각이 어떻게 단계적으로 정밀화되었는가를 개략적으로 파악할 수 있게 된다.

목차나 개요를 보고 글을 쓰는 훈련은 글의 전체 내용을 상상해 보는 훈련이다. 글을 읽기 전에 먼저 글의 전체 내용을 조감하게 되면 전체 속에서 세부 내용들이 어떤 구조로 관련되어 있는지를 쉽게 파악할 수 있다.

목차나 개요를 보고 글을 쓸 때에는 같은 위계에 있는 소항목들이 어떻게 상위항목으로 묶일 수 있는지, 상위항목으로 묶인 내용들이 어떤 관계를 맺고 있는지를 파악해야 한다. 그래야만 소항목들을 연결하면서 적절한 상황어구나 접속사를 넣어 자연스러운 흐름을 갖도록 할 수 있다.

다음은 '텔레비전의 영향'에 대한 글의 개요이다.

서론	(1) 텔레비전이 미치는 좋은 영향과 나쁜 영향
본론	(2) 텔레비전의 나쁜 영향 　　① 가족간의 대화를 단절시킨다. 　　② 시청자를 수동적 인간으로 만든다. 　　③ 시청자의 상상력을 저해한다.
결론	(3) 가치관을 바르게 정립한다면 텔레비전의 나쁜 영향을 극복할 수 있다.

위의 개요로 볼 때, 이 글은 크게 3개의 부분적인 정보, 그리고 작게는 5개의 부분적인 정보로 되어 있음을 짐작할 수 있다. 그러면 먼저 크게 3개로 나뉜 정보들을 하나로 묶어 보자. 우리는 어렵지 않게 다음과 같이 묶을 수 있을 것이다.

> 텔레비전은 좋은 영향도 미치고 나쁜 영향도 미친다. 그러나 텔레비전은 나쁜 영향이 더 많다. 하지만 가치관을 바르게 정립한다면 텔레비전의 나쁜 영향을 극복할 수 있다.

결국 이 글은 처음에는 중립적인 입장을 가지고 '텔레비전은 좋은 영향도 미치고 나쁜 영향도 미친다'고 말하고 있다. 하지만 여러 가지 이유를 들어 '나쁜 영향이 더 많음'

을 지적하고 있다. 그러면서 결론적으로 텔레비전이 무조건 나쁜 영향을 미친다고 주장하지는 않고 그 대안으로 '텔레비전에 대해 올바른 가치관을 정립해야 됨'을 주장하고 있다.

이제 큰 항목을 살펴보았으니 본론에 나와 있는 작은 항목들을 다시 하나로 묶어보면 다음과 같이 '그리고'로 연결되어 모두 동일하게 '텔레비전의 나쁜 영향'에 대해 설명하고 있다는 것을 알게 될 것이다.

> 텔레비전은 가족간의 대화를 단절시킨다. 그리고 시청자를 수동적 인간으로 만든다. 또한 시청자의 상상력을 저해한다.

이렇게 제목이나 개요만 가지고도 저자의 의도를 어느 정도는 파악할 수가 있다. 따라서 이런 작업은 책이나 글을 읽기 전에 글의 내용에 대하여 포괄적이면서도 전체적인 조망을 가능하게 할 뿐만 아니라, 책 한 권의 내용을 한 장의 표나 그림으로 그릴 수 있게 한다.

같이 하기 : 아래 목차를 연결하여 문장을 만들어 보자.

생각하는 삶, 창조적인 기쁨

1. 창조력, 매혹적인 삶의 원천
   1) 창조적 사고의 중요성
   2) 자유롭게 생각하고 표현하라
   3) 고정 관념을 깨라
   4) 능동적으로 발상을 전환하라

　　5) 머릿속에 폭풍 일으키기 : Brain Storming

　　6) 적극적으로 삶을 사랑하라

2. 눈뜨라, 그대여!

　　1) 보고 싶어 할 때야 비로소 볼 수 있다!

　　2) 진정한 마음의 눈을 뜨라

　　3) 넓고 깊게 관심을 갖고 보라

　　4) 언제나 지혜롭게 살펴보라

　　5) 따뜻한 가슴으로 보라

　　6) 문득 새로운 길이 생기고 ……

3. 상상력에도 날개가 있다

　　1) 상상력, 인간의 삶, 그리고 예술

　　2) 상상력, 새로운 현실을 만드는 능력

　　3) 읽고, 읽고, 또 읽어라

　　4) 직접 글을 써 보라

　　5) 자유로운 표현, 자유로운 상상력

— 허병두(1996), 『문제는 창조적 사고다』에서

1장

　창조력은 매혹적인 삶의 원천의 원천이다. 이런 점에서 볼 때 창조적으로 사고하는 것은 매우 중요하다. 창조적으로 사고하기 위해서는 우선 자유롭게 생각하고 표현해야 한다. 또한 고정관념을 깨야 하며, 능동적으로 발상을 전환하여야 한다. 머릿속에 폭풍을 일으켜 숨겨졌던 생각들을 끌어내야 하며 적극적으로 삶을 사랑해야 한다.

2장

　세상을 새롭게 보고자 하는 그대여, 눈 뜨라! 시각을 새롭게 하기 위해서는 우선 보고 싶어 하는 마음을 가져야 한다. 그래야 비로소 볼 수 있다. 또한 진정한 마음의 눈을 뜨고 볼 때 보이지 않던 새로운 것들을 볼 수 있다. 더불어 넓고 깊게 관심을 가지고 보며, 언제나 지혜롭게 살펴보아야 한다. 그리고 따뜻한 가슴으로 보아야 한다. 그렇게 하면 문득 새로운 길이 당신 앞에 펼쳐질 것이다.

3장

다음 목차를 보고 이 책의 내용을 상상해 보자.

독서 경영

1부 지속성장을 이루고 있는 독서경영의 현장
    1장 즐거운 독서, 행복한 나눔
    2장 10년, 그 이상의 핵심가치
    3장 경영, 독서를 만나다

2부 독서경영이 나아가야 할 방향
    4장 독서경영은 기업문화를 바꾼다
    5장 CEO의 전략적인 주도가 필수조건이다
    6장 어떤 책을 어떻게 읽을 것인가
    7장 독서조직은 어떻게 만들어야 하는가
    8장 직원에게서 무엇을 끌어낼 것인가
    9장 독서지식의 공유 시스템
    10장 인세티브와 평가는 공정하고 확실하게

3부 성공적인 독서경영을 위한 25가지 조건
    11장. 그 어떤 선입견도 갖지 마라
    12장. 독서를 위한 독서경영이 되어서는 안 된다
    13장. CEO가 강력한 의지로 밀어붙여라
    14장. CEO부터 먼저 책을 읽어라
    15장. 급하게 서두르지 마라

1 위의 내용으로 책을 만든다면, 어떤 직업을 가진 사람에게 도움을 청할 수 있을까요?

1부

2부

3부

Q2. 각 장별로 주요 단어(keyword) 2가지 이상씩 적어 보세요.

1장		2장	
3장		4장	
5장		6장	
7장		8장	
9장		10장	
11장		12장	
13장		14장	
15장		16장	
17장		18장	
19장		20장	
21장		22장	
23장		24장	
25장		26장	
27장		28장	
29장		30장	

Q3. 1부와 2부의 목차를 토대로 책의 내용을 상상하여 글을 써 보세요.

1부

2부

다음 목차를 보고 이 목차의 내용을 상상해 보자.

항목	순서	구성 내용	비고
정보화(IT)와 만난 문화예술 콘텐츠의 새로운 변화와 시도!	1강	IT로 문화예술 콘텐츠의 창조적 재생산	문화예술과 IT기술의 만남
	2강	-문화콘텐츠 이렇게 바라본다! : 디지털과 아날로그의 조화 　(음악, 공연)	음악·공연예술과 정보화의 만남
	3강	- 문화콘텐츠 이렇게 바라본다! : 관람의 즐거움 새로운 문화콘텐츠로 쑥쑥 　(미술, 전시)	미술·전시분야와 정보화 (멀티미디어)의 만남
	4강	- 문화콘텐츠 이렇게 바라본다! : 문학, 디지털시대의 화려한 변신 　(문학, 창작)	디지털 시대의 책 읽기, 글쓰기
디지털 환경에서 우리 말, 우리 문화	5강	대담 : 생활 속에서 만나는 문화콘텐츠, 신세계로 이끌어 (만화·오페라·뮤지컬·게임)	정보 매개자 입장에서 문화콘텐츠의 생산과 소비, 활용에 대한 견해와 흐름
	6강	디지털 공간에서 우리 말	정보화 환경 속에서 나타나는 신조어 현상
	7강	우리말의 세계화, 정보기술로 풀다	우리말의 세계화를 위한 정보화 정책
	8강	대담 : 글꼴을 통해, 전통의 혼이 살아난다	

Q1 위의 내용으로 잡지를 만든다면, 어떤 직업을 가진 사람에게 도움을 청할 수 있을까요?

1강

2강

3강

4강

5강

6강

7강

8강

Q2. 각 장별로 주요 단어(keyword) 3가지 이상씩 적어 보세요.

1강		2강	
3강		4강	
5강		6강	
7강		8강	

Q3. 각 장별 중심 생각(주제)을 적어 보세요.

1강	
2강	
3강	
4강	
5강	
6강	
7강	
8강	

Q4. 잡지 이름을 만들어 보세요.

다음 글을 사선(/)을 치면서 읽고, 모르는 낱말이 나오면 네모(□)를 치고, 중심 문장인지 보조 문장인지를 판단하여 중심 문장이라고 생각되는 곳에 밑줄을 치면서 읽어보자. 중심 문장이 드러나지 않을 때에는 낱말이나 구절에 동그라미를 치면서 읽어보자.

증삼살인(曾參殺人)

우리 속담에 "열 번 찍어 넘어가지 않는 나무 없다."는 말이 있듯이 좋든 궂든 같은 말을 여러 번 되풀이 듣게 되면 "아니 땐 굴뚝에 연기 날까?" 하는 생각이 들어 믿게 되는 수가 있다.

옛 사람의 말에 "뭇 사람의 말은 쇠도 녹인다[衆口鑠金]"고 하였다. 여러 사람이 한 목소리로 주장하게 되면 감당키 어려운 것임을 말했다. 그러나 과연 여러 번 말이 나돌고, 여러 사람이 말한다고 언제나 옳은 사실만 이야기하고 주장하고 있는가는 생각해 볼 일이다.

근래에는 '여론 조작'이라는 말이 있을 정도로 거짓 여론을 인위적으로 만들어 내는 경우도 없지 않아 있는 모양이다. 그러니 여러 번 귀청을 울리는 소리라고 쉽사리 믿을 수도 없고, 대중이 떠든다고 무작정 따라갈 수도 없는 것이다. 사람마다 중심을 잃지 않고 사는 것이 중요하다 아니할 수 없다.

고려 말 이성계는 혁명의 뜻을 품고 심복들을 풀어 갖가지 여론조작을 하였다. 지금 전하는 바로는 이른바 '목자득국(木子得國)'이라는 노래를 민간에 유포하여 '李'씨 성을 가진 이가 나라를 얻게 된다는 소문을 내게 하였다. '木子'를 아래 위로 붙이면 '李'자가 된다. 물론 조선의 사가들은 이 사실을 기술하면서 이성계 측의 조작으로는 결코 까밝히지 않았다. 그러나 전후의 정황으로 보아 이것은 이성계의 복심의 소행임은 의심의 여지가 없다.

이런 일은 아득히 신라 때에도 있었다. 신라 진평왕의 셋째 공주 선화가 예쁘다는 소문을 들은 백제 소년 서동(薯童)이 신라의 서울로 들어가 공주에 관한 추문을 노래로 지어 거리의 어린 아이들을 매수하여 그 노래를 퍼뜨려 자기의 소원을 이룬 경우를 볼 수 있다.

그 노래인즉 아주 고약한 내용이었다. 즉 "선화공주는 남 몰래 정든 임을 두고 / 밤에 서동의 방에 마를 안고 간다"는 공주로서는 참으로 해괴하고 낯 뜨거운 엉뚱한 내용의 노래였다.

이 노래가 무심한 아이들의 입을 타고 온 장안에 파다하게 퍼지고 보니 공주로서는 억울하지만 속수무책이었다. 구중심처(九重深處)에 있는 공주의 몸으로서 이런 추문이 나도는 일 자체만 해도 품위에 관한 결정적인 허물이 되지 않을 수 없었다. 그리하여 공주는 한 마디 변명할 기회도 얻지 못한 채 궁을 쫓겨나 귀양길에 올랐고, 그렇게 되기를 기다렸다는 듯이 서동이 귀양길에 오른 공주에게 접근하여 마침내 공주를 자기 사람으로 만드는 데 성공하였다.

거짓말도 거듭 되풀이 들려오면 처음에는 믿지 않던 사람도 마음이 흔들리게 된다. 아무리 거짓인 줄 알고 있다가도 되풀이해서 같은 사실을 여러 사람의 입을 통해 듣게 되면 결국 믿어 버리게 된다.

공자(孔子)의 제자에 증삼(曾參)이라는 이가 있었다. 그는 제자 중 가장 연소한 젊은 이로, 부모에 대한 효행으로 세상에 알려진 훌륭한 인물이었다. 행실과 태도가 온후돈독(溫厚敦篤)하여 널리 사람의 신뢰를 받았다. 그는 죽을 때까지 부모로부터 받은 신체에 작은 상처자리 하나를 남기지 않았다고 한다. 그런 그가 사람을 살해할 까닭이 있을 리가 없다. 그런데 증삼과 공교롭게도 성명이 같은 사람이 살인을 저질렀다.

어떤 사람이 증삼의 어머니에게,

"증삼이 사람을 죽였다."

고 알렸다. 그러나 그의 어머니는,

"내 자식이 사람을 죽일 리 없다."

고 하고 짜던 베틀을 여전히 짜 나가고 있었다. 다시 두 번째로 어떤 이가 같은 말을 어머니에게 들려 드렸다. 그래도 그의 어머니는 아들을 믿는 마음에 조금의 동요도 드러내지 않았다. 그러나 얼마 뒤 같은 말을 세 번째 사람으로부터 듣게 되자 그렇게도 아들을 신임하여 흔들림이 없던 어머니도 그 때는 짜던 길쌈의 북을 던지고 울타리를 넘어 달려 나갔다고 한다.

결국 아들의 무고함을 철석같이 믿던 어머니도 세 번씩이나 듣게 된 같은 말에는 현혹되지 않을 수 없었던 것이다. '혹시나……' 하는 의구심이 솟아오르자 불안하여 그대로 베틀에 걸터앉아 있을 수 없었던 것이다. 이로부터 "증삼이 사람을 죽이다(曾參殺人)"라는 말이 생겼다. "세 사람이 이를 의심케 하면 곧 자모(慈母)도 능히 믿을 수 없게 된다."는 말도 생겼다.

자주 듣게 되는 같은 말, 여러 사람이 하는 같은 말……, 이런 것들의 소용돌이 속에서 우리는 과연 얼마만큼 자기의 냉철한 이성과 판단을 믿고 지켜 나갈 수 있을 것인가? 사람은 홀로 서기에는 여전히 연약한 존재인가?

— 황패강, 『두 귀를 씻고 듣는 이야기』 중에서

1 글의 줄거리를 6~7줄 정도로 정리해 보세요.

 1분당 읽은 글자 수를 측정해 보자.

본문 글자 수	2,097	자
읽은 시간	분	초
1분당 읽은 글자 수		자
요약 정리 시간	분	초

메 모

제 **7** 장

도표를 활용한 고공학습법

앞에서 살펴본 바와 같이 고공표는 전체를 한 눈에 보기 위해서 만드는 것이다. 표를 이용한 고공표는 우리가 중·고등학교 과정을 거치면서 많이 보아온 고공표인데, 이미 공부해 온 것처럼 글의 내용을 빠르고 간편하게 한 눈에 볼 수 있다는 이점이 있다. 또한 글을 이루고 있는 부분 정보들 간의 관계도 쉽게 파악할 수 있다. 이런 이점 때문에 우리가 흔히 내용을 정리할 때는 이 고공표를 이용하였던 것이다.

다음의 고공표는 중학교 수학 과목의 목차를 보고 고공표로 정리한 것이다. 중학교 1, 2, 3학년 수학책 3권을 다 갖다 놓고 차례를 통해서 큰 제목을 살펴보면 중학교 과정에서 배우는 수학 지식이 책 3권에 어떻게 분포되어 있는지를 한 눈에 볼 수 있게 된다. 좀 더 자세히 내용을 이해하기 위해서는 중간 제목들을 정리하고, 다음으로 작은 제목들만을 대강 읽어 가면서 정리하면 된다.

<표 4> 중학교 수학 고공표

분류＼학년	1	2	3
집합	집합 : 연산		
수	자연수 : 기수법, 약수, 배수 정수 유리수 : 근사값	순환소수	무리수 : 제곱근
문자와 식	문자와 식	식의 계산 : 다항식, 부등식	다항식의 곱셈 인수분해
방정식	일차방정식 : 해	연립 방정식	이차 방정식 : 근의 공식
함수	함수 : 좌표 평면	일차 함수 : 그래프와 활용	이차 함수 : 최대, 최소
통계	통계 : 상대 도수	확률	통계 : 상관 관계
도형	평면도형 : 다각형, 작도 입체도형 : 부피와 겉넓이 도형의 관찰 : 오일러의 공식	삼각형의 성질 사각형의 성질 닮음	피타고라스 원리와 활용 원과 직선, 원주각 원과 비례 삼각비
명제		명제	

이와 같이 고공학습법은 중학교 3년간의 수학 책을 간결하게 요약함으로써 수학 과목을 전체적으로 보고 수학의 개념과 원리를 이해하는데 큰 도움을 줄뿐만 아니라 우리가 지금까지 보지 못한 새로운 것을 볼 수 있고, 그걸 통해서 해결점을 찾을 수 있게 한다.

위에 작성된 수학 고공표를 잘 살펴보면, 1학년 때 수를 배우고 2학년 때 함수를 배우고 3학년 때 방정식을 배우는 방식으로 진행되고 있지 않고 수, 문자와 식, 함수, 방정식 등을 학년마다 약간씩 나누어 배운다는 것을 알 수 있다. 여기서 우리는 중요한 수학의 접근법을 알게 된다.

‘방정식’을 예로 들면, 방정식은 1차 방정식, 연립 방정식, 2차 방정식으로 구성되어 있다. 그런데 이 수학 책의 저자는 이 세 가지의 방정식 내용들을 3개 학년에 분산시켜 1학년 때 1차 방정식을 배우고, 2학년 때 연립 방정식을 배우고, 3학년 때 2차 방정식을 배우게 해 놓았다.

그런데 어떤 학생이 중학교 2학년까지 정신 못 차리고 놀다가 3학년 때 철이 들어 이제부터는 공부를 열심히 하기로 작정하고 수학 공부를 시작했다고 가정해 보자. 아마도 2차 방정식을 푸는데 잘 안 풀리고 모르는 것이 많을 것이다. 이런 경우 어떻게 해야 할까? 열심히 2차 방정식 문제를 푸는 것이 아니라 바로 저학년 단계로 내려가야 하는 것이다.

2차 방정식은 1차 방정식과 연립 방정식의 조합으로 나타나는 것이므로, 2차 방정식을 못 푸는 것은 1차 방정식과 연립 방정식을 모르기 때문이다. 그래서 저학년에 나오는 1차 방정식과 연립 방정식 부분을 다시 점검하고 알아야 하는 것이다.

그런데 이런 안목이 없는 경우, 학생들에게 “너 안 되겠다. 1학년부터 다시 하자.”고 하면 “공부 못하는 것도 억울한데 왜 무시합니까? 똑같은 돈 내는데 왜 나는 1학년 공부 합니까?”라고 할 것이다. 얼마나 어리석고 안목이 없는 모습인가? 그 아이에게는 1학년으로 내려가는 것이 가장 좋은 해결책이다.

표를 이용한 고공표를 만들 때 가장 먼저 생각해야 할 것은 글의 내용을 크게 몇 개의 내용으로 나눌 것인가를 결정하는 일이다. 즉 몇 행, 몇 칸으로 표를 만들 것인가를 생각해야 한다. 행과 칸을 결정했다는 것은 글의 구조를 전체적으로 파악했다는 것을 의미한다. 그런 다음에 이들을 어떻게 유개념, 종개념으로 구조화 할 것인지를 결정해야 하고, 유개념, 종개념을 찾아내어 해당 칸에 기록해야 한다.

같이 하기 : 앞에서 "생각하는 삶 창조적인 기쁨"의 목차를 이용하여 문장을 연결해 보았는데, 이번에는 이 목차의 내용을 표를 이용한 고공표로 그려 보자. (빈 칸을 채워 고공표 완성하기)

창조력		매혹적인 삶의 원천이다
	창조력을 키우는 방법	▪ 자유롭게 생각하고 표현하기
시각을 새롭게 하기		
	결　과	
상상력	상상력의 영향	
		▪ 많이 읽어야 함. ▪ 많이 써야 함
	결　과	자유로운 표현, 자유로운 상상력

다음 글을 사선(/)을 치면서 읽고, 전체 내용을 한 눈에 파악할 수 있도록 도표로 간략하게 정리해 보자.

언어는 그것을 사용하는 언중(言衆)의 역사와 생활을 반영한다. 그러기에 언어를 문화의 색인(索引)이라고까지 말한다. 한 민족은 그 민족 나름의 독특한 역사와 문화를 가지고 있으며, 독특한 사상, 감정 및 사고방식도 아울러 지닌다. 이들은 그대로 언어에 반영되는데, 어휘 부문에서 가장 두드러진다. 국어의 어휘상의 특질 중 몇 가지를 살펴보면 다음과 같다.

첫째, 다량의 한자어들이 들어와 한자어가 전체 어휘에서 차지하는 비중이 매우 높다. 한자는 대략 기원적 3세기경에 이 땅에 전래되어, 신라가 삼국을 통일한 7세기경에는 이미 널리 사용되었던 것으로 보인다. 그리하여 신라 22대 지증왕 때와 35대 경덕왕 때에 각각 인명과 지명 등을 한자어로 바꾸었다. 이러한 한자어는 그 후 고려 시대에 불교, 조선 시대에 유학이 융성함에 따라 더욱 많이 사용되었다.

둘째, 우리말에는 감각어가 매우 발달되어 있다. 우리 민족은 정서적이고 감각적인 편이었다. 이러한 특징이 언어에 반영되어 우리말에 감각적인 어휘가 풍부하게 발달하게 되었다고 볼 수 있다. 예를 들어 노란색을 나타내는 말만 하더라도 매우 다양하다. 노란색을 나타내는 말이 영어에서는 'yellow' 하나 정도라는 것을 생각해 볼 때, 국어의 감각어가 얼마나 다채롭게 발달되어 있는지 쉽게 알 수 있다.

셋째, 상징어의 발달을 들 수 있다. 상징어는 주로 소리, 동작 형태를 모사하는 것으로서, 구체적이고 감각적인 표현 수단의 하나이다. 상징어는 국어에 특히 발달되어 있고, 음상의 차이에 의해 다양하게 분화될 수 있다.

우리말의 특징을 고려하여 우리말을 표현력이 더욱 풍부한 언어로 만들려면 언어를 사용하는 구성원 전체의 노력이 필요하다. 우리말의 표현력을 높이기 위해 우리가 할 수 있는 일 중에서 어휘와 관련된 것을 살펴보면 다음과 같다.

표현력을 높이려면 우선 어휘의 절대량을 늘리는 일이 필요하다. 이를 위해서 다양한 합성법을 사용하거나, '-보, -쟁이' 등 파생 접사를 이용한 파생법을 사용할 수 있다. 한편 어휘의 절대량을 늘리기 위해 외래 요소를 받아들이기도 한다. 우리가 오랫동안 한문을 사용해 온 까닭으로 우리말에는 다량의 한자어가 들어와 있다. 우리 민족은 한자어를 받아들이되 우리식 한자음으로 읽었으며, 한자어 명사나 부사에 '-하다'를 붙여 우리말 조어 규칙에 맞는 동사로 만들어 받아들였다. '다이내믹하다'처럼 영어의 형용사에 '-하다'를 붙여서 새로운 단어를 만들기도 한다. 또 우리말에 발달한 의성어나 의태어를 새로 만드는 것도 부분적으로 가능하다. 사전에는 '사르르'만 실려 있는데, 실제 발화에서는 '사르르르', '사르르르르' 식으로 표현하기도 한다. 소설류에는 '나훌나훌', '필릴리' 등 기존 사전에 없는 상징어들이 등장하는데, 이 중 일부는 개인이 만든 것일 수 있다. 새로 만들어진 어휘들은 이후에 사회적인 공인을 얻어 사전에 오를 수도 있을 것이다.

어휘의 절대량을 늘리는 일 못지않게 중요한 것이 기존 어휘를 적극적으로 이용하는 일이다. 예를 들면 방언이나 옛말 등을 찾아 적극적으로 이용하는 방법이 있다. 어촌 지역에서 주로 쓰이던 '하늬바람'이 시어 등에 자주 사용되면서 널리 쓰이게 되었고, '가람, 뫼' 등 옛말 어휘가 오늘날 인명, 상표명 등에 쓰이기도 한다. 이처럼 이미 우리말에 존재하던 어휘들이 새롭게 쓰이면서 정서적인 의미를 추가로 가지게 되어 우리말의 표현력을 높이는 데에 기여하기도 한다.

다음 글을 사선(/)을 치면서 읽고, 전체 내용을 한 눈에 파악할 수 있도록 도표로 간략하게 정리해 보자.

많은 학자들은 오늘날 환경 위기를 매우 포괄적 의미로서 현대 문화 일반과 관련시켜 이해하고 있다. 대표적인 예로, 린 화이트(Lynn White Jr.)는 서구 사회를 지배해 온 기독교적 세계관과 그 문화가 환경 위기의 근본 원인이라고 주장한다. 그에 의하면, 기독교에 근거를 두고 있는 서구의 세계관은 인간 중심적 관점에서 인간과 자연의 이원론을 확립할 수 있도록 했으며, 현대의 과학기술은 이러한 기독교적 자연관에 물들어 있기 때문에 자연을 지배의 대상으로 인식하게 되었다. 또한 카프라(Capra) 등에 의하면, 정신과 물질을 분리하고 물질세계를 하나의 기계로 간주하는 데카르트와 뉴턴의 기계론적 자연관은 근대 이전의 유기적 세계관을 대체하고 오늘날 서구의 지배적인 패러다임이 되었으며, 이러한 패러다임에 근거한 과학기술의 발달이 오늘날 환경 위기를 필연적으로 초래하게 되었다고 주장된다.

이러한 주장들은 한편으로 현대 환경 문제의 근원을 서구적 의식이나 기독교적 신앙, 혹은 기계론적 자연관이나 과학기술의 발달, 즉 보다 포괄적으로 현대 서구 문화의 형성 및 발달과 관련시켜 이해했다는 점에서 의미를 가지지만, 다른 한편으로 이러한 서구 문화가 어떠한 경제적 논리에 의해 추동되었는가에 대해서는 무시하고 있다. 즉 이들의 주장은, 한 사회의 문화는 그 사회의 경제·정치 체제와 분리해서는 이해할 수 없다는 점에서 비판될 수 있다는 것이다.

이러한 주장과 유사한 맥락에서, 일부 학자들은 환경 위기의 중요한 원인들 가운데 하나로서 개인들의 무절제한 욕구와 이에 따른 과시적 소비 행위를 지목하기도 한다. 이와 같이 개인의 지나친 소비 욕구나 소비 행위 그 자체를 환경 위기의 주요 원인으로 간주하는 '소비 원인'론은 국가 관료를 비롯한 보수주의자들의 주장에서 흔히 나타나는데, 이러한 주장 또한 환경 위기의 본질을 제대로 이해하지 못했다고 비판될 수 있다.

그러나 이러한 비판은 환경 위기가 현대 문화, 특히 현대적 소비 양식과 무관하다고 주장하는 것이 아니다. 중요한 것은 현대 문화가 단순히 그 자체로서가 아니라 전체 사회 체계, 즉 노동의 잉여 가치 창출과 실현을 전제로 한 자본의 축적 과정으로서 자본주의적 경제 발전 과정 속에서 형성·발달되었다는 점이다. 보다 구체적으로 말해, 오늘날 소비 관행은 단순히 개인적인 행태가 아니라 소외된 노동을 통한 상품 생산에 기초한 자본주의 경제 체제, 특히 1950년대 이후 대량 생산·대량 소비를 가능하게 한 포드주의 경제 체제 속에서 이루어지고 있으며, 이러한 경제 체제와 관련된 생활양식과 문화 일반의 변화 속에서 특정한 소비 유형이 환경 위기를 초래하고 있음을 이해하는 것이 중요하다.

— 최병두, '자본주의 소비문화와 환경 위기' 중에서

다음 글을 사선(/)을 치면서 읽고, 전체 내용을 한 눈에 파악할 수 있도록 도표로 간략하게 정리해 보자.

유원지에서 테마파크로

1955년 캘리포니아 아나하임에 등장한 디즈니랜드는 두 가지 요인에 의해 만들어졌다. 하나는 유원지 산업의 구조조정이었고, 다른 하나는 영화업계의 구조조정이었다.

디즈니랜드와 같은 테마파크와 단순한 유원지와의 가장 큰 차이 중의 하나는 외부환경과의 관계였다. 유원지와는 달리 테마파크는 사회와 단절된 자율적이고 유토피아적인 공간을 만들기 위해 노력한다. 환상의 공간을 만들기 위해 일상생활과 외부세계를 상기시킬 요인은 조심스럽게 제거된다.

대중오락에서 영화가 지배적으로 되면서, 탈거리의 스릴을 주요상품으로 내 놓았던 도시형 유원지는 이미 1920년대를 경계로 쇠퇴의 길을 걷고 있었다. 유원지에 대신하여 라디오와 영화에 의한 오락이 구석구석까지 고루 미치게 되었으며, 특히 영화는 당시 유원지를 대표하던 코니아일랜드와 비교할 수 없을 정도의 가격과 복잡한 구조로 아주 그럴 듯한 환상을 가르치기 시작했다.

1950년대에 이르면 미국에서는 영화마저 텔레비전과 자동차로 대표되는 새로운 상품 문화와 레저 때문에 쇠퇴한다. 아나하임에 디즈니랜드가 최초로 등장했을 때 매스컴과 유원지 업자는 입을 모아 성공가능성이 없다고 예상했다. TV가 오락의 왕좌를 차지하고 있는데 이제 와서 유원지에 거액을 투자하는 것은 시대착오가 아닌가. 그러나 디즈니는 유원지와 영화사이의 근본적인 관계에 주목했고 영화의 구조적 원리를 유원지로 피드백시

킴으로서 쇠퇴하던 유원지에 새롭게 활력을 불어넣었다.

디즈니랜드라는 장소 자체의 본질을 이해하기 위해 우선 주목해야 하는 것은 그 발안자 월트 디즈니의 직업이 영화 프로듀서였다는 사실이다. 디즈니는 그의 생애를 통해서 자신의 표현미디어의 기술적인 가능성을 확장해 왔다. 움직이지 않는 만화에서 움직이는 애니메이션으로, 소리 없는 애니메이션에서 소리가 들어간 애니메이션으로, 그리고 칼라풀한 장편 애니메이션으로, 그리고 2차원의 영화에서 3차원의 디즈니랜드로의 일련의 변화이다. 따라서 디즈니랜드는 그 본질에 있어 종래의 유원지보다 한 단계 더 낳은 버전이라기보다 오히려 영화의 연장으로 이해되어야 한다.

예를 들어 디즈니는 대부분의 유원지업자의 조언에 반대하여 디즈니랜드에 오직 하나의 입구만을 설치했고 게스트들이 한번 들어오면 테마파크 경계 밖은 보이지 않도록 전경을 설계하였다. 이것은 '입구를 여럿으로 만들면 관객은 원내에서 방향감각을 잃어버린다. 모든 관객을 같은 장소에 출입시켜, 디즈니랜드에서의 하루를 하나의 완결된 체험으로 연출하고 싶다'라는 생각에서였다. 디즈니에게 랜드의 입구는 영화의 도입부와 마찬가지의 의미를 갖고 있다. 따라서 방문자들이 입구를 통과하여 제일 먼저 대하게 되는 미키마우스의 얼굴을 한 화단은 바로 영화의 첫머리에 등장하는 영화사의 심볼 마크와 마찬가지 역할을 담당하고 있다. 그리고 이곳에서부터 사람들은 영화세트와 완전히 일치하는 쇼핑몰을 왕래하게 된다. 이곳에는 오래된 미국의 소도시를 연상케 하는 3층짜리 상점들이 마치 무대장치처럼 늘어서 있다. 더 나아가 상점들은 층의 높이가 1층은 보통건물의 8분의 7, 2층은 8분의 5, 3층은 8분의 4로 전체적으로 보통보다 작게, 그리고 위로 올라갈수록 원근법적으로 축소되어 있는 것이다. 건물의 축적만이 아니라 쇼핑몰의 도로 폭까지 인공적으로 더욱 강조한 '강화원근법'이라 불리는 기법을 사용하여, 도로의 폭을 서서히 줄인 결과 입구방향에서 보면 실제보다 안쪽이 깊숙하게 느껴진다. 그리고 전방에 있는 '신데렐라 성'이 멀리 환상처럼 떠올라 보인다. 이들 장치에 의해 사람들을 일상적인 현실로부터 유리시켜 향수의 세계로 끌고 들어가는 것이 가능하게 된다. 그리고 부지불식간에 사람들에게 이와 같은 영화 스튜디오적인 풍경이 외부의 복잡한 거리보다도 리얼한 느낌이 되게 한다.

이리하여 사람들은 디즈니의 영화에, 또는 스필버그나 루카스의 영화에 직접 출연하는 배우가 되어 디즈니랜드의 어트랙션을 즐기는 것이다. 어트랙션에서 어트랙션으로의 이동은 스크린에서 스크린으로의 이동, 또는 대형 스크린의 텔레비전 앞에서 채널을 선택해 가는 행위로도 비교될 수 있다. 그리고 마치 영화세계의 SFX에 대응하듯 디즈니랜드에서는 오디오애니매트로닉스라는 컴퓨터 제어 자동인형이 놓여 있어 실물과 허구의 상식적인 구별을 애매하게 만든다. 사람들은 무대장치 같은 거리가 이어지고 자동인형이 말을 거는 가운데 언뜻 자유로운 기분으로 움직이며, 자신도 모르는 사이에 디즈니랜드라는 거대한 스크린 속으로 흡수되어 가는 것이다.

디즈니가 겨냥한 것은 바로 영화세트가 갖는 환상작용이었다. 디즈니랜드 자체가 하나의 영화작품처럼 설계된 것은 영화 관객을 좌석으로부터 일으켜 세워 스크린 속의 세계로 흡수하는 말하자면 2차원의 화면을 바라보는 '구경꾼'을 3차원 공간의 '참가자'로 끌어올리는 것이 디즈니랜드의 기본적인 발상이었다.

디즈니랜드는 새롭게 등장하는 소비자의 수요를 만족시키는 영화라는 이미지 기계의 한계와 떼어놓고 생각할 수 없다. 영화라는 이미지는 그저 보는 것이었다. 그러나 고도 소비사회의 영화는 단지 인식하는데서 멈추는 것이 아니라 경험할 수 있는 이미지상품으로 바뀌고 있다. 이미지의 소비는 수동적으로 보는 것이 아니라 인식과 참여라는 상호작용에 의해 현실화 된다. 그리고 영화를 경험으로 시뮬레이트 하려는 욕구는 가상현실 기술이 기본이 된 테마파크의 설립으로 절정에 이른다.

디즈니랜드를 개관할 때 먼저 눈에 띄는 것은 공간적인 자기완결성이다. 디즈니랜드에서는 건물, 둔덕, 나무 등의 장해물에 의해 내부로부터 외부 환경이 보이지 않고 공원 전체가 주위로부터 단절되고 닫힌 세계를 구성하고 있다. 도쿄 디즈니랜드의 경우, 그곳을 돌아보는 사람들은 자신이 우라야스라는 도시의 한 구석에 있다는 것을 의식하지 않으며, 대도시 도쿄의 교외에 있다는 것조차 잊을 것이다. 사람들의 시선에서 외부의 이질적인 환경 즉 현실이 들어올 가능성은 최대한 배제됨으로써 환상과 자율성이 확보된다. 환상의 모순은 디즈니랜드가 환상을 만드는데 성공할수록 방문자들은 그 환상을 적게 인식한다는 것이다. 환상은 그것이 환상이라고 느껴지지 않을 때 가장 성공한다. 이것은 단순히 시각적인 경관만이 아니라, 원내와 외부를 분리하고자 하는 여러 조작에 의해서도 유지된다. 루이말랭은 디즈니랜드의 주차장과 입장권 매장이 '유토피아적인 타자로 전화' 되는 필터 역할을 담당하고 있다고 지적한다. 사람들은 주차장에서 차를 버리고 입장권 매장에서 화폐를 포기함으로써 원내의 유토피아적인 의미작용을 위한 기호를 손에 넣는다. 더욱이 관객은 원내로 도시락이나 술을 가지고 들어갈 수 없으며, 버린 쓰레기도 '커스터디알'이라 불리는 청소부가 바로 주워가기 때문에 디즈니랜드의 원내는 항상 완전 무결한 무균상태가 유지된다.

세기말부터 20세기 초두에 걸쳐 압도적인 인기를 모았던 뉴욕 교외의 코니아일랜드는 많은 점에서 디즈니랜드의 선구로 간주되지만, 그 인기를 지탱한 것은 시카고 만국박람회의 '미드웨이'가 더욱 증폭시킨 카니발적 흥분, 관객을 완전히 끌어들여 일상적인 관심이나 억압으로부터 단숨에 해방하는 행동적이며 강렬한 오락의 매력이었다. 분명히 이곳에서도 페리스식 대관람차를 비롯하여 여러 가지 부감장치가 존재했지만 코니아일랜드 매력의 본질은 오히려 다른 곳에 있었다.

> 유원지를 향하여 서프어베뉴를 걸으면서 가슴 두근거리는 가능성이 가득한 특별한 영역으로 들어가는 자신을 느꼈다. 그것은 다른 상황 하에서라면 백안시 되는 타입의 행동이나 사회적 상호작용을 장려하는 독특한 환경이었다...이 오락센터에서는 상황에 의해 규제되는 관례적인 예절은 중단되었다

존 캐슨은 이렇게 말하고 코니아일랜드의 유원지군이 이러한 무질서한 자유와 상대를 개의치 않는 해방이라는 환상을 사람들에게 심어주면서도 다른 한편으로 여러 가지 탈 것으로 사람들을 생각대로 집산시키는 능력을 발달시켰던 것도 지적하고 있다.

디즈니의 판타지가 '인생을 거짓으로 전달하는' 것이며, 그 순진한 표정 뒤에 교활한 이데올로기적 억압을 감추고 있다는 점을 최초로 지적한 사람은 1965년 로스엔젤레스 타임지에 디즈니비판 논평을 실은 E·C세이어즈이다. 그녀는 디즈니 속에 전승문학의 비속화와 창작 작가에 대한 불손한 개조가 인정된다는 점을 비판했다. 디즈니는 옛날이야기를 천박하게 하고 등장인물들을 과도하게 귀엽게 함으로써 옛날이야기의 구성과 상징을 쓸

모없게 만들어 버린다는 것이다. 실제로 디즈니가 그리는 등장인물들은 현실의 그것이 가지고 있는 폭력성이나 잔혹성 또는 성적인 요소를 제거해 버리고 '귀여운' 존재로 중성화시키고 있다. 예를 들면, '피노키오'의 콜로디의 원작에 보였던 피노키오의 반항성이나 제페토 노인으로부터 도망쳐 학습과 노동의 미덕을 설명하는 귀뚜라미에게 망치를 던져 죽이고 근면을 거부하는 피노키오와 그를 영웅시 하는 아이들의 반항적 놀이의 세계는 빠져 있고 피노키오는 단순히 순종하며 무력하고 귀여운 소년으로 순화되어 있다.

첫 장편 애니메이션 영화로 1937년에 개봉되어 특별 아카데미상까지 수상한 '백설 공주'의 경우 사태는 더욱 심각하다. 여기에서는 원작 동화에 대하여 보다 구조적인 변형이 행해져 있는 것이다. 원래 그림형제에 의해 채집된 이 이야기는 민담에서 볼 수 있는 죽음과 재생의 이야기였다. 계모인 왕비의 미움을 받고 숲으로 추방된 공주는 그곳에서 아슬아슬하게 죽음으로부터 벗어나 난쟁이들의 비호를 받는다. 또는 공주는 동굴 속에 사는 식인난쟁이들이 있는 곳에 버려졌다고 되어 있는데 그들의 정체는 이계(異界)에 사는 산인이며, 공주는 이곳에서 빅터 터너가 말하는 경계적인 상황에 놓이는 것이다. 공주의 생존을 안 왕비는 그녀를 살해하고자 반복하여 함정을 장치한다. 먼저 왕비에 의한 교살이며 둘째는 독을 바른 빗이며, 세 번째는 독을 넣은 사과이다. 그리고 그때마다 한번은 죽어야 할 공주는 난쟁이들의 힘으로 소생하는 것이다. 결국 세 번째 독을 넣은 사과로 인한 죽음으로부터 소생한 공주는 왕자와 결혼하여 무사히 왕국으로 귀환한다. 이야기의 마지막에 백설 공주를 괴롭힌 왕비는 빨갛게 타오르는 쇠로 만든 구두를 신고 신음하면서 미친 듯 날뛰다가 죽어가는 처절한 장면에서 끝나고 있다.

그러나 디즈니는 이와 같은 통과의례 형식에 의한 이야기 구조를 문자 그대로 없애 버렸다. 뿐만 아니라 그림형제가 잔혹성이 민담에서 중요한 부분이라고 보고 몇 차례 수정을 거치면서도 잔혹성만큼은 그대로 보존했음에 비하여 디즈니는 잔혹한 장면을 완전히 배제한다. 사냥꾼이 공주 대신 멧돼지를 죽이고 증거로 꺼낸 허파와 간을 소금에 요리하여 맛있게 먹는 장면이나, 왕비가 불에 달구어진 쇠구두를 신고 죽을 때까지 춤을 추는 장면은 완전히 사라져 버린다. 다른 한편 난쟁이들도 그 이형성(異形性)을 잃고 귀여운 난쟁이로 변신하여 각각 이름까지 주어져 이른바 패트화 된다. 그 결과 박해하는 왕비와 죽음에 직면하는 공주, 그리고 이계인 난쟁이라는 이야기를 구성하는 3극의 균형이 깨지고 공주와 왕비의 관계가 배경으로 사라지는 대신에 공주와 난쟁이, 숲 속의 동물들 그리고 최종적으로 그녀를 위험으로부터 구하는 왕자의 역할이 클로즈업 되는 것이다.

여기서는 바야흐로 죽음과 재생의 민화적 시간이 아니라 귀여움 속에 둘러싸인 채 왕자의 도래를 꿈꾸는 소녀의 판타지 시간밖에 없다. 결국 디즈니의 백설 공주는 한 번도 왕국으로부터 추방되지 않으며 죽음과 조우하는 일도 없다.

디즈니가 만들어낸 판타지 세계의 구조적인 의미가 점차로 명확해 진다. 디즈니는 외부세계의 타자와 접속을 통하여 이야기를 생성하는 시간을 배제한다. 디즈니의 세계는 변하지 않는다. 등장인물도 사건도 항상 일정불변한 '귀여움'으로 둘러싸여 있는 것이다. 아리엘 도르프만과 아르망 마텔라르는 이러한 디즈니 세계의 시간구조의 내폐성을 날카롭게 찌르고 있다. 그들은 디즈니의 작품에는 친부모의 부재라는 특징이 보이는 것에 주목하면서 이곳에서 나타나는 '태어나는 것의 부정'이 단순한 우연이 아니라는 것을 다음과 같이 강조한다.

디즈니의 세계에서 캐릭터들은 오직 현실적이고 구체적인 요소를 억압할 때에만 - 그리고 바로 이와 같은 억압 덕택에 비로소 기능할 수 있다. 다시 말해 개인사, 출생과 사망, 그리고 그 사이에 이루어지는 모든 변화와 성장의 발전과정을 억압해야만 말이다. 그리고 결코 생물학적 행위를 통해 태어나지 않기 때문에 영생을 염원할 수 있다. 즉 각종 모험의 와중에 순간적으로 고통이 가해진다 해도 이들은 적어도 육체의 저주로부터 해방되어 있다.
이처럼 디즈니는 캐릭터들에게서 진짜과거를 제거하는 동시에 현재 처한 곤경과 관련해 자성할 기회를 주지 않음으로써 스스로를 바라볼 수 있게 해 주는 유일한 관점을 빼앗아 버리는 것이다. 처음부터 줄곧 그가 빠져 있던 세계와 다른 세계는 전혀 보지 못하게 되는 것이다. 미래 또한 도움이 되지 않는다. 현실은 변하지 않기 때문이다.

이 지적은 원래 디즈니가 만들어 낸 만화에 대하여 이루어진 것인데 디즈니랜드에 대해서도 완전히 동일하다. 디즈니랜드를 지배하는 것은 끊임없는 현재의 반복이다. 그곳에는 과거도 없으며, 미래도 없다. '과거'나 '미래'의 모습을 두른 현재가 부단히 재생산되고 있을 뿐이다. 방문자들은 모든 대륙, 모든 시대를 열에 들떠 이동하고 있음에도 불구하고 동일시간 속에 멈추어 있는 것이다. 외관상으로 보이는 풍경의 다양성은 구조적 동일성으로 뒤덮여 있을 뿐이다.

배타적인 공간구성으로 환상을 만들고 내부화 된 시선 속에서 자기를 연기하는 놀이가 추구하는 궁극의 목표는 거래라는 현실을 허구의 유희와 뒤섞어 놓는 것에 있다. 디즈니랜드의 교묘한 공간배치에서 거래와 유희가 섞여 있음이 명확하게 드러난다.

위에서 언급했듯이 디즈니랜드는 영화라는 이미지의 세계 또는 상상세계를 시뮬레이션 한 공간이며, 방문자는 이 공간(무대)으로 들어서는 순간부터 디즈니 이야기 과정(영화)의 참여자(연기자)가 된다.

따라서 이곳에 들어서자마자 방문자를 맞이하는 '월드바자'의 정면은 무대장치처럼 꾸며져 있으며, 언젠가 영화에서 본 듯한 동작으로 안으로 들어오라고 유혹하고 있다. 하지만 실제로 이곳은 항상 포장으로 가려진 슈퍼마켓이 자리 잡고 있는 대성공을 거둔 산업적 논픽션, 즉 탁월하게 은폐된 구매의 거리이다. 그곳에서 방문자는 그것 또한 연기라는 착각에 빠져 마치 신들린 사람처럼 물건을 사게 된다.

더욱이 이곳에서 방문자들은 그들의 의지에 의해 이야기가 만들어지는 과정(놀이, 연기)에 참여하지 않는다. 이야기 과정에의 참여가 추구하는 최상의 목표 역시 소비행위를 자연스럽게 하는 것이다. 따라서 환상 말고는 아무것도 복제하지 않는 상품은 이야기의 흐름과 결부되어 있으며, 그 때문에 방문자들은 인식하지 않고 소비를 하게 된다. 소비는 이제 하나의 놀이가 된다.

물리적으로 디즈니랜드의 설계는 쇼핑공간을 미국영화에서 10분마다 나오는 관심 끌기 장면과 마찬가지로 교묘하게 분산 배치한다. 음식과 마실 것 외에도 상점에서 파는 대부분의 것은 디즈니 캐릭터 상품이다.

디즈니랜드의 공간은 방문자들에게 이미 짜여 진 이야기를 보여주고 이야기는 자연스럽게 디즈니 캐릭터로 통합되어 있는 것이다. 따라서 모든 것이 각 테마랜드의 분위기를 돋우도록 만들어진 이곳에서의 소비는 방문자들에게 돈을 주고 물건을 구매하는 행위로 보이지 않고, 캐릭터들이 있는 디즈니 이야기구성의 한 부분으로 보이게 한다.

예를 들어 도쿄 디즈니랜드에서 잘 팔리는 상품의 하나인 해적선장 후크의 플라스틱제 의수(義手)를 보자. 16세기부터 18세기에 걸쳐 카리브해를 떠돌았던 해적들의 세계로 작은 배를 타고 들어가는 어드벤처랜드의 어트랙션 ‘카리브의 해적’의 출구에 ‘골든 가리온’이 있다. ‘카리브 해적’은 배를 타고 해적들이 수행했던 것처럼 보석을 찾으러 출발하는 탐험이다. 어두운 수로 양쪽에 오디오 애니메트로닉스라는 완전히 인간을 빼닮은 표정이나 움직임을 하는 컴퓨터제어 해적들이 비좁은 듯 날뛰는 가운데 배는 전진한다. 수로를 끼고 대포나 권총을 쏘기도 하며 화재를 만나기도 하는 스릴 넘치는 어트랙션이다. 방문자는 그러한 해적들로부터 도망쳐 나오면서 여행을 마친다. 배에서 내려 약간 기분 나쁜 돌로 만들어진 터널을 빠져 나오면 그곳에 ‘골든 가리온’이 있다. 그리고 후크의 의수는 상점 입구에 대수롭지 않게 걸려 있다. 방문자는 배에서 내려 두근거리는 체험에서 아직 흥분한 채 그 상점으로 발을 향하게 된다. 그리고 정신을 차리면 의수를 손에 들고 있다. 도쿄 디즈니랜드를 한 발짝 나오면 아무짝에도 쓸모없을 의수는 지금 막 체험했던 것을 추인해 주는 것이다.

이렇게 디즈니 마법의 솜씨는 쇼핑공간을 이야기의 흐름을 방해하지 않는 전략적인 곳에 위치시킴으로서 동일공간의 자율성을 헤치지 않으면서 쇼핑공간을 자연스럽게 통합하는데 있다. 그리고 방문자들이 쇼핑공간에서 돈을 쓰는데 압박을 느끼지 않도록 강요와 조작은 조심스럽게 제거된다. 대신에 방문자들은 자율적으로 그들 자신을 다양한 놀이공간이 주는 즐거움을 재경험하거나 혹은 강화하고자 하는 열광적인 소비자들로 바꾸어 놓는 것이다. 쇼핑은 놀이를 구성하는 한 부분이 됨으로써 방문자들이 상품과 캐릭터를 사기 위해 쓰는 돈에 대한 관심을 다른 곳으로 돌리게 하는 방법이 되며 동시에 방문자들로 하여금 놀이에 적극적인 참여를 반복하게 하는 수단이 되는 것이다.

디즈니랜드에 의해 쇼핑경험을 이야기화 하는 방법은 물류산업에 하나의 모델이 되었다. 그리고 이제는 쇼핑몰에서 테마파크를 나누는 것이 더욱 어렵게 되었다. 소비를 목적으로 하는 공간에서 디즈니랜드적인 공간연출은 하나의 모델이 된 것이다.

— 이은주, “도쿄 디즈니와 현대 일본의 소비도시공간” 중에서

맵핑을 활용한 고공학습법

글을 읽고 글의 구조와 내용을 한 눈에 파악하기 위하여 그리는 고공표는 글을 구성하는 부분 정보들 간의 관계를 쉽게 파악하게 할 뿐더러 글 전체를 구조적으로 조망할 수 있게 한다. 고공표는 여러 가지 방식으로 그릴 수 있는데, 특히 맵핑(Mapping) 방식은 다른 방식에 비해 고공표를 그리는 방법에서 자유롭다. 맵핑 방식은 지도에서 도로가 이곳저곳으로 뻗어나가듯이 핵심어나 핵심어구에서 가지가 자유롭게 뻗어나가 세부 항목을 표시할 수 있기 때문이다.

1. 아이콘을 이용한 고공표 만들기

글의 형식이 병렬식이거나 글의 내용이 열거식일 경우, 즉 평면적인 글일 경우에는 아이콘을 이용하여 고공표를 그리는 것이 좋다. 또한 서사 구조인 이야기 글에서도 아이콘을 이용하여 고공표를 그리는 것이 좋다. 특히 이야기 글에서는 이야기의 전개 과정을 그림으로 표현할 수 있어서 상상력과 창의력을 키울 수 있는 계기가 되기도 한다.

아이콘은 글의 내용이나 개요를 보고 가장 적합하다고 생각하는 아이콘을 상상하여 만들어 본다. 이 때 아이콘은 모든 사람들이 알아보기 쉬우면서도 일관성을 가지면 효과적이다.

배열을 할 때는 글의 제목이나 글의 중심 내용을 가운데에 쓰고 방사형으로 이 아이콘들을 배열한다. 이렇게 배열하면서 이해가 잘 안 될 것 같은 부분이 있으면 간단한 설명을 붙인다. 그러나 가능하면 글씨로 쓴 설명은 없는 것이 좋다. 문자가 있으면 읽으려는 습관이 발동해서 전체를 조망하기가 어렵기 때문이다.

이야기 글을 고공표로 그릴 때에는 특별한 배열 순서를 지킬 필요는 없다. 그냥 글의 전개 순서에 따라 순서대로 그리면 된다.

〈그림 8〉 아이콘을 이용한 고공표

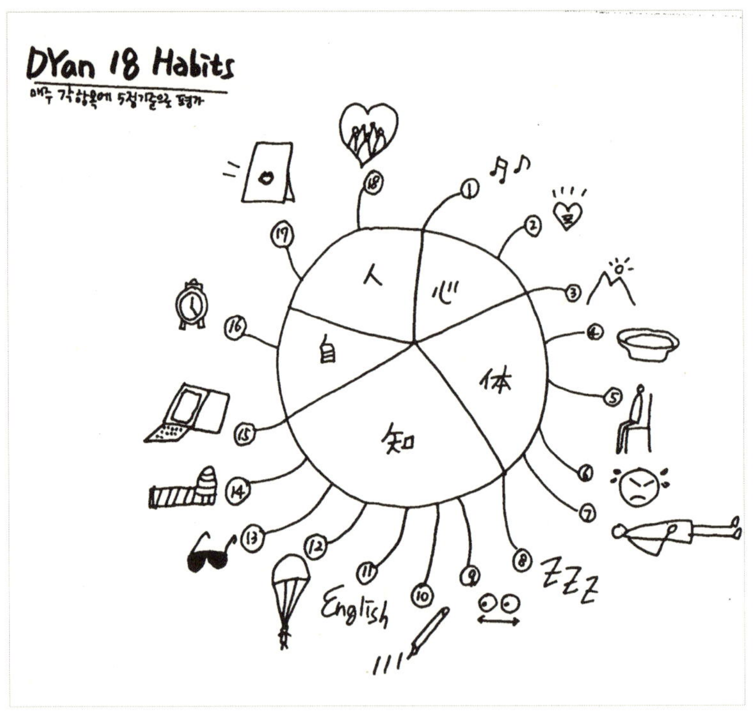

2. 지도 방식(Mapping Method)을 이용한 고공표 만들기

    지도 방식을 이용한 고공표를 그리기에 적당한 글은 상위 개념과 하위 개념이 있고, 이들이 구조적으로 이루어져 체계를 형성하고 있는 경우이다

    지도 방식의 고공표를 그림으로 만들면 마인드 맵(mind map)이 된다. 마인드 맵은 사람들의 사고과정을 그림으로 그리는 방법으로, 생각의 지도라고 할 수 있다. 이 방법은 토니 부잔의 『마인드 맵 북』을 통해 우리나라에 소개되었고, 많은 사람들이 이를 실생활에 받아들여 사용하고 있다. 인터넷 사이트 "http://www.mindjet.com"에서는 컴퓨터를 이용해서 마인드 맵을 그릴 수 있는 프로그램과 많은 예들을 제시하고 있다.

    지도 방식의 고공표를 만들기 위해서는 몇 가지 원칙이 있다.

① 주제는 중심 이미지에서 구체화된다.
② 주제는 중심 이미지로부터 나뭇가지모양으로 뻗어나간다.
③ 각각의 나뭇가지에는 핵심 이미지와 핵심어가 배치되어야 한다.
④ 나뭇가지는 마디가 연결된 것과 같은 구조를 가진다.
⑤ 상관관계를 가진 항목들은 선으로 연결되어야 한다.

    지도 방식의 고공표를 그릴 때 유의해야 할 점은 핵심어에서 뻗어나가는 나뭇가지들이 끊어지지 않도록 하는 것이다. 나뭇가지들이 중간에서 끊어지게 되면 상위개념과 하위개념들 간에 연결고리가 한 눈에 들어오지 않고 서로 분리된 것처럼 보인다. 고공표를 그리는 이유가 전체의 구조를 한 눈에 파악하기 위함이라는 사실을 기억한다면 나뭇가지들의 연결을 소홀히 할 수 없다. 따라서 핵심어에서 세부적으로 분리된 하위개념들은 나뭇가지의 끝에 배치하지 말고 되도록이면 나뭇가지 위에 배치하도록 한다.

다음 그림은 수업 시간에 학생들이 그린 고공표이다.

〈그림 9〉 한국을 소개하는 그림 고공표

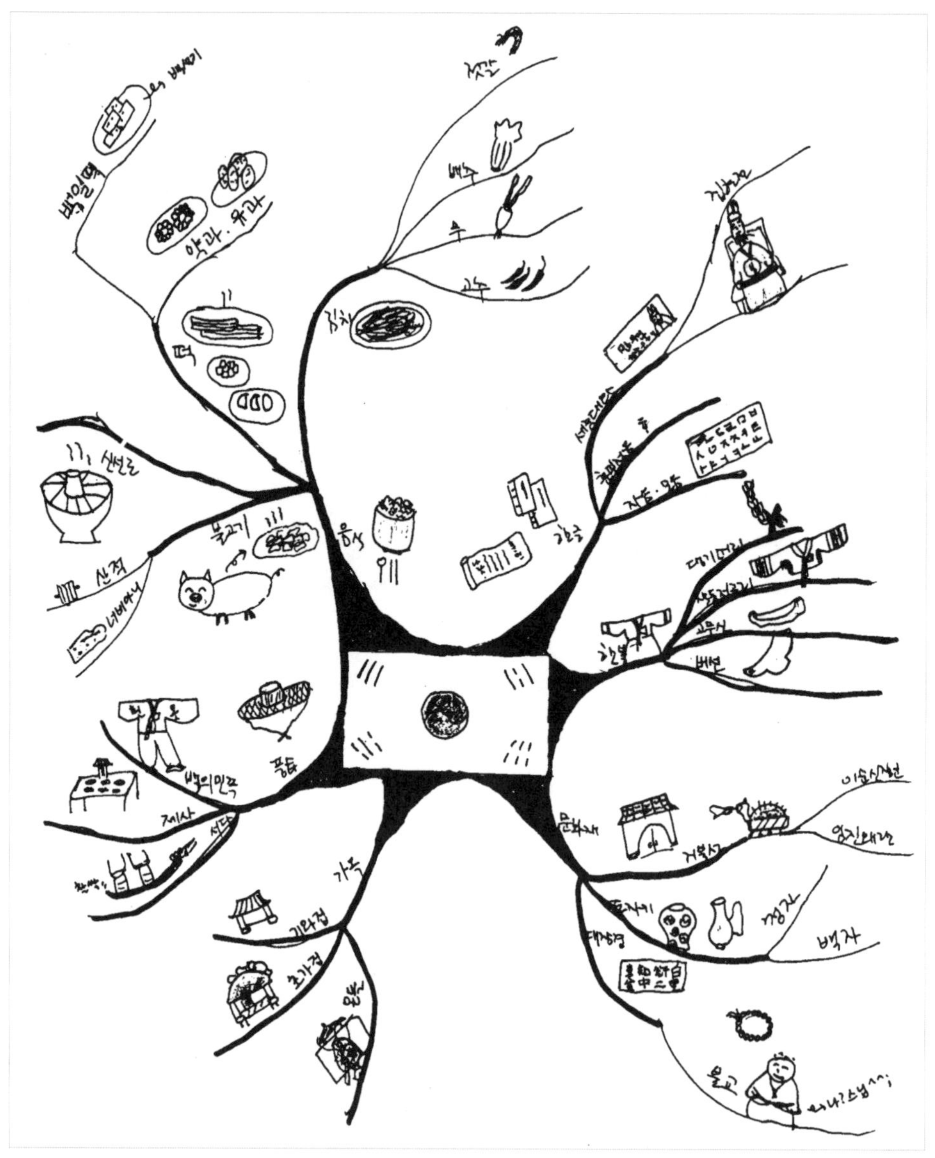

▶ 전주대학교 문화관광학부 2000학번 이지연, 이한, 이현미, 이현정 작성

같이 하기 : 앞에서 "생각하는 삶 창조적인 기쁨"의 목차를 이용하여 표를 이용한 고공표를 만들어 보았는데, 이번에는 그 고공표를 보고 지도 방식의 고공표를 그려 보자.

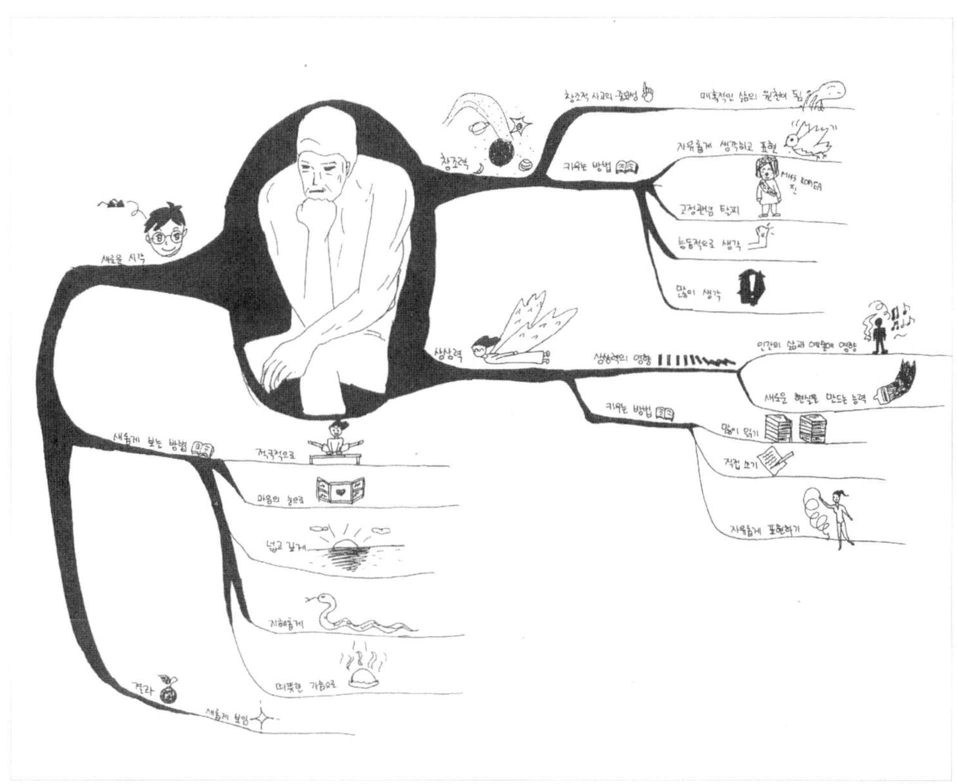

혼자하기 08.1.

다음 글을 사선을 치면서 읽고, 글의 내용을 아이콘을 이용한 고공표로 그려 보자.

세 부인을 얻다

하루는 길동이 사람들에게 일렀다.

"나는 망당산에 들어가서 화살촉에 바를 약을 구해 오겠다."

길동이 제도를 떠나 낙천현에 이르렀는데, 그곳에는 백룡이라 하는 만석꾼 부자가 있었다. 백룡에게 아들은 없고 일찍이 딸을 하나 두었는데, 마음씨와 외모가 모두 아름다웠다. 물에 잠긴 물고기처럼 유연하고 물가에 내려앉는 기러기처럼 날렵한 자태를 지니고 있었으며, 달보다 환한 용모에 꽃이 부끄러워할 정도였다. 게다가 고전을 두루 섭렵하였으니, 이백과 두보에 못지않은 글 솜씨를 지녔다. 아름다운 모습은 장강을 비웃고, 사덕은 태사를 본받아 말 하나 행동 하나마다 예절을 갖추었다. 이러하니 그 부모가 매우 사랑하여 아름다운 사위를 구하고 있었다.

그런데 백소저가 열여덟 살이 되던 어느 날, 뇌성벽력과 폭풍우가 몰아치더니 그녀가 갑자기 사라져 버렸다. 백룡 부부가 경황이 없어 거금을 들여 사방으로 딸을 찾았으나, 도무지 종적을 알 수 없었다. 백룡은 실성한 사람이 되어 거리로 다니며 방을 붙였는데, 방에는 이런 내용이 적혀 있었다.

"누구라도 내 딸을 찾아 준다면 사위로 삼고 재산의 반을 주겠다."

그 무렵 길동은 망당산에 들어가 약을 캐고 있었다. 점점 더 깊은 산으로 들어가며 약을 캐다가 날이 저물어 버렸다. 깊고 어두운 산중에서 갈 곳을 알지 못하고 방황하던 중, 문득 멀리서 새어나오는 불빛을 보았다. 가만히 귀 기울여 들으니, 여러 사람들이 떠드는 소리도 들렸다. 반가운 마음에 얼른 달려가 보았더니, 수백이 무리를 지어 뛰놀며 즐기고 있었다. 그런데 자세히 보니 그것은 사람이 아니라 사람의 형상을 닮은 짐승이었다. 크게 놀라 재빨리 몸을 숨기고 그들을 살폈다.

이 짐승들은 바로 을동이라고 하는 요물이었다. 길동은 조용히 활을 겨눠서 제일 높은 자리에 앉아 있는 놈을 쏘아 맞혔다. 대장 을동이가 화살을 가슴에 꽂은 채 놀라 소리를 지르며 달아났다. 길동이 쫓아가 잡으려 하다가 밤이 이미 깊었기에 포기하고, 소나무에 의지하여 하룻밤을 지냈다.

아침에 일어나 그 자리를 보니, 그 짐승의 피가 떨어져 있어 달아난 방향을 알 수 있었다. 피의 흔적을 따라 몇 리를 들어갔더니 웅장하게 큰 집이 나타났다. 문을 두드리자 한 군사가 나와서 물었다.

"그대는 누군데 이곳에 왔소?"

길동이 대답하였다.

"나는 조선국 사람입니다. 이 산으로 약초를 캐러 왔다가 길을 잃고 이곳에 왔습니다."

그 짐승이 반가운 낮으로 말했다.

"그러면 그대가 의술을 알겠구려. 우리 대왕이 미녀를 새 부인으로 정하고 잔치를 하며 즐기다가, 난데없이 날아 온 화살에 맞아 사경을 헤매고 있소이다. 오늘 다행히 그대를 만났으니, 만일 의술을 알거든 부디 우리 대왕을 살려 주오."

"내가 비록 편작의 재주는 없으나 웬만한 병은 고칠 수 있소."

짐승이 크게 기뻐하며 길동을 안으로 불러들였다. 그를 따라 길동이 안으로 들어갔더니, 화살을 맞은 우두머리 짐승이 신음하면서 말했다.

"저의 목숨이 하루를 이어 가기 힘들었는데, 하늘이 도와 선생을 만났소이다. 좋은 약으로 나를 구해 주시오."

길동이가 상처를 살피고 나서

"별로 어려운 병이 아니외다. 마침 내게 좋은 약이 있소. 한 번 먹으면 비단 상처에만

이로운 것이 아니라, 온갖 병이 깨끗이 없어지고 영원히 죽지 않을 것이오.”

을동이가 크게 기뻐하며 약을 청했다. 길동이 비단 주머니를 열고 약 한 봉지를 꺼내어 술에 타 주었다. 그 짐승이 허겁지겁 받아 마셨다. 시간이 한참 흐른 뒤에 을동이란 놈이 배를 두드리고 눈을 실룩이며 소리를 빽빽 지르고 다리를 발발 떨더니, 이를 박박 갈면서 말하였다.

“약이 아니라 독이로다. 네가 나에게 무슨 원수를 졌길래 날 해치려 드느냐?”

황급히 자기 동생들을 불러댔다.

“어쩌다 흉적을 만나 내가 죽게 되었구나. 너희들은 이놈을 죽여 내 원수를 갚아다오.”

그러고는 그만 죽어 버리니, 모든 을동이 일제히 칼을 들고 달려 나왔다.

“내 형을 무슨 죄로 죽이느냐? 내 칼을 받아라.”

길동이 비웃으며 말했다.

“제 수명이 그밖에 안 되는 것이로다. 내가 어찌 죽였겠느냐?”

을동이들이 크게 노하여 칼을 들고 길동을 치려 했다. 길동이 대적하고자 했으나 손에 작은 칼 하나 없고 형세는 위급하므로, 일단 몸을 날려 공중으로 달아났다. 을동은 본래 수만 년 묵은 요귀여서 바람과 구름을 잘 부리고 요술이 뛰어났다. 무수한 요귀가 바람을 타고 올라오기에, 길동이 할 수 없이 도술로 육갑신장을 불러 냈다.

곧이어 무수한 신장들이 공중에서 구름을 뿌리며 나타났다. 이내 모든 을동을 결박하여 땅에 꿇리었다. 길동이 칼을 빼앗아 무수한 을동을 다 베고 내실로 들어갔다. 안에는 세 여자가 있었다. 칼을 치켜들고 그들마저 베려 하자 여자들이 울면서 말했다.

“저희들은 요귀가 아닙니다. 불행하게도 요귀에게 잡혀 와 죽고자 했으나, 틈을 얻지 못하여 이렇게 살아 있습니다.”

길동이 그 여자들의 이름을 물었다. 한 여자는 바로 낙천현 백룡의 딸이요, 두 여자는 다른 곳에서 잡혀온 양가집 규수였다. 길동이 여자들을 데리고 돌아와 백룡을 만나 사실을 알려주었다. 사랑하던 딸을 찾은 백룡이 크게 기뻐하며 거금을 들여 잔치를 베풀었다. 마을 사람들을 모아 놓고 길동을 사위로 삼으니, 사람마다 칭찬하는 소리가 진동하였다.

나머지 두 여인의 아비도 홍길동에게 간청하였다.

"은혜를 갚을 길이 없으니, 저희 딸을 시첩(侍妾)으로 삼아 주시옵소서."

길동이 스무 살이 되도록 부부의 즐거움을 모르다가 하루아침에 세 부인을 얻으니, 그 사랑은 비할 데 없이 굳었다. 백룡 부부도 길동 부부를 무척이나 사랑스러워하였다.

길동은 세 부인과 백룡 부부, 일가친척을 다 거느리고 자신이 건설한 도읍으로 들어갔다. 모든 군사들이 강변에 나와 맞이하며, 먼 길에 편안히 행차한 것을 위로하고 호위하여 제도로 들어왔다.

여러 날 동안 함께 큰 잔치를 열고 길동이 부인을 얻은 것을 축하하며 즐겼다.

<어려운 낱말 풀이>
장강(莊姜) : 춘추시대 위장공(衛莊公)의 부인. 미인으로 이름난 여인.
사덕(四德) : 부녀자의 네 가지 덕. 곧 언(言), 덕(德), 공(功), 용(容).
태사(太姒) : 중국 주(周)나라 문왕(文王)의 부인이며 무왕(武王)의 어머니. 어질고 덕망이
            높았다고 함.
소저(小姐) : '젊은 여자'를 일컫는 말로, 아가씨의 뜻으로 쓰인다.
편작(扁鵲) : 중국 전국시대의 이름난 의사로, 편작은 명의의 대명사로 쓰임.
육갑신장(六甲神將) : 도술로 불러내는 신장의 이름.
시첩(侍妾) : 귀인의 시중을 드는 첩.

— 류수열, 『홍길동전』 중에서

1 글의 줄거리를 7~8줄로 요약해 보세요.

Q2 이 글을 아이콘을 이용한 고공표로 그려 보세요.

 1분당 읽은 글자 수를 측정해 보자.

본문 글자 수	2,847	자
읽은 시간	분	초
1분당 읽은 글자 수		자
요약 정리 시간	분	초

다음 글을 사선을 치면서 읽고, 중심문장이라고 생각되는 부분에 밑줄을 쳐 보자. 글을 읽은 후 글의 내용을 지도방식의 고공표로 그려 보자.

대체 역사

대체 역사란 역사를 가정해 보는 것이다. '만약 이러이러 했더라면'으로 시작되는 반사실적(反事實的) 가정법은 현실에 이르기까지의 여러 정황들을 의미 있게 질서 지우며 다시 한번 반추해보게 한다. 역사적 가정은 작가나 독자에게 역사를 위반하고 새로운 세계를 꿈꿀 수 있는 은밀한 즐거움을 주는 한편 섬뜩하도록 확연하게 현실을 바로 볼 수 있는 안목을 제공하기도 한다.

19세기 말~20세기 초에 등장했던 소위 '개화기의 역사·전기소설'은 다분히 대체 역사를 지향하고 있다. '역사·전기소설'로 명명된 실록(實錄) 지향물들은 국가의 존립이 위태롭게 된 개화기의 지난한 상황 속에서 탄생했다. 당시는 서구식 근대사상과 군주 중심의 봉건 체제 및 봉건사상이 충돌하고 있었고 일본제국주의의 침략으로 국가의 존립이 위태롭게 되어 안팎으로 위기를 극복해야 되는 이중의 어려움을 안고 있었다. 역사·전기 소설은 이러한 위기의 상황에서 한 가닥의 희망이라도 찾아보려는 최소한의 상상적 자구책이었다.

<이순신전>, <을지문덕전>, <최도통전>, <강감찬전>, <연개소문전>, <애국부인전> 등은 '만약 이러이러 할 수 있다면'이라는 조건문을 괄호 치면서 신빙성 있는 실록의 영웅담을 통해 현실의 참담한 상황을 역전시킬 수 있는 가능성을 제시하고 있는 작품들이다. 역사·전기소설에서 주목하고 있는 점은 아무리 악조건이라 할지라도, 즉 어떠

한 상황에서든 단 한 사람만이라도 미래에의 믿음을 잃지 않는다면 역사는 바뀔 수 있다는 것이다. 그러나 실제의 역사는 이미 한일합방이라는 최악의 막다른 국권상실로 치닫고 있었다. 그렇기 때문에 이러한 작품들은 현실에 대한 안타까움에서 비롯된 상상력의 소산에 불과한 결과로 남게 되었다.

절망을 택할 것인가? 헛된 꿈이라도 꿀 것인가?

역사·전기소설의 작가들은 마치 대국민담화문이라도 발표하는 것처럼 현실을 고양시킬 여러 가지 방법들을 제시했다. 그리고 그 방법들은 이미 성공한 사례로 정평이 나 있는 과거의 역사였다. 특히 프랑스나 이탈리아 등 외국의 사례까지 적극적으로 끌어들인 점은 작가들의 실제 현실에 대한 거부와 그러한 현실로부터 벗어나려 했던 애타는 몸부림을 극명하게 보여주는 것이다.

꿈의 가치, 대체역사를 꿈꾸어 얻을 수 있는 혜택은 스스로의 생명력을 위협하는 절망과 낙담의 시궁창에서 허우적대지 않고 자생력을 키울 수 있는 여지를 갖게 하는 것이다. 꿈은 부정적인 현실에 이르기까지의 온갖 악조건들에 대한 분노를 누그러뜨리게 하고 그렇게 유화된 분노를 탈주의 방향으로 유도하여 미래를 준비할 수 있는 식견을 갖게 한다.

역사·전기소설은 비슷한 난관의 시기, 즉 병자·정유 양란 이후에 출현했던 조선 후기 군담류 고대소설과 일본제국주의가 막바지 기승을 부렸던 1930년대 국민문학계열의 역사소설 사이에 놓이는 의미를 가진다. 이들 모두 영웅을 소재화하면서 당대의 진보적인 민족주의적 저항의식을 보이고 있다. 이들은 성공적이고 바람직한 과거를 현재의 상황으로 우의함으로써 미래에의 발전 지향적 준거를 제시했다. 이들 모두는 역사의식을 지주로 한 준(準)대체역사소설의 범주에 넣을 수 있다. 이 작품들은 모두 '이러이러 했더라면 그렇게 됐을지도 모를 일'이라는 현실에 대한 아픈 각성을 한 켠에 품게 하기 때문이다. 이것이 바로 우리의 선조들이 현실을 고양시키고자 애썼던 소극적인 서사적 노력의 한 방법이었다.

— 장미영, 『현실고양을 꿈꾸는 서사 전략』중에서

Q1 몇 문단입니까?

Q2 각 문단의 요지를 적어 보세요.

Q3 중심 생각(주제)을 적어 보세요.

Q4 글의 내용을 지도방식의 고공표로 그려 보세요.

 1분당 읽은 글자 수를 측정해 보자.

본문 글자 수	1,644	자
읽은 시간	분	초
1분당 읽은 글자 수		자
요약 정리 시간	분	초

다음 글을 사선을 치면서 읽고, 글의 내용을 지도방식의 고공표로 정리해 보자.

노인과 소설

정보와 지식이 기반이 되는 21세기를 슬기롭게 맞이하기 위해, 우리 사회에서는 청소년들의 독서 교육에 열성을 쏟고 있다. 이러한 시대적 요구는 노년 세대에게도 마찬가지로 적용되어야 할 것이다. 노년에 접어들어 이러한 시대적 요청을 노인 스스로 외면한다면 그것은 일종의 자포자기가 될 것이다. 같은 이유로 우리 사회가 노년 세대에게 이러한 시대적 필요성을 요구하지 않는다면 그것은 노인에 대한 경멸 내지 사회적 추방에 다름 아니다.

우리 사회에서는 흔히 60세 이후를 노인으로 본다. 전통적으로 60세는 '환갑(還甲)'이라 해서 삶의 한 시기에 획을 긋는 나이로 간주되었다. 환갑 이후의 세월은, 인간으로서 궁극적으로 되돌아가야 할 본원을 생각하면서 삶을 정리하고 죽음을 대비하는 시기로 여겨졌다. 이 시기는 '노년' 또는 '노령'이라 하여, 무엇을 욕망하거나 어떤 것에 의욕을 가지지 않는 관조(觀照)의 삶을 영위해야 하는 것으로 인식되어 왔다.

'인생은 60부터'라는 캐치프레이즈(catch phrase)처럼 어느 샌가 눈에 띄게 길어진 노후는 인생의 맛을 제대로 느끼며 일상을 풍요롭게 살 수 있는 축복의 시간이다. 아이 양육에다 직장생활까지 겹쳐 분주했던 젊은 시절에 비해, 노후는 자신만의 삶을 만끽할 수 있는 여유로운 시간이기 때문이다. 더구나 노년이 점차 길어지는 고령화 시대에 이른 만큼, 노년은 단순히 인생을 회고하고 죽음을 대비하는 식의 지나간 삶의 정리 기간이지만은 않게 되었다. 아무리 노년이라 할지라도 심신은 쇠약할망정 명예와 가치를 추구하려는 열정과 패기의 정신만은 죽음에 이를 때까지 잃지 않아야 마땅하다. 인간이 죽음 직전까지 계속 '존엄한' 인간으로 남아 있어야한다는 것은 너무나도 당연한 인간적 요구이다.

한 인간이 인생의 마지막 10-40년의 긴 세월을 사회부터 도외시되고 외면당하는 삶을 살아야 한다면, 그것은 산업사회의 한 병폐이기에 앞서 인류 역사의 퇴보이자 현대문명의 실패를 의미한다. 수 천 년 동안 인류가 꿈꾸었던 생명 연장에 대한 희구가 성취된 오늘날, 오히려 노년의 삶을 아름답게 살아갈 수 있는 꿈을 잃는다면 연장된 생명은 저주나 형벌 이외의 그 무엇도 되기 어렵다. 인간만이 할 수 있는 지적(知的) 활동은 노년에도 인간으로 남을 수 있는 구원의 길이다.

미국영화 <쇼생크 탈출>에 등장했던 감옥 내의 도서관과 노소를 막론하고 죄수들이 책을 읽는 모습은 우리 사회가 의미 있게 새겨보아야 할 뜻 깊은 명장면이 아닐 수 없다. 영화가 아닌 실제 상황에서도 10-20년 내외의 긴 기간을 감옥에서 보내야했던 많은 장기수들이 독서를 통해 심신의 건강을 유지할 수 있었다는 체험담은 부인하기 어려운 사실이다.

독서는 노인이 되어서도 비교적 쉽게 할 수 있는 지적 활동이다. 특히 소설은 다른 장르에 비해 상대적으로 노인들이 소화하기 용이한 독서 자료이다. 소설의 큰 강점은 독자 개개의 삶에 기초한 다양한 해석을 허용하고 인정하는 탄력적인 장르라는 것이다. 더구나 소설 독자는 단순히 작가의 메시지만을 추수하는 수동적인 독서 체험만을 경험하는 것이 아니라 생산적 에너지를 생성해 낼 수 있기까지 하다. 이와 같은 이유에서도 노년의 소설 독서는 우리 사회가 적극적으로 지향해 나아가야 할 바 이다. 인생의 온갖 희비와 신산을 맛 본 노년에 읽는 소설은 그 어떤 다른 나이의 독서보다도 훨씬 성숙한 반응을 생산해 낼 수 있고 실제 인생 경험과의 체험적 연관성 속에서 다분히 생생한 의미를 생성해낼 수 있으리라 기대되기 때문이다.

독서는 독자가 책을 읽는 내내 작품 속에 자신의 생각과 느낌을 거리낌 없이 투사할 수 있다. 그렇기 때문에 독서 과정 중에 독자는 감정적 안정과 정서적 만족을 얻게 된다. 이러한 만족감은 독자의 삶에 새로운 감각을 선사하는 것이다. 이러한 긍정적 효과 때문에 독서는 상실감과 허무감에 시달리는 노인들의 불안정한 심리를 위로하는 치료의 효과까지를 기대할 수 있게 한다. 최근 들어 각광받고 있는 독서 클리닉은 이러한 독서의 치료 효과를 입증하는 것이다.

일반적으로 인간이 노년에 이르면 본인들의 욕구와는 반대로 사회적 상호작용이 현저하게 줄어들어 자아존중감이 떨어진다. 그 결과 노인들은 주변 환경에 대한 통제력을 상실하게 되어 부정적인 자아개념을 형성할 뿐만 아니라 자기효능감을 상실하게 된다. 이로써 노인들은 쉽게 좌절하며 강한 열등감으로 인해 불안한 심리상태와 함께 소극적인 생활태도를 갖게 된다. 특히 소설 독서는 이러한 노년의 부정적이고 병약한 심리를 변화시킬 수 있는 중요한 변인으로 작용할 수 있는 것이다.

소설 독서는 노인의 열악한 신체적 조건을 상상력으로 극복할 수 있는 자기 치유적 방법이 될 수 있으며, 판단력이 흐려지는 상황에서도 비교적 냉철하게 거리를 두고 자기 자신을 성찰해 볼 수 있는 자아 개선책이 될 수 있다. 소설은 상상력을 통해 즐거움을 맛보는 정신 활동이기 때문이다.

소설은 그 대상이 인간 존재 자체이기 때문에 인간으로서 표출할 수밖에 없는 말과 행동을 근거로 여러 가지 행위의 이유와 그와 관련된 다양한 삶의 의미를 드러냄으로써, 우리의 실존을 자각할 수 있게 만든다. 이와 같이 소설 독서는 독자의 개인적 정서나 감정을 작품과 어우러지게 하는 한편 능동적인 의미 생산자로서의 지위를 갖게 하기 때문에 노년의 정신 건강에 긍정적인 영향을 미칠 수 있다.

소설 독서는 작품에 나오는 이러저러한 사건과 세세하게 묘사되는 자질구레한 일상, 치밀하게 서술되는 은밀한 인간 내면의 속내에서 자신의 모습을 발견하게 만든다. 소설 독서는 남의 일을 통해 자신의 일을 볼 수 있게 하고 남의 인생을 통해 자신의 인생을 깨닫게 하며 남의 활동상을 통해 자신의 활동을 돌아보게 한다. 그래서 소설을 읽는 독자는 독서활동 중에 '이렇게 사는 사람이 나만이 아니구나!'하는 자아 인식에 쉽게 도달할 수 있으며 '이렇게 별나게 사는 사람도 있구나' 하는 식의 인식의 전환까지 일으키게 된다. 이러한 자아인식이나 인식의 변화들이 정신적 치유작용을 일으켜 인생의 활력으로 작용할 수 있다는 것이 소설 독서의 또 다른 장점이다.

활력은 자아존중감으로 이어진다. 자아존중감이란 자기 자신을 스스로 존중하고 바람직하게 여기는 마음으로서 자신을 가치 있는 존재라고 느끼는 것이다. 이러한 자아존중감은 자신이 유능하기 때문에 성공할 수 있다는 자신감을 통해 자아효능감으로 발전한다. 자아효능감이란 개인이 어떤 결과를 산출하기 위해 요구되는 행동을 성공적으로 수행할 수 있다고 믿어 의심치 않는 신념이다. 자아효능감이 생기면 자신이 대단히 쓸모 있고 가치 있는 존재라고 생각하여 원만한 사회생활을 영위함과 아울러 사회적인 상호작용에 적극성을 보이면서 자신의 주변 환경을 조절할 수 있는 능력을 발휘하게 된다.

노인들이 차세대와의 시대적·문화적 거리를 좁히는 방안으로도 소설 독서는 권장할 만하다. 노인은 실제 삶의 현장에서보다 소설을 통해서 젊은 세대의 삶과 문화를 깊이 있게 살펴볼 수 있고 그들의 편에서 그들의 문화를 이해할 수 있는 기회를 가질 수 있기 때문이다. 뿐만 아니라 생활 현장에서 일일이 확인할 수 없는 젊은 세대들의 은어나 유행어도 소설을 통해서 자연스럽게 그 의미를 파악할 수 있어 세대간에 원활한 의사소통을 돕는 결과를 낳게 된다.

독서하는 노인의 모습은 그 자체로도 차세대의 모범 내지 귀감이 되는 바람직한 이미지로 자리매김 될 수 있다. 이전 시대에서 노인은 '어른', '어르신' 등의 호칭으로 불렸다. 이는 노인이 존경받고 우대받아야 하는 존재임을 의미하는 사회적 존칭어였다. 특히 일차산업 중심의 농경사회에서, 노인은 오랜 기간의 삶을 통해 축적된 지혜와 혜안을 가진 역사의 전달자이자 문화적 전수자로서의 중요한 사회문화적 역할을 담당했다. '어른'이라는 호칭 속에는 이러한 노인만이 할 수 있는 사회적 역할과 노인의 사회적 존재 가치를 상징하는 의미가 함께 담겨 있었다.

산업사회가 심화되기 이전에, 젊은 세대에게 있어 노인은 으레 '옛날 이야기를 해 주는 사람'이었다. 노인은 '이야기'를 통해 차세대 아이들에게 역사와 문화를 전수하고 새로운 인생을 꿈꾸게 하는 동화 구연자이자 인생의 안내자였다. 젊은 세대들에게 노인은 여러 가지 희, 노, 애, 락의 체험과 사회적 경험을 들려줄 수 있는 인생의 선배로서 공경의 대상이었다. 노인은 가정의 대소사를 관장하는 명령권자이자 사회에서 중대한 일이 있을 때조차 경륜을 발휘하여 문제를 해결할 수 있다고 기대되는 사회적 지도자이기도 했다. 전통사회에서 노인은 연륜 그 자체만으로도 존경을 받았던 것이다.

현대에 들어, 특히 산업화와 도시화가 본격화된 1980년대 이후부터, 우리 사회의 노인은 사회로부터 퇴각하기 시작했다. 언제부턴가 노인이라는 용어는 '은퇴, 정년퇴직 등을 기점으로 사회생활을 접은 사람'을 지칭하는 의미로 전화되기에 이른 것이다. 산업사회에서 생겨난 정년 제도는 연령이나 건강 상태에 관계없이 퇴직 여부가 한 개인을 노인으로 규정하는 기준으로 작용한다. 흔히 일상에서 속어처럼 사용하는 '그 사람 이제 노인 다 됐다'는 말은 존경이나 공경과는 거리가 먼 의미를 띠게 되었다. 즉 '노인'이란 사회적인 효용성을 상실한 무가치한 사람과 같은 의미를 가지게 된 것이다. 소득과 직업의 상실, 건강의 상실, 기억력과 지력의 상실, 사별로 인한 가족과 친구의 상실, 감각적 능력의 상실 등은 오늘날 대표적인 노인의 특성으로 간주되고 있다.

상실이 노인의 대표적인 특성으로 인식됨으로써 노년은 긍정적이기보다는 거부해야 할 부정적인 의미를 가진다. 인생을 설계할 때, 노년의 삶은 꿈 꿀 수 있는 인생의 대상에서 제외되고 있다. 노년은 막아야 하고 걱정해야 할 불운이며 예측 가능한 재앙으로 인식되고 있다. 노년에 대해 다분히 부정적인 의미로 남발되고 있는 '고령화 쇼크'니 '노화 방지', '주름살 예방', '노후 대책' 등의 용어가 이를 증명한다. 지금 이 시대에 노년 고유의 삶의 가치나 의미를 꿈꾸어 볼 수 있는 여지는 증발되어 버렸다. 물론 70대에 연애소설을 펴낸 소설가 박완서나 95세의 수필가 피천득의 노년은 세인의 관심과 존경의 대상이지만, 희소한 사례 정도로 인식되고 있어 노년 문화로 일반화시키기 어렵다.

미국의 경제학자 월트 로스토우(Walt Rostow)는 '노년의 문제가 21세기의 가장 심각한 골치덩이가 될 수 있다'고 경고하고 있다. 오늘날 인류는 건강하게 한 살이라도 더 살고 싶은 꿈을 실현해냈다. 21세기에 들어서, 무병장수하려는 인류의 노력은 인간 게놈 지도의 완성으로 세상을 놀라게 하더니, 급기야 현대 의학의 혁명이라 일컬어지는 줄기세포 연구로 '무한 생명 연장의 토양 마련'이라는 결실을 맺기에 이르렀다. 그 옛날 진시황이 평생 동안 찾아 헤매던 불노초가 의학이라는 이름으로 나타난 것이다.

인류 최대의 축복으로 여겨졌던 수명 연장은 해가 갈수록 부쩍 늘어가고 있다. 실제로 1930년대의 평균 수명은 31세였으나 2002년에는 77세가 되었다. 다가오는 2010년에 예측되는 평균 수명은 81세 혹은 100세를 훨씬 뛰어 넘는 150세까지도 전망하고 있다. 이와 같이 수명연장에 따른 노인 인구의 수는 기하급수적으로 늘어가고 있는 추세이다.

특히 우리나라는 유엔(UN, 2000)이 정한 고령화 사회로의 진입속도가 세계 1위를 차지하고 있는 실정이다. 2001년 통계청 장래인구추계에 따르면 65세 이상의 노인이 전체 인구의 7% 이상을 차지하고 있는 '고령화 사회(aging society)'로 접어든 우리나라가 65세 이상 인구 비중이 14%가 되는 '고령 사회(aged society)'가 되기까지는 19년밖에 걸리지 않는다는 것이다. 우리나라는 2005년 현재, 노인 인구가 9%에 다다라 고령화 사회로 이미 접어들었고, 2022년에는 14.3%가 넘는 고령 사회가 된다.

이런 현상은 선진국에 비해 수배 내지 수십 배 빠른 것이다. 고령화 사회에서 고령 사회로 진입하는데 스웨덴이 85년, 미국이 70년, 가장 빨리 진행되었다는 일본도 25년이 걸렸는데, 그에 비해 우리나라는 수 년 또는 수십 년 정도가 앞당겨질 것으로 예상되는 것이다. 우리나라의 초고속 압축경제와 더불어 고령사회로의 진입도 광속(光速)의 압축화 현상을 보이는데, 그에 따른 사회적 대책의 속도는 이를 따라가지 못하고 있는 실정이라는 것이 일반적인 논의로 언급된 지 오래다. 이제 빠른 속도로 늙어가는 한국은 고령 사회 맞이를 위해 신속하면서도 적극적인 관심을 기울이지 않을 수 없게 되었다. 더구나 갑작스런 노인 인구 증가와 함께 급격한 신생아 출산율 하락은 필연적으로 생산 인구의 감소와 함께 경제활동의 위축으로 이어져 경제를 망치는 악순환의 고리가 되고 있다.

이제 우리 사회는 갑작스럽게 들이닥친 노인 인구의 급격한 증가와 점차 장기화되어 가는 노년에 대해 고민해야만 한다. 미래의 바람직한 노년을 위해서는 노년에 추구할 수 있는 삶의 의미를 제시하고 그 실현에 필요한 사회적 여건을 조성하려는 인문학적 관심이 선행되어야 한다. 가정과 사회, 양쪽 모두로부터 인간다운 존중을 받는 노년은, 새로운 인생을 꿈꿀 수 있는 노년 문화의 청사진이 제공되어야만 가능하다.

소설 독서가 노년 문화의 하나로 자리 잡을 수 있다면 그것은 기존의 부정적인 노인 이미지와 차별적인 노인 담론에 맞서 대항 담론을 구축해 낼 수 있는 기반이 된다. 인구의 고령화가 급속하게 진행되고 있는 현 상황에서 노년문화는 사회적 차원의 원조와 개입을 통해 시급히 재조정되어야 할 필요가 있다.

— 장미영, 『실버를 골드로』 중에서

Q1. 글의 내용을 지도방식의 고공표로 그려 보세요.

 1분당 읽은 글자 수를 측정해 보자.

본문 글자 수	6,522	자
읽은 시간	분	초
1분당 읽은 글자 수		자
요약 정리 시간	분	초

메 모

제 9 장

개념심화학습법

1. 정보의 구체화와 개념심화학습법

좋은 글을 읽고 감명을 받아 자신의 삶을 돌아보고 새롭게 살아갈 용기를 얻었다고 해서 이것을 실천할 수 있는 힘이 바로 생기는 것은 아니다. 어떤 일을 할 수 있는 힘은 구체적인 행동 계획에 의해서 생기는 것이다. 여기서 구체적이라는 말은 손에 잡힐 것 같이 실제적인 것을 의미한다.

예들 들어 효성이 지극한 학생의 수기를 읽고 큰 감명을 받은 학생이 '이제부터 나도 효도를 해야지.'라고 했다고 해서 효자가 되는 것은 아니다. '어떻게 효자가 될 수 있지?'라는 문제를 깊이 생각하면서, 부모님을 위해서 아무리 사소한 일일지라도 구체적으로 실천하는 것이 중요하다. 따라서 '효도해야지.'라고 추상적으로 생각하기보다는 '밥을 먹고 밥그릇을 싱크대에 가져다 놓겠다.' 또는 '내 양말은 내가 빨아야겠다.'라는 구체적인 행동 지침에 따라 매일매일 이 일을 실천하는 것이 효자가 되는 지름길이다.

즉, 추상적인 생각을 구체적으로 삶에서 어떻게 실천할 것인지 그 방안을 마련하는 것이 자신을 변화시키는 힘을 발휘하는 원천이다. 이것은 학문을 하는 데도 동일하게 적용된다. 많은 지식을 가졌고 날카로운 비판 의식과 자기 나름의 생각을 가지고 있었지만 탁상공론밖에 할 수 없었던 일제의 지식인을 떠올린다면 쉽게 공감할 것이다.

정보를 구체화한다는 것은 정보를 이루고 있는 추상적인 개념들을 구체적인 개념으로 바꾸는 작업을 의미한다. 따라서 개념에 대한 올바른 이해가 선행되어야 한다. 왜냐 하면 개념 정립이 잘못되면 아무리 구체화 작업을 열심히 했다고 하더라도 잘못된 결과가 벌어지기 때문이다.

추상적인 개념을 구체적인 개념으로 이해하기 위해서는 먼저 그 개념이 무엇인지를 정확하게 알아야 한다. 왜냐하면 개념이 잘못되어 있으면 아무리 열심히 구체화한다고 해도 잘못된 결과가 나오기 때문이다. 앞에서 지적한 바와 같이 효자가 되고 싶어 하는 사람이 '효'에 대한 정확한 개념을 모른다고 한다면 어떻게 '효자'가 될 수 있겠는가. 결국 '효'를 실천하기 위해서는 '효'에 대한 정확한 개념을 알고 있어야 한다.

개념을 구체화한다는 것은 용어 하나 하나, 사건 하나 하나의 의미와 배경을 이해하는 것이고, 이것은 개념심화학습을 통해서 가능하다.

2. 정보 구체화의 방법

추상적인 개념을 구체화하는 '개념심화학습법'은 네모치기, 상상하기, 사전 및 자료 찾기, 적용하기의 4단계로 나눌 수 있다.

(1) 네모치기

글을 읽어 나가다가 뜻을 정확하게 모르거나 대략적인 뜻만 알고 있는 단어가 나오면

네모를 친다. 특히 전공 영역에서 나오는 전문 용어의 경우에는 되도록이면 개념 심화 대
상 용어로 선택하는 것이 좋다.

(2) 상상하기

네모 친 단어의 의미가 무엇인지를 기존의 지식과 앞뒤 문맥으로 추정해 본다. 비록
정확하지는 않을지라도 대략적인 의미는 파악할 수 있을 것이다.

(3) 사전 찾기

이렇게 대략적인 개념이 파악된 단어는 사전이나 관련 자료를 통해 객관적이면서도
정확한 뜻을 알아보아야 한다. 특히 한자어인 경우에는 한자와 함께 공부하는 것이 개념
을 파악하는 데 유리하다.

사전은 백과사전부터 일반사전, 전문용어사전, 동의어 사전, 유의어 사전, 반의어 사전
그리고 역순사전, 빈도수 사전 등 다양하게 출판되고 있다. 이 사전들을 잘 사용하는 것
이 개념 파악에 중요한 역할을 한다. 특히 전공 영역에서는 해당 전공 영역의 전문용어
사전을 반드시 참조해서 공부하는 습관을 들여야 한다. 일반적인 의미를 가지고 있는 용
어가 전공 영역에서는 특별한 의미를 가지고 쓰이는 경우가 많기 때문이다.

(4) 적용하기

이런 단계를 거치면서 새롭게 이해된 개념들이 실제로 어떻게 구체적으로 적용될 수
있는가를 깊이 생각해보는 단계가 필요하다. 단순히 단어의 기본적인 의미를 몰라서 사전
을 찾아 확인한 경우에는 해당 단어를 이용하여 짧은 글을 지어보는 것이 좋다.

전문 용어일 경우에는 그 전문어와 관련된 다른 내용들도 폭넓게 공부하여야 한다.
해당 용어가 어떤 배경 속에서 나타나게 되었는지, 철학적·사회학적으로 어떤 의미를
갖게 되었는지, 이 용어와 관련된 다른 전문 용어들은 무엇이고, 그들은 어떤 관련성을

갖고 있는지 등 단순한 개념 파악을 넘어서서 용어와 관련된 다양한 상황들을 파악해야 한다. 그리고 리포트를 쓴다든가 논문을 작성하면서 습득한 용어를 정확하게 기술할 수 있어야 한다.

단어는 개념, 즉 의미를 표현하는 기본 단위라고 할 수 있다. 따라서 단어의 정확한 의미를 모른다면 문장이나 글 전체의 의미를 정확하게 파악할 수가 없다. 글을 읽으면서 이렇게 개념심화학습을 하면 자신도 모르게 명확한 개념을 파악할 수 있는 능력이 길러질 것이다.

 같이 하기 : **다음 글을 읽고 정보의 구체화 과정을 훈련해 봅시다.**

사람의 열등의식에 관하여 연구한 어들러(Alfred Adler)는 우월감도 열등감의 한 변형이라고 보았다. 남보다 잘난 체, 남보다 능력이 있는 체, 남보다 권력이 있는 체, 남보다 재력이 있는 체 하는 사람들은 내적으로는 자신의 무력감을 무마하는 한편 남에게는 자신의 허점이 드러날까 두려워 스스로의 약점을 가리고, 남이 섣불리 자신의 비밀 가까이 접근해 오는 것을 막기 위해 그와 같은 허세를 부리고 있는 것이다.

공자도 덕을 닦는 사람일수록 허식이 없고, 말도 더듬거리고 질박하다고 하였다.

옛날 중국에 기성자(紀省子)라는 사람이 주(周)나라 선왕(宣王)의 명을 받아 투계(鬪鷄)에 내보낼 닭을 맡아 기르고 있었다. 훈련한 지 열흘쯤 지났을 때 왕이 기성자에게 물었다.

"열흘간 훈련을 시켰으니 이제 닭싸움을 시켜도 자신이 있겠지?"

왕의 물음에 기성자는 고개를 가로 저으며 말했다.

"아직 안됩니다. 충분한 훈련을 받지 않은 주제에 마음이 한껏 교만해져서 자기 기운을 대단한 것으로 믿고 있어, 아마 싸우면 지고 말 것입니다. 조금만 더 기다려 주십시오."

다시 열흘이 지나서 왕이 물으니 기성자는,

"아직 안되겠습니다. 저번과는 달리 싸움에 교만한 태도는 없습니다마는 밖에서 들리는 소리나 보이는 물건에 정신이 팔려 그 쪽에 신경을 쓰는 까닭으로 아직 충분하지 못합니다."

하고 좀 더 여유를 달라고 하였다.

다시 열흘이 지나서 물으니,

"이제 외물에 마음 쓰는 일은 없습니다마는 아직도 스스로 강하다고 믿는 마음을 버리지 못하고, 앞을 노리고 싸울 기세를 갖추고 있어 안 되겠습니다. 조금만 더 기다려 주십시오." 하였다.

다시 열흘이 지나서 왕은 물었다. 기성자는 그제서야 회심의 미소를 띄우며 대답하였다.

"이제 되었나봅니다. 곁에서 다른 닭이 울어도 동요하는 빛이 전혀 없고, 마음이 안정되어 있습니다. 멀리서 보면 흡사 나무로 깎은 닭처럼 생기가 없어 보입니다. 이긴다든가 싸운다든가 하는 따위 생각이 전혀 없고, 마치 덕을 갖춘 사람 모양 안정된 자세가 보입니다. 이쯤 되고 보면 어떤 닭도 상대가 되지 않을 것입니다. 상대편이 먼저 두려워하여 도망하고 말 것입니다. 이제 완전한 투계가 되었습니다."

사람이 세상을 살아가는 데도 이치는 매 한가지다. 내 쪽에서 싸우려고 벼르고, 이기려고 안간힘을 쓰고 있는 동안은 아직 진짜가 못된다. 이기려고 하거나 다투려고 하는 마음이 없어지면 사람들이 두려워하고 꺼리는 바 된다. 참다운 강자는 바로 이런 사람이다.

— 황패강, 『두 귀를 씻고 듣는 이야기』 중에서

① 네모치기 :
공자도 덕을 닦는 사람일수록 허식이 없고, 말도 더듬거리고 질박하다고 하였다.

② 상상하기 :
'질박하다'는 꾸밈이 없고 순수하다는 의미일 것 같다. 문맥의 흐름을 보면 어떤 일에 대해서 허세를 부리거나 교만한 마음이 생기는 것을 경계하고 있는데, 공자가 덕이 있는 사람을 이렇게 정의했다는 것은 '질박하다'는 것이 교만이나 허세를 떠는 모습과는 반대의 뜻을 갖고 있을 것 같다.

③ 사전 찾기 :
질박하다 : 꾸민 것이 없이 수수하다.

④ 적용하기 :

<문장 쓰기>

뚝배기에는 세련되지는 않지만 질박한 아름다움이 있다.

<글쓰기>

우리는 살아가면서 남들보다 더 많이 가졌거나 더 높은 자리에 있으면 그것을 남에게 드러내고 싶어할 때가 많다. 그리고 상대방이 그것을 알아주지 않을 때는 애써 그것을 드러내려 한다. 지난날을 생각해 보니 내게도 그런 경우가 있었다. 나보다 공부를 못하는 친구가 무엇을 물어왔을 때는 그것도 모르냐는 식으로 무시하면서 가르쳐 주었다. 또한 선생님께서 무슨 질문을 할 때 내가 경쟁 상대라고 생각하는 친구가 손을 들거나 대답을 하면 친구가 한 대답을 무시하거나 비웃었다. 나는 이미 다 알고 있었다는 듯이. 그러나 정작 내면에는 그에게 늘 지고 있다는 생각이 들었다. 그것은 그 친구의 태도가 늘 여유 있고 부드러웠기 때문이었다.

이제야 그 이유를 알 것 같다. 드러내려 하고, 이기려고 하고, 남들보다 잘 나 보이려고 했던 것들이 사실은 내가 아직 참다운 강자가 되지 못하였기 때문이라는 것을. 그런 것들이 부족한 나를 꾸미는 허식에 불과했다는 것을. 이제는 질박한 모습으로 내 내면을 강하게 키워나가야겠다.

다음 글을 사선(/)을 치면서 읽고, 모르는 낱말이 나오면 네모(□)를 치고, 중심 문장인지 보조 문장인지를 판단하여 중심 문장이라고 생각되는 곳에 밑줄을 치면서 읽어보자.

능청과 색정

영화 <음란서생>은 고금을 막론하고 유구한 역사를 자랑하는 남성들의 색정적 상상력이다. 이 영화는 '음란'을 직접적으로 언급하는 만큼, 다분히 음란한 장면을 기대하게 하는 노골적인 제목과는 달리 남녀의 난잡한 교접 광경을 접할 수 없는 신묘불측한 걸작이다. 주인공인 조선 최고의 명문장가 윤서(한석규 분)는 한 치의 흐트러짐도 없이 명문 사대부 집안의 양반다운 점잖음과 체통을 온존시키면서도 '음부', '음경', '교성', '성교 체위' 등의 성적인 대사를 거침없이 내뱉을 정도로 천연덕스럽다. 그래서 음란은 영상을 넘어 관객의 상상을 통해, 극중 인물들의 화통한 대사와 관객의 은밀한 욕망이 교차되는 결절점에 이르러 더욱 엉큼하고도 강렬하게 증폭되면서 절묘하게 분출된다.

영화의 대사에서처럼 '꿈꾸는 것 같은 것! 꿈에서 본 것 같은 것! 꿈에서라도 맛보고 싶은 것!'을 감행하기 위해 남성들은 능청을 떤다. 마음은 엉뚱한데 겉으로 의연하게 태연자약할 수 있는 남성들의 여유는 서로간의 내밀한 마음이 공유되는 믿음직한 공모와 난공불락의 연대를 예측할 수 있는 절대적인 공범의식에서 비롯되고 있다. 가문의 숙적인 윤서와 광헌(이범수 분)이 음란 소설가와 음란 삽화가로 서(書)와 화(畵)의 예술적 결합에 의기투합 할 수 있었던 것도 바로 그것이다. 영화의 표층에 드러나는 문관과 무관의 이질감, 양반과 상놈간의 현격한 라이프스타일의 차이에도 불구하고 남성들은 너나 할 것 없이 동일한 강도의 색정 욕구로 인해 동종의 친족성을 보인다. 남성은 사회적으로 그 인격의 표상이 각각 서로 다를 수 있을지라도 '욕정'이라는 틀과 통속 문화에서만큼은 철저히 동형동종(同形同種)으로 분류가 가능한 한 무리이다.

능청과 음란의 이종교배가 손쉬운 남성들 간의 친연성은 그 역사가 유구하기 때문에 그리 낯선 것만은 아니다. 그러나 그러한 남성의 깊은 속내를 제대로 들여다보지 못하는 여성들의 순진한 색정은 번번이 농락당하는 수모를 피해가지 못한다. 남성을 유혹하여 파멸시키는 팜므파탈로 낙인 찍혔던 소수의 용감한 여성들은 능청을 떨 줄 몰랐다. 그래서 그들은 사회적 법도와 도리에 어긋나는, 있는 그대로의 색정을 여과 없이 발산하고야 만다. 그러한 순진함으로 인해 발칙하게도 혁명적인 몇 안 되는 여성들마저 승리의 주인공이 되는 대신 수난과 희생의 주체로 전락하고 만다.

왕의 총애를 받으면서도 사대부가의 또 다른 남자를 탐내는 위험한 여인 정빈(김민정 분)은 고혹적이면서 강렬하게 뿜어져 나오는 색정적 카리스마를 지니고 있음에도 불구하고 영화 속 홍일점의 주가를 살리지 못하고 만다. "이 책 때문에 절 이용하신 겁니까?"라며 절망하듯 무너지는 정빈 정도의 색기 가지고는 "머리로 하는 것도 사랑이고 아래에서 하는 것도 사랑이질 않나!" 라고 생각하는 윤서의 능청스런 색정을 당해낼 수 없었던 것이다. '사랑했던 것만큼은 진실'이라는 구차한 한 마디를 애절하게 구걸하는 정빈은 '그녀에 대한 욕망이 성욕인지, 사랑인지, 아니면 소설을 쓰려는 욕망인지 나도 나를 잘 모른다'는 윤서의 자기 생에 대한 이기적인 충실함을 정확하게 간파하지 못한다.

윤서는 나다니엘 호손의 <주홍글씨>처럼 이마에 '음란'이 새겨진 얼굴로 평생을 보내야하면서도 끝까지 당당하다.

"또 모르지, 몇 백 년 후엔 우리 같은 사람들이 더 많아질지도!"

이러한 윤서의 당당함은 작가로서의 또 다른 자아를 발견한 희열과 그것을 발전시켜 가고자 하는 생에 대한 강렬한 열망으로부터 비롯되고 있다. '사랑밖엔 난 몰라'를 외치며 자신의 소중한 인생과 목숨을 거는 정빈 같은 여성들은 페미니즘의 저항적인 목소리가 드높아지고 있는 오늘날에도, 지극히 이성적인 냉철함으로 자기의 생을 더 사랑하는 남성 앞에서 무릎을 꿇을 수밖에 없지 않은가. 남성들이 작가, 삽화가, 서적 배급자, 필사장이, 모사장이로 불릴 수 있는데 반해 정빈은 '색녀'라는 꼬리표 외에 또 다른 어떤 이름을 붙일 수 있는가.

— 장미영, "능청과 색정: 이종동형(異種同形)의 음란 시나리오" 중에서

1 몇 문단입니까?

2 각 문단의 요지를 적어 보세요.

3 중심 생각(주제)을 적어 보세요.

4 제목을 붙여 보세요.

Q5. 모르는 단어는 본문의 내용 속에서 상상해 보고, 사전을 찾아 그 의미를 파악해 보세요.

모르는 단어	상상한 내용	사전의 뜻

 1분당 읽은 글자 수를 측정해 보자.

본문 글자 수	1,917	자
읽은 시간	분	초
1분당 읽은 글자 수		자
요약 정리 시간	분	초

다음 글을 사선(/)을 치면서 읽고, 모르는 낱말이 나오면 네모(□)를 치고, 중심 문장인지 보조 문장인지를 판단하여 중심 문장이라고 생각되는 곳에 밑줄을 치면서 읽어보자.

아내가 결혼했다

박현욱의 소설, <아내가 결혼했다>는 아내의 이중결혼과정을 흥미진진한 축구의 미학에 빗대어 이야기하며 사랑과 인생을 자연스럽게 연결시킴으로써 일부일처제, 기존의 가족제도에 대한 '도발'을 부추기고 있다.

유사 이래 대부분 인간 사회가 구축한 일부일처제의 역사적 기원에 대해서는 여러 이론들이 있다. <가족, 사유재산, 국가의 기원>의 저자, 엥겔스는 사유재산과 일부일처제의 연관성에 주목, 남성이 여성의 성을 통제하면서 상속자를 보호하고 재산상 이익을 확보하기 위해 일부일처제가 필요했다고 했고, 베블런은 <유한계급론>에서 "적에게서 전리품으로 여성을 약탈하는 행위가 소유권 혼인 형태를 낳았다"고 주장했다. 그렇지만, 일부일처제가 인간의 역사를 포함한 모든 생물의 역사에서 지배적인 짝짓기 방식이었던 적은 한 번도 없었고, 전 세계의 각기 다른 인간 사회 238곳 가운데 일부일처제를 유일한 결혼제도로 강요하는 사회는 43곳에 불과하다.

소설가 김원우 씨는 <모노가미의 새 얼굴>에서 한국의 일부일처제를 '해로 타입'(죽을 때까지 같이 사는 부부), '파탄 타입'(이혼하는 부부), '중혼 타입'(겉으로는 결혼생활을 유지하면서도 밖에서 연인을 찾는 부부) 등으로 분류함으로써 이미 그 분열상을 보여주고 있다. <일부일처제의 신화>(데이비드 P. 버래쉬, 주디스 이브 립턴)에 따르면, 특히 인간과 가장 비슷한 영장류의 경우, 일부일처제를 따른다고 알려져 있었지만 '유전자 지문분석'과 같은 최첨단의 연구방식으로 재검증한 결과 이들 종들의 대부분은 혼외 성관계를 통해 2세를 만들고 있다는 사실이 밝혀졌다. 소위 '겉치레형 일부일처형'라고 불리는 생물학적 종들은 그 생물학적 토대가 놀라울 만큼 취약하다는 점에서, 인간사회와 견주어볼 때 상당히 시사적이다.

그렇다면 일부일처제를 벗어난 대안적 결혼제도, 다양한 짝짓기 방식은 행복을 안겨줄 것인가? 더욱이 현대 한국사회에서 말이다. <아내가 결혼했다>는 이전에 김형경이 <성애>에서 다룬 다부일처의 이야기와 맥락을 같이 하지만, <성애>가 보여주는 극단성과는 달리 세련된 유머와 코믹스러운 장면들이 지면을 채우고 있다. 아내가 원하는 이중결혼은 남편이 허락해주면 되는 것으로, 남편이 정 허락해주지 않으면 이혼한 뒤에 다른 남자와 살면 그만인 것이다. 아내로서는 아쉬울 게 없는 유연성을 지닌다. 반면 남편은 기막힌 상황이지만 그녀를 사랑하기 때문에 아내의 이중결혼을 허락할 수밖에 없다.

일부일처제 사회에서, 배우자 혹은 스테디(Steady)한 연인 외에 다른 이성을 받아들이는 것은 곧 도덕성에 큰 결함이 있는 것으로 취급되지만 소설에서는 당사자들이 좋다면, 다른 이들의 시선은 상관없이 그 윤리적인 잣대를 자신들의 기준으로 옮길 수 있는 것이 된다. 이로서 윤리적인 측면이 풀린다. 여기서 이 여성이 비윤리적이라면 '윤리가 발생하지 않는다'는 의미에 가깝다. 왜냐하면 윤리란 타자의 외부성을 용인할 때 발생하는데, 남성중심 사회에서 여성은 윤리와 교통의 대상으로서 타자가 아니고 희생양으로서 이상화되었거나 배제된 이방인이기 때문이다.

<아내가 결혼했다>에서는 많은 형식의 결혼 제도가 논의된다. '폴리아모리(polyamory)', '모노가미(monogamy·일부일처제)', '폴리가미(polygamy·복혼)', '폴리기니(일부다처제)', '폴리안드리(일처다부제)'가 그것으로, 모노가미, 폴리가미가 독점적 인간관계를 기본으로 하는데 반해 폴리아모리는 '비독점적 다자연애' 라는 다소 학술적인 개념으로 정리된다.

20세기 말 급속도로 보편화하고 있는 동성애, 공동체문화, 혼외 성관계는 일부일처제 및 그 가족의 질적 변화 가능성을 예고한다. 근대 사회 이후, '가족은 작은 민족이고 국

가이며 '우리' 안에 우리를 가두는 법을 가르치는 곳이자, 여성성과 모성을 학습시키는 장소였다. 성도 젠더도 남성인 일부(一夫)와 성도 젠더도 여성인 일처(一妻)가 훈육과 도덕으로 계급과 주체를 재생산하는 이데올로기적 국가기구가 가족이었다. 그러기에 남성사회는 '일처다부'를 비정상성이라는 규정 아래 자신들의 '일부다처'의 정당성을 재생산하기도 했다.

그러나 요즈음 문학에 몰아친 '반 가족주의', '대안가족'의 열풍은 영화, 드라마를 거쳐 '브레드 피트'와 '졸리'의 '무혼동거'와 '무혼모와 다국적 입양아'의 현실처럼 실생활에 등장하고 있다. 이렇게 구성된 가족은 혈연이나 성차가 가족구성의 결정적인 요소로 작용하지 않는다. 거기에는 남성적이거나 여성적인 섹슈얼리티가 없이 개별자들의 다양한 성적 정체성이 존재하고 국적, 나이, 장애가 가족으로서 연대감을 조성하는데 하등의 고려사항이 되지 않는다.

<아내가 결혼했다>는 지속되기 가장 어려운 혼인제도라는 일부일처제를 깨뜨리는 대안적 결혼관계를 예고하고 있지만, 이와 같은 급격한 변화가 이른 시일 안에 이뤄질 것이라고 믿는 이들은 별로 없는 것 같다. 더구나 이 여성 주인공의 경우 일처다부라는 미명 아래 명절이면 두 남자의 집에 각각 며느리 노릇, 이중의 가사노동을 흐트러짐 없이 해내고, 주말이면 경주와 서울 사이를 오가며 두 남자의 성욕을 환상적으로 채워주는 건강체로서, 프리랜서라는 직업을 잘 활용하는 신화적 여자이다. 아직도 모든 것을 여성에게 들이대는 '수퍼우먼 이데올로기'가 밑받침되어있는 착잡한 이야기다. 그러나 고정관념과 상식에 얽매이지 않는 자유로움, 비독점적 다자연애를 하는 여자, 그 상상만으로도 이 소설은 월드컵 결승전을 관전하듯 유쾌한 긴장감을 준다.

— 김미정, "아내가 결혼했다: 의사(pseudo-family)가족 도래의 예고" 중에서

1 몇 문단입니까?

Q2. 각 문단의 요지를 적어 보세요.

Q3. 중심 생각(주제)을 적어 보세요.

Q4. 제목을 붙여 보세요.

Q5. 모르는 단어는 본문의 내용 속에서 상상해 보고, 사전을 찾아 그 의미를 파악해
보세요.

모르는 단어	상상한 내용	사전의 뜻

 1분당 읽은 글자 수를 측정해 보자.

본문 글자 수	2,661	자
읽은 시간	분	초
1분당 읽은 글자 수		자
요약 정리 시간	분	초

다음 글을 사선(/)을 치면서 읽고, 모르는 낱말이 나오면 네모(□)를 치고, 중심 문장인지 보조 문장인지를 판단하여 중심 문장이라고 생각되는 곳에 밑줄을 치면서 읽어보자.

바로크 미학과 연극의 공모

유럽에서의 17세기는 르네상스에 의해서 개발된 근대정신이 구체적으로 실현되는 시기이며, 나아가 근대의 승리를 고하는 프랑스 대혁명과 영국의 산업혁명을 인도하는 시대이기도 하다. 또한 당시 유럽은 우리가 간과해서는 안 될 그 이상의 중요한 변화가 이루어지는 무대였다. 즉 정치, 경제, 사회, 종교 등 인간의 모든 생활원리를 관장했던 측면에서 볼 때, 16세기 말부터 17세기 초반에 융성했던 바로크 시대는 당시의 지적·사회적 혼란을 대변하는 시대였던 것이다.

근대 시민 사회의 태동과 자본주의적 질서의 도래, 세계관의 변화, 종교적 분열 등은 기독교 문화의 근간을 뒤흔들어 세속화를 가속시켰으며, 서구인들의 정신적 위기를 초래하였다. 특히, 종교분쟁은 유일신의 사상에 근저를 두고 보편적인 교회를 이루고 있었던 기독교가 신교와 구교로 분리되면서, 통일과 조화를 이상으로 삼는 단일성의 구조를 깨뜨린 사건이었다. 정신적으로나 일상생활에서 확고하게 의지하고 있었던 기존질서가 불확실한 것으로 드러남에 따라 사람들은 실체에 대한 의문과 불안감에 사로잡히게 되었다. 이러한 상황 속에서 겉과 속이 다른 이중적인 존재들이 속속 등장했다. 사람들은 하나로 생각해 왔던 자아가 겉모습과 참존재로 분열되는 비극을 경험하게 된 것이다.

이러한 자아의 분열을 자연스러운 것이라고 설명했던 몽테뉴는 <수상록> 제 2권에서 시간과 더불어 우리의 실체가 해체되고 상실되어 간다고 말했다. 그는 인간의 근본적인 특징은 영속적인 본질을 갖지 못하는 데 있다고 보았으며, '내가 나를 찾는 곳에서는 나를 발견할 수 없다'라고 괴로움을 토로한 바 있다. 이러한 참존재와 겉모습의 구별, 그리고 참존재로 도달하기의 어려움은 바로크 시대의 인간을 변형과 환상의 세계 속에 살게 한다. 16세기 말에 가면무도회와 변장한 인물, 이중적 인물들로 이루어진 연극이 활발하게 공연된 이유 또한 이러한 분산과 변형, 그리고 환상에 바탕을 둔 시대정신에서 비롯된 것이라고 할 수 있다.

프랑스의 바로크 연구의 대가인 장 루세는 바로크 예술을 시르세(Circé 변신)와 팡(Paon 전시 욕망)이라는 두 가지 상징으로 규정한다. 이들은 다양하고 변화무쌍한 겉모습으로부터 변함없는 모델로, 끊임없는 변신으로부터 진정한 존재로의 상승을 시도한다. 이러한 겉모습과 자아의 분리, 그리고 그 존재에 도달하기 위한 욕망과 고통이 바로 바로크 시대의 모습이다. 바로크 미학의 특징을 이루는 화려한 외관들은 인간으로 하여금 무대 위에서 개개인의 정신적 불안과 고뇌, 그리고 욕망들을 마음껏 펼칠 수 있는 연극의 시대를 잉태시켰던 것이다.

그러므로 '바로크가 승리를 거두는 것은 바로 연극에서이다' 라는 단언이 가능한데, 그 이유는 연극이라는 예술장르가 바로크 시대의 세계관의 비유 그대로 배우들이 가진 본래의 참모습, 다시 말해 자신들의 실체를 감춘 채 주어진 배역인 외관, 즉 등장인물로서 표현되기 때문이다. 지적, 사회적, 종교적인 혼란을 겪던 당시의 프랑스인들은 이러한 바로크적 상상력의 도움으로 불안하고 만족스럽지 못한 현실에 대한 보상을 찾고자 하였던 것이다. 그 결과 바로크 시대에 연극은 현실을 극화하고 극을 현실화시키는 일종의 마법이었다. 극장 안에서 관객들은 주인공과 자신을 일치시키고, 무대에서 펼쳐지는 환상의 세계에 들어감으로써 자기를 둘러싼 불안정한 현실로부터 벗어나고자 하였다.

바로크 미학은 외관의 호사스러움을 한껏 과시하지만, 그 외관은 현실적으로 보여지는 외관을 그럴듯하게 모방하는 것이 아니라 현실에 의해 숨겨져 있던 실체를 드러내 보이는 것이다.

건축 예술에 있어서 바로크는 다양한 형태들, 풍부한 장식, 기하학적 도면의 움직임으로 암시하는 것 등으로 나타난다.

바로크 시대의 회화는 르네상스 예술의 날카로운 외형 대신에 윤곽을 의식적으로 애매하고 불명확한 것으로 처리했다. 회화의 내용도 거대한 것, 격렬한 것, 정열적인 것, 공포심 등 근원적인 것에 집중하게 되었다. 이것은 16세기말 화려한 가면무도회와 변장인물, 극중극이 성행하는 요인으로 작용한다. 가면을 쓰고 주어진 인물의 역할을 하면서 자신도 모르는 사이에 그 속에 빠져 들게 되고, 자신의 본 모습을 상실하고 가면속의 인물로 되어 버리는 것이다. 현실은 연극의 무대장치처럼 일시적이며 불안정하다. 인간 역시 불균형 속에 존재하면서 결코 자기 자신의 실제 모습과 또 그렇게 보이는 것과 똑같이 존재할 수 없다고 믿게 되고, 어디까지가 가면이고 어디가 진짜얼굴인지 전혀 알 수 없는 정교한 가면으로 자신의 얼굴을 감추고 있는 것이다. 따라서 모든 존재들이 자신의 정체성을 상실하게 된다. 이 시대에 유행하던 가면무도회와 연극은 바로 이런 현실과 인간들의 갈등을 잘 보여주는 것이다.

예술작품들과 인간과의 관계는 17세기뿐만 아니라 다른 모든 시대에도 있어 왔으며, 그 저변에는 당시의 사회상과 다른 예술들에서 표시된 경향, 관념들이 그 나름대로 반영되어 있다. 모든 예술에서 양식이 바뀌면 이상도 바뀌듯이, 형식이 변함에 따라서 그 안에 담겨져 있는 사상들도 변천하였다. 바로크의 예술은 다양한 감각적인 사물들과 관능적인 체험이 주는 다양한 즐거움들을 인정한다. 바로크 시대의 예술가들은 현실 속에서 보이는 생명의 생성과 움직임, 변화 등을 예술작품 속에 표현해 내려 하였다고 볼 수 있다.

이 위대한 시대에 비극과 희극은 다시 태어났다. 따라서 바로크는 '텍스트에서보다 무대에서 더 감지하기 쉬운 미학이며 하나의 감성'이라고 볼 수 있다. 그런 점에서 바로크 예술은 다분히 영화적이라고 할 수 있다. 작품 속에 구현된 것은 마치 우리들이 몰래 들여다보기도 하고 말을 엿듣기도 하는 것처럼 그려져 있다. 보여주기 위해 그린 것처럼 모든 것이 작품 속에 숨겨져 있고, 그것들은 단지 우연히 그렇게 보였다는 듯이 존재하고 있기 때문이다. 분명하지 않은 묘사들 역시 이러한 즉흥성에서 나온 특징이며, 장르의 혼용, 방향성의 이탈, 다양한 소재 등은 묘사가 통일되지 않게 만드는 수단이었던 것이다. 우리의 눈에 안정된 모습으로 나타나는 모습들도 시간이 흐름에 따라서 결국은 변화되어지고 사라져버려, 어느 것이 자신의 참모습인지를 분간할 수 없게 된다.

하지만 바로크는 시간의 흐름에 따라서 변화되는 자신의 모습에 때로는 절망하기도 하고, 때로는 매혹당하면서, 이런 변화하는 모습들을 영원성, 불변성, 안정성이라는 이름으로 외면하지 않으며, 변화하는 양상들에 안주하지도 않는다. 자신의 본 모습을 드러내기를 거부하면서도 화려한 외관을 드러내 보여주는 육체적이고 감각적이면서 때로는 저속하기까지 한 표현의 범람이면서 동시에 이러한 표면적인 것의 효과와 그것을 현란하게 꾸며내 보이면서 실체에 도달하는 것, 이것이야말로 바로크 미학의 본질이라 할 수 있을 것이다.

무대 위에서는 모든 것이 끊임없는 변화의 흐름 속에 이끌리고 다른 형상 앞에서 끝없이 도망치는 여러 유형들의 유희에 이끌려 해체되었다가 다시 구성된다. 이들에게 있어서 변화는 자연적인 현실의 변화가 아니라 환상의 변화이다. 그들에게 있어서 현실은 곧 환상이고 환상은 현실이 된다. 따라서 연극에서 장소, 시간, 행위의 일치는 물론 '진실다움'도 전혀 지켜지지 않는다. 바로크 예술에 있어 현실은 눈에 보이지 않는 환상의 부분적 발현일 뿐이며, 그들의 호사스러운 외관 역시 현실의 환상화의 한 방편이었던 것이다. 이러한 변화들은 '희극적 무대장치에서 뿐만 아니라 궁전이나 공원들의 모습에서도 나타나는 지배적인 현상들이며 그 핵심은 바로 바로크미학과 연극의 공모의 결과'이다.

문학에서 바로크는 <규칙에 반하는>, 혹은 <시대에 뒤진 자>들로 간주하였다. 그러나 20세기의 문학평론가들은 다양한 경향을 띠고 자유로운 문학 활동을 하였던 일군의 작가들에게서 어떤 독특한 미학적 특징을 발견하고 주목하게 되었다. 이렇게 하여 그때까지 조형예술에서만 언급되어졌던 바로크 개념이 문학으로까지 확대되게 된 것이다.

그러므로 16세기말부터 17세기 초까지의 유럽사회는 뒤보아의 지적처럼 <불의 시대 l'âge des feux>가 되어 '모든 것을 불태우고 파괴하는 듯하면서 동시에 모든 것을 넘실거리며 어루만지고, 또한 모든 것을 격랑의 불꽃에 휩싸이게 하면서 동시에 모든 것을 빛나게 하고 정화시키는, 그런 다양한 속성'의 <불>이 타오르는 시대가 되어 버린다. 그 혼돈의 한 복판에서 탄생한 바로크는 자신의 독특한 미학을 바탕으로 감정과 정신적 가치 속에서 위안을 찾고자 했던 사람들의 고통의 반영인 동시에 배출구가 되었던 것이다.

— 유지은, "바로크 연극과 거울의 유희" 중에서

Q1. 몇 문단입니까?

Q2. 각 문단의 요지를 적어 보세요.

Q3. 중심 생각(주제)을 적어 보세요.

Q4. 제목을 붙여 보세요.

Q5. 모르는 단어는 본문의 내용 속에서 상상해 보고, 사전을 찾아 그 의미를 파악해 보세요.

모르는 단어	상상한 내용	사전의 뜻

 1분당 읽은 글자 수를 측정해 보자.

본문 글자 수	4,140	자
읽은 시간	분	초
1분당 읽은 글자 수		자
요약 정리 시간	분	초

질문학습법

1. 정보 의식화의 중요성

입수된 정보를 자신의 것으로 심화하기 위해 정보의 질서화에 이어 우리가 해야 할 일은 정보를 의식화는 일이다. 정보의 의식화란 입수한 정보가 머릿속에 확실하게 인식되어서 그것과 관련된 것을 경험했을 때 언제든지 영향을 미칠 수 있게 되는 것을 말한다.

예를 들어 자연 생태계의 파괴 및 교란 원인, 이에 대한 대책 등에 대해 읽거나 들었을 때 이를 머릿속에 확실히 자리 잡게 함으로써 생태계 파괴 현장을 보았을 때 나름대로의 생각, 판단 등을 가지고 행동할 수 있도록 하자는 것이다.

이렇게 지식이 실제 삶에 영향을 미칠 때 지식은 강력한 힘을 발휘한다. 우리는 살아가면서 순간순간 많은 문제에 봉착하게 된다. 이런 문제들을 해결하는 것은 우리 안에 체화되어 있는 지혜를 통해서이다. 이런 지혜는 받아들인 정보를 자신의 것으로 의식화 했을 때 자연스럽게 발현될 수 있다. 삶에서 만나게 되는 문제들을 현명하게 잘 해결하면서 사는 사람들은 만족한 삶을 살게 되겠지만, 그렇지 못한 사람들은 불만족한 삶을 살 수밖에 없을 것이다. 결국 우리의 삶은 문제 해결의 연속이라고 할 수 있다.

문제를 해결하는 것은 지식의 양이나 지식의 질에 어느 정도 영향을 받기는 하지만, 사건과 사물에 대한 종합적인 이해를 근간으로 한 내면화된 지식만이 문제를 창조적으로 해결할 수 있게 한다. 이런 내면화된 지식은 우리의 가치관을 가치 있는 것으로 변화시킨다. 그리고 새롭게 형성된 가치관은 우리 삶 전체를 통제하는 의식이 된다. 따라서 내면화된 지식, 즉 의식화된 지식을 구축하는 것은 정보 입수의 가장 심화된 단계로, 진정한 실력을 쌓는 길이고 지혜이다.

2. 정보를 의식화 하는 질문학습법

정보를 '인식'하는 것과 '의식화'한다는 것은 의미가 다르다. '인식'은 어떤 식으로든 지식을 머릿속에 새기는 것으로 삶의 태도나 행동에 직접적인 영향을 미치지는 않는다. 그렇지만 '의식화'는 인식된 정보가 우리의 가치관으로 변화되어서 삶의 태도나 행동·생활에 직접적인 영향을 미치게 되는 것을 의미한다. 따라서 '의식화' 되었다는 것은 입수된 정보를 통해 가치관이 변화하여 삶을 변화시키는 힘을 갖게 되었다는 것을 의미한다.

가치관 또는 세계관을 변화시키는 정보의 의식화는 질문학습법을 통해 이룰 수 있는데, "객관화하기 → 주관화하기 → 질문하기" 등 세 가지 과정이 필요하다.

(1) 객관화하기(사실적 사고)

책이나 글 등이 제시하고 있는 객관적인 내용이 무엇인가를 정확하게 아는 것이다. 이것은 바로 사실을 사실로서, 객관적으로 쓸 수 있다는 것이고, 이런 힘이 학문하는 가장 기본적인 힘이다. 그러나 객관화만 잘하는 사람은 다른 사람들의 의견에 지적으로 예속되기 쉽다.

(2) 주관화하기(비판적 사고)

객관적으로 받아들인 정보를 주관화하는 것이다. 주관화라고 하는 것은 객관화를 통해 찾아낸 글쓴이의 주장에 대해 자신의 생각이나 느낌, 비평이나 비판 등을 하나하나 짚어가는 것이다. 그래야 지식의 꼭두각시와 지식의 노예에서 놓일 수 있다.

(3) 질문하기 또는 적용하기(상상적 사고, 창의적 사고)

객관화하고 주관화한 정보를 내가 체험하는 것이다. 이 체험은 상상하여 훈련한다. 즉, 이 정보를 통해서 내가 어떤 영향을 받을 수 있는지 스스로 질문한다. 이것은 정보를 내 세계관의 영역으로 끌어들이는 일이다. 그래야 비로소 내 생각을 깨울 수 있다. 이런 질문으로 결국 지금까지 내가 살면서 미처 생각하지 못했거나 왜곡되어 있는 것에 자극을 주어 변화할 수 있는 기회를 가질 수 있다. 또한 내 세계관을 다시 한 번 점검할 수도 있다. 이 과정에서는 어떤 질문을 하는가와, 어떻게 답변을 하면서 영감을 얻는가가 중요하다.

 **같이 하기 : 다음 글을 읽고 정보의 의식화 과정을 연습해 보자.**

진화는 과학이고 창조는 신앙인가?

창조론과 진화론은 우주와 생명의 기원에 대한 이론이다. 그러나 이 두 이론은 경험적으로 검증할 방법이 없다. 따라서 어느 이론을 택하는가 하는 것은 개인의 확신이나 믿음에 따르는 수밖에 없다. 그러나 이 두 이론은 또한 과학적 이론이다. 왜냐하면 각 이론은 자체의 체계를 가지고 과학과 역사의 자료를 설명하려 하기 때문이다. 창조론이 신앙적이라면 진화론도 역시 무신론에 대한 신앙이다. 또한 진화론이 과학적이라면, 창조론은 창조를 증거하는 많은 과학 자료를 통하여 과학적인 이론임을 보일 수 있다. 많은 지질 화석 자료들과 생물학적 열역학적 지식들은 오히려 창조를 지지하고 있다.

우주의 기원에 관해서는, 진화모델과 창조모델이라는 단 두 가지의 기본적인 모델 밖에는 없다는 것을 우리는 반드시 기억해야 한다. 모든 것들은 계속되는 자연주의적인 과정에서 발전되었던지, 혹은 그렇지 않든지 둘 중의 하나이지 제 삼의 선택의 여지는 없다. 그 각 모델은 본질적으로 완전한 세계관, 곧 삶과 의미, 그리고 기원과 운명에 대한 철학이다. 그 각각은 과학적 방법에 의하여 확증되거나 거짓으로 판명되거나 할 수 없다. 이는 그것들이 과학적 방법으로 필수적인 경험적으로 시험되거나 관찰될 수 없기 때문이다. 따라서 어느 것을 택하든지, 그것은 개인적인 확신이나 믿음을 근거로 해야 하는 것이다.

그럼에도 불구하고 그 각각은 또한 과학적인 모델이다. 왜냐하면 그 각각은 그 자체의 틀 속에서 과학과 역사의 모든 참된 자료들을 설명하려고 노력하기 때문이다. 창조론은 적어도 진화론만큼은 비종교적이며, 또한 창조론자들은 창조 모델이 진화모델보다 참된 과학의 사실들에 잘 부합된다고 확신한다. 창조론이 유신론적 모델인 것은 사실이지만, 진화론이 무신론적 모델인 것 또한 사실이다. 왜냐하면 진화론은 모든 것을 창조주 없이 설명하려고 하기 때문이다. 만약 유신론이 종교적 신앙이라면, 무신론도 마찬가지이다. 왜냐하면 이 둘은 얼마든지 정반대의 위치에서 서로 대비될 수 있는 체계이기 때문이다.

① 객관화하기

우주와 생명의 기원에 대한 두 이론인 창조론과 진화론은 경험적으로 증명할 수 없기 때문에 다만 개인적인 확신이나 믿음을 근거로 두 이론 중 하나를 선택할 수밖에 없다. 그럼에도 진화론과 창조론은 그 자체의 틀 속에서 과학과 역사의 모든 참된 자료들을 설명한다는 점에서 과학적인 모델이다.

② 주관화하기

어릴 적 생명의 기원에 대한 이론으로 나는 진화론을 배웠다. 그렇지만 눈에 보이지도 않는 작은 생명체에서 진화되어 지금의 이 세상 만물을 이루었다는 설명은 납득하기 어려웠다. 하지만 생명의 기원에 대하여 지금 경험적으로 증명할 수 없으니 믿을 수밖에 없었다. 나는 진화론은 과학적인 이론이고 창조론은 비과학적인, 즉 종교적인 이론인 줄만 알고 있었는데, 창조론도 과학적인 이론이 될 수 있다는 것을 깨달았다.

③ 질문하기 및 적용하기

내가 만일 진화론의 모델을 받아들인다면 나는 자연의 흐름 속에서 우연히 생겨난 존재에 불과하다. 그렇지만 창조론의 모델을 받아들이게 되면 나는 누군가에 의해 특별한 목적을 가지고 만들어진 존재이다.

나는 어떤 존재인가? 스스로 만들어진 생물인가? 아니면 누군가 만들었는가? 누군가의 목적과 계획에 따라 내가 만들어졌다면 그 목적은 무엇일까?

 다음 글을 사선(/)을 치면서 읽고, 정보의 의식화 훈련을 해보자.

전설 속 백제 악기 '공후'를 되살렸다

임이여 물을 건너지 마오.
임이 그예 물을 건너시네.
물에 빠져 돌아가시니 임이여,
이 일을 어찌할꼬
(公無渡河　公竟渡下　墮河而死　當奈公何)

　문헌상 우리나라의 가장 오래된 서정 가요 '공무도하가'(公無渡河歌), 이 노래를 연주했다는 구슬픈 공후의 선율이 전주에서 되살아났다.

　고대 동양의 현악기인 공후는 서양의 하프와 비슷하며, 틀 모양에 따라 와공후(臥: 13현), 수공후(豎: 21현), 대공후(大: 23현), 소공후(小: 13현)로 나눈다. 고대 이집트, 유대, 그리스 등지에서 유행하던 공후 모양의 악기가 페르시아, 인도에 전해지고 다시 동서로 전파되었는데, 중국으로 전해진 것은 수공후, 유럽으로 전해진 것은 하프가 되었다. 문헌에 따르면 공후는 고구려 때부터 사용했으나 그 후에는 사용한 기록이 없어 어떤 음악에 쓰였는지 알 수 없다.

　전통음악에 쓰이는 옛 악기를 꾸준히 연구하며 그 활용을 넓혀온 고수환 씨(도지정문화재 12-4호). 그의 손에서 고대 동양의 현악기 '공후'가 다시 태어났다.

　"무형의 악기를 되살렸다는데 큰 의미가 있지요. 번번이 원점에서 다시 시작해야하는 과정에 어려움이 많았지만 연구가와 연주자들이 모두 만족하는 듯 해 기쁩니다."

그의 공후 제작은 창사특집 방송으로 공후 재현을 기획한 전주문화방송 윤승희 PD의 제안으로 시작됐다. 그때부터 시작된 고민은 공후의 형태적 재현 못지않게 '최고의 음색'을 낼 수 있게 하는 것. 하지만 국내에서 공후의 흔적을 찾는 일은 쉽지 않았다.

국립국악원에 보관돼 있는 공후는 1937년 중국 베이징에서 사들인 것이어서, 국내 유일한 자료는 강원도 상원사 범종(725년, 신라)에 부조돼 있는 공후 연주 모습뿐이었기 때문이다. 일본 '정창원'(왕실의 보물을 모아 놓은 창고)에 백제에서 전했다는 공후로 추정되는 '백제금'이 있지만 이마저도 일 년에 한 차례 공개될 뿐이었고, 문헌상 기록도 중국 '수서(隋書)'에 '삼국시대에 고구려와 백제의 일부에서 공후가 쓰였다'는 정도였다.

"공후는 윗기둥이 굽은 P자 모양의 틀에 23가닥의 줄을 건 악기인데, 공명통이 굽어진 기둥 위부터 아래로 이어지고, 공명통에 연결된 하주(下柱: 아래쪽에 삐어져 나온 부분)를 받침대에 꽂고 양손으로 연주하도록 했지요."

그보다도 더 큰 문제는 전해지는 연주 방법이 없었다는 것이었다. 십수 년 전에 전통악기 연구가들이 공후를 만들어낸 일화가 있지만, 모양만 흉내 냈을 뿐 소리내기에 실패했던 것도 그 때문이었다.

"악기는 소리가 생명 아닙니까. 악기를 이루는 모든 것들이 다 쓰임새에 맞게 꾸며지지요."

현재 그의 작업은 모든 현이 제 음을 낼 수 있는 것까지 성공한 상태. 세세한 악기 모양과 색칠 등은 좀 더 연구를 통해 보강해야 한단다.

또 한 가지 과제는 하프처럼 안고 연주하는 악기여서 가벼워야 하고, 인체의 구조와도 어울려야 한다는 것. 그래서 몸통은 실한 오동나무를 이용했고 길이가 다른 현 23줄은 다른 악기의 특성을 본떴다.

수족처럼 아끼던 오동나무를 사용했지만 뜻하지 않은 문제가 생겼다. 오동나무의 무른 특성이 장력을 견뎌내지 못했던 것. 그래서 제작기간 중 처음 만들었던 악기는 시범 연주 도중 현이 끊어지는 아픔을 겪어야 했다.

"30년 이상 고생하면서 자란 재래종 오동나무를 다섯 겹으로 붙여 공명통인 악기 기둥을 만들었습니다. 그러니까 장력이 생기게 되더라구요."

현 23줄도 처음엔 자연섬유를 사용했지만 썩 어울리지 않더란다. 그래서 쇠줄을 쓰는 양금을 떠올려 높은 음은 강한 철사를 꼬아 만들었고, 중저음은 중국악기인 '쟁'의 악기 줄을 활용해 가는 철심을 사용했다.

"전통악기의 세계화를 생각해서 3옥타브까지 다양한 음역을 표현할 수 있는, 현이 23개인 공후 제작을 생각했습니다. 25현을 연주하는 사람이나 피아노를 하는 사람들도 어렵지 않게 연주할 수 있을 겁니다."

한껏 투명해진 공후의 선율은 전주문화방송 라디오 창사특집 '악기는 사라지며 제 소리를 낸다, 잊혀진 악기 공후를 찾아서'(연출: 윤승희/작가: 김주선) 편에서 이화동 교수(전북대 한국음악과)가 직접 작곡한 작품과 연주로 들을 수 있다. 명인의 숨결과 전통문화를 지키려는 제작진의 의지도 함께 실리는 시간이다.

— 최기우, "명장 손끝에서 되살아난 고대 동양 현악기의 선율",

<전북일보> 기사 중에서

Q1. 이 글을 통해서 글쓴이가 전달하고자 하는 내용은 무엇일까요?(객관화하기)

2 이 글을 읽고 자신의 삶에 적용할 부분을 찾아 구체화하시오.(적용하기)

 1분당 읽은 글자 수를 측정해 보자.

본문 글자 수	2,034	자
읽은 시간	분	초
1분당 읽은 글자 수		자
요약 정리 시간	분	초

다음 글을 사선(/)을 치면서 읽고, 정보의 의식화 훈련을 해보자.

바보 이야기

바보 이야기는 바보 특유의 '바보스러움'에 초점이 맞추어져 있는 이야기이다. 하지만, 바보 이야기는 사리분별을 잘 못하는 사람 이야기이면서 동시에 행운아 이야기이기도 하다.

설화에서 '바보'라는 어휘는 매우 다양한 의미를 담고 있다. 바보란 실제 지능이 모자라서 '숙맥(菽麥)'으로 통칭할 만한 인물, 즉 글자 그대로 콩과 보리를 구별하지 못하는 사람이다. 그러나 또 바보는 상황에 따라 순간적으로 우스꽝스럽게 되는 사람이기도 하다.

뿐만 아니라 바보는 세상 물정을 모르지만 그것으로 행운을 얻는 사람, 세상 흐름에 뒤져서 오히려 그것으로 큰 이익을 보는 사람, 겉으로는 바보이지만 그 행동이 똑똑한 사람을 능가할 만한 결과를 빚어내는 사람, 바보라고 멸시받는 우직한 사람이 바로 그 우직함으로 큰 복을 받는 사람, 주위의 도움으로 똑똑한 사람을 골탕 먹이게 되는 사람, 정작 당사자는 바보이지만 똑똑한 사람이 그의 행동거지를 매우 똑똑하게 이해하는 바람에 졸지에 똑똑하다고 인정받는 사람이기도 하다.

바보 이야기는 설화 영역에서 우스운 이야기로 취급되기 때문에 웃음을 빼고는 성립하기 어렵다. 바보의 어리석은 행동은 웃음을 유발하기는 하되 결코 남들에게 큰 피해를 주지 않는다. 대신 웃음 이면에는 여러 가지 사회 문제나 체면과 허례, 위선에 치중하는 사회 풍토에 대한 반발 심리가 작용한다고 볼 수 있다. 따라서 바보 이야기는 그저 재미

있거나 하찮은 농담의 일종이 아니라 시대와 인생과 사회에 대한 날카로운 통찰의 결과이자 삶의 현장에서 경험하는 내면의 목소리이다.

바보와 정상인은 명확히 구별되지 않는다. 공부를 많이 한 학자가 한낱 사기꾼한테 어이없이 당한다면, 그러한 상황에서 그 학자는 '바보'가 되어 버린다. 어떤 경우는 어른들이, 말귀를 조금 알아듣기 시작하는 아이에게 '아무개 바보'라고 하기도 한다. 이때의 '바보'라는 의미는 사랑스러움을 표현하는 농담이다. 우리의 국어사전에서는 '바보'를 '어리석고 멍청한 사람을 얕잡아 또는 욕으로 이르는 말'이라고 풀이하고 있지만, '바보'라는 어휘의 사용은 그렇게 단순하고 편협하지 않다.

설화에서 바보 이야기는 의미의 폭이 무척 넓다. 정상인이 세상을 잘못 읽는 것도 바보 이야기에 속하지만, 어떤 때는 바보가 똑똑한 사람 이상으로 세상을 정확하게 읽어내어 똑똑한 사람이 탄복하기도 한다. 또 어떤 경우에는 정상인이 바보를 잘못 이해하여 바보에게 뜻하지 않은 행운이 찾아오기도 한다.

이로 말미암아 바보 이야기는 세상이나 인생이 그 어느 누구에게나 무척 공평한 것임을 느끼게 해 준다. 똑똑한 사람과 바보가 다르지 않으며, 잘난 사람과 못난 사람 또한 따로 구분되지 않음을 바보 이야기는 역설하는 듯하다. 이로써 바보 이야기는 이 세상에 살아있는 모든 사람들로 하여금 자아 존중감을 느끼게 함과 동시에 인간의 무한한 가능성을 발견하게 해 준다.

바보 이야기는 우리가 바보의 함정에 빠지지 않는 길을 일러 줄 뿐만 아니라, 이미 그 함정에 빠졌더라도 스스로 바보 같은 어리석음을 헤치고 그 곳에서 빠져 나올 수 있는 방법을 제시하기도 한다. 그것은 지나치게 욕심이 많은 것도 바보이고, 반면 지나치게 욕심이 없는 것, 지나치게 고지식한 것, 지나치게 영리한 것, 지나치게 남을 배척하는 것, 지나치게 머리가 나쁜 것, 지나치게 연연해하는 것 등 '지나침'이 바보를 만든다는 것이다. 역으로 바보가 되지 않으려면 그 '지나침'을 버리고 절제와 조화, 너그러움과 화합을 추구해야 한다는 것을 바보 이야기는 제시하고 있다.

— 장미영, 『문화콘텐츠와 스토리텔링』 중에서

Q1. 이 글을 통해서 글쓴이가 전달하고자 하는 내용은 무엇일까요?(객관화하기)

Q2. 이 글의 주장에 대하여 자신의 의견을 써 보시오.(주관화하기)

Q3. 이 글을 읽고 자신의 삶에 적용할 부분을 찾아 구체화하시오.(적용하기)

Q4. 단순한 우스갯거리의 바보 이야기가 아니라 바보 아닌 사람에게 뭔가 깨달음을 주는 바보 이야기를 찾아보고, 그 깨달음을 구체적으로 삶에서 적용해 보시오.(적용하기)

 1분당 읽은 글자 수를 측정해 보자.

본문 글자 수	1,714	자
읽은 시간	분	초
1분당 읽은 글자 수		자
요약 정리 시간	분	초

다음 글을 사선(/)을 치면서 읽고, 정보의 의식화 훈련을 해보자.

의료와 여성의 몸

오늘날 의료(health care)는 그 자체가 큰 산업이고 강력한 사회적 제도이다. 근대과학의 발달과 더불어, 이전에는 의료와 무관하게 여겨졌던 인간 생활의 여러 측면들까지도 의료의 범위 안에 편입되기 시작했다. 오늘날 이러한 현상은 출산·육아·죽음 등 생활사의 각 단계들에서부터 식사·음주·흡연·운동·정신적 상태 등 매일 매일의 일상적 측면에 이르기까지 광범위하게 나타나고 있다. 이로 인해 우리 삶의 많은 부분이 의사라는 '전문가'의 지시 아래 또는 의학적 지식의 '감시'아래 놓이게 되었다. 이제 현대사회에서 의학은 가장 강력하고 중요한 사회제도 가운데 하나가 되었으며 의학적 '권위'가 탁월한 지위를 성취하였다는 사실에 이의를 제기할 사람은 거의 없을 것이다.

의료가 현대사회에 강력한 영향을 미치게 되면서, 이에 대한 여러 가지 비판의 목소리도 끊이지 않고 있다. 현대의료에 제기되는 근본적인 문제들 가운데 하나는 과연 현대의학이 건강한 삶을 누리는 데 가장 효과적인 수단인가 하는 것이다. 우리는 흔히 현대의술이 병을 낫게 하는 최선의 수단이라고 믿어 의심치 않는 반면, 병이 없는 상태가 건강을 이루는 충분조건이라고는 생각지 않기 때문이다.

역사적으로 여성들은 의료와 밀접한 관계를 맺어왔고 지금도 그러하다. 예를 들면 여성 자신의 생식 또는 출산과 관련하여, 남성 중심적인 사회에서 받는 크고 작은 정신적·심리적·육체적 고통으로 인해, 또는 전통적으로 아이·노인·병자 등을 '돌보는' 일을 전담해옴으로 해서, 여성들은 의료행위와 훨씬 더 자주 대면하게 된다.

이와는 대조적으로, 의사를 중심으로 한 현대의료는 압도적으로 남성 중심적이다. 여기서 남성 중심적이라 함은 일차적으로 그 성비 구성에 있어 남성이 압도적인 다수를 차지함과 동시에 실제적인 독점을 형성하고 있음을 뜻한다. 예를 들어 대학·병원·연구기관 등의 의료체계 내에서 영향력 있는 지위로 올라갈수록 여성을 찾아보기는 더욱 힘들어진다. 또한 의료체계가 압도적으로 '남성적인'문화를 형성하고 있는 것과도 무관하지 않다.

건강에 대한 개념은 각 개인의 또는 사회내의 가치체계에 따라 다양하게 정의되어진다. 즉 건강이란 생물학적·심리적·사회적 부분들의 단순한 합이 아닌 그 이상의 의미를 갖고 있고, 따라서 건강이 가치판단 또는 도덕적 판단에 의해서 많은 영향을 받는 것이라 할 수 있다. 그렇다면 누군가가 다른 사람의 건강 또는 질병에 대한 결정을 할 수 있다는 것은 그 사람을 통제할 수 있는 매우 편리한 수단이 될 수 있다. 물론 전염성질환의 경우처럼 이런 통제가 보다 넓은 사회를 보호하기 위한 경우도 있다. 반면 대부분의 경우에서와 같이 타인에 의해 정의와 통제가 이루어질 때 그 대상이 이를 받아들이지 않으면 거기에는 마찰의 소지가 생기게 된다. 흔히 여성들의 건강에 대한 개념과 정의는 여성 자신들이 아닌 남성들에 의해 부여되어 왔기 때문에 여성의 시각에서 볼 때 여러 가지 이의를 제기하게 되는 것이다. 사실 페미니즘적 분석이 있기 전까지는 '여성억압은 여성의 몸이 남성에 비해 열등하기 때문이다'라는 전제 아래 여성과 남성의 차이를 가져오는 여러 요소의 최소화 또는 제거에 대한 주장과, 여성의 몸 보다는 남성의 몸이 여성을 억압한다는 분석, 그리고 여성만이 가지고 있는 여성 몸의 우월성을 토대로 하는 가치관의 전환에 대한 주장들이 있어왔다.

그러나 이제는 '몸은 사회문화적으로 구성된다'는 입장에서 여성의 억압은 몸 그 자체에 있는 것이 아니라 몸에 대한 사회적 평가와 사회적 조건에 있다는 입장으로, 그리고 여성의 건강 역시 그러한 조건들에 맞물려져 있다는 것으로 해석되고 있다.

한 집단이나 개인의 신체적 구조가 그 집단이나 개인의 사회적 지위를 결정하고 이는 '자연'의 질서이며, '자연'에 의해 결정된 것은 인위적으로 변화될 수 없다는 것이 신체결정론이다. 개인 간 또는 집단 간에 존재하는 차이는 그들이 속해있는 환경의 사회적, 역사적 맥락보다는 신체구조의 차이에 의해 결정된다는 것이다. 여성에 대한 사회적 차별도 남녀의 신체적 차이에 따른 당연한 자연의 질서로 보고 성별분업도 생리적 차이에서 오는 것이기에 어느 문화권에서나 보편적으로 나타나는 필연적인 결과라고 보는 것이 여성종속에 대한 신체결정론의 핵심 논리이다.

여성과 몸에 대한 통념은 이제까지 여성에게 억압적이었다. 여성의 신체적 기능에 대한 통념은 여성의 전인적 기능에 대한 평가로 연결되어 여성의 사회적 열등성을 주장하는 근거가 되어왔다. 즉, 신체결정론은 여성에게 가해지는 부당한 대우를 정당화하는 이론적 뒷받침의 역할을 해 온 것이다.

근대 이후 생식 생물학이 과학적인 지식체계로 등장하게 되면서 서구 사회에 있어서 여성의 이미지에 대한 사회적 이상(ideal)은 양육, 도덕성, 순결, 수동성, 감성과 같은 것들이었다. 여성에 대한 이와 같은 특성은 모두 의학과 생물학의 성장과 더불어 발전해온 여성에 대한 성차별적 이데올로기를 반영하는 결과라고 할 수 있을 것이다. 19세기 생식생물학은 여성의 생식기계를 여성의 사회적 역할과 관련지어 설명하려고 하였으며, 생식기관과 다른 기관의 기능사이의 연관성을 설명하는 가설들을 만들기도 하였다. 즉 자궁은 중추신경과 연결되어 있기 때문에 신경계의 자극은 여성의 재생산 주기나 태아에게 영향을 줄 수도 있으며, 배란이나 임신으로 인한 신체·정서적 변화나 성욕과 같은 것들은 여성자신의 의지와는 전혀 무관한 내부의 생리적 과정에 의해 결정된다는 것이다. 의사들의 이러한 주장은 여성의 몸과 여성의 역할을 불가분하게 규정지음으로서 여성의 활동을 제한시키는 역할을 하게 되었으며 여성의 건강 역시 이 테두리를 벗어나서는 설명되지 않았다.

뿐만 아니라 여성의 성(sexuality)에 대한 의학적 담론은 지배문화(가부장제적)의 상징체계를 반영한 결과 남녀 간의 성규범과 성적 속성의 차이를 전적으로 생물학적인 결정론에 의해 설명함으로써 사회문화적 상호작용과 실천의 토대위에서 학습되어지는 성의 역사성을 간과하여 왔다. 의사들의 이러한 주장은 여성의 몸과 여성의 역할을 불가분하게 규정지음으로써 여성의 활동을 제한시키는 역할을 하게 되었는데, 결국 생식기관의 구조상 여성은 사적영역(private domain)에 적합한 것으로 결론지음으로써 여성이 공적인 활동에 참여하는 것을 암암리에 제한해 왔다는 것이다.

이렇듯 지식은 권력과 연합하여 사회구조를 보수적으로 유지시키는데 중요한 기능을 수행함과 동시에 사회구조를 변화시키는 실마리를 마련한다는 역설적 성격을 갖는다. 지식은 개인의 자의식, 자신의 가치와 권리에 대한 의식, 그리고 한 사회의 구성원으로서의 존재에 대한 의식을 결정한다. 결국 여성 정체감, 여성의 가치등은 모두 한 사회가 지식을 통하여 규정하는 것이다.

건강이란 무엇인가? 50년 전 세계보건기구(WHO)는 그 창립 헌장에서 건강이란 "질병의 부재가 아니라 완전한 육체적·정신적 그리고 사회적 안녕의 상태"라고 통합적인 개념으로 정의한 바 있다. 그럼에도 불구하고 현재 의료 행위와 연구 및 보건정책 등에서 가장 지배적이 모델은 의식적으로나 무의식적으로 생의학적 모델이다. 그리고 우리 자신의 몸과 건강을 이해하는 가장 친숙한 방식을 형성하고 있는 것도 대개 이 모델이다. 생의학적 모델은 기본적으로 건강을 제한된 범위의 질병의 있고 없음으로 이해한다.

생의학적 모델은 다섯 가지 기반에 가정을 두고 있다. 첫째, 마음과 몸은 별도로 취급될 수 있다. 이것을 의학의 심신이원론(mind-body dualism)이라 한다. 둘째, 몸도 기계처럼 수리 가능한 것으로 간주된다. 따라서 의학은 기술자가 고장수리를 하듯 의사가 치료를 행한다는 식의 기계적 비유법을 택한다. 셋째, 기술적 개입의 장점이 과대평가되기 쉬우며 의학이 기술만능주의에 빠지는 결과를 낳는다. 넷째, 생의학은 질환을 설명할 때 사회적, 심리적 요인을 상대적으로 무시하고 생물학적 변화에만 초점을 맞춤으로써 환원주의(reductionist)가 된다. 다섯째, 모든 질환은 검출 가능한 특정 '질환체' 즉, 기생충, 바이러스 또는 박테리아로 인해 발생한다는 특정 변인론의 원칙을 기반으로 한다.

그렇지만 생의학 모델은 무엇보다도 심신이원론을 바탕으로 하고 있는데, 이 모델이 우세하게 된 기원은 근대 초기 데카르트의 이원론에서 찾을 수 있다. 심신이원론에 따르면 인간은 물질인 육체 / 자연, 이성 / 감정 등의 속성이 부여되고, 이분법적 속성상 정신이 육체보다 우월하다는 위계에 대한 믿음이 나타나게 되었다. 심신이원론에서 육체는 정신에 종속된 실체로서, '기계로서의 육체'로 취급되며 몸은 늘 정신의 통제 대상이자 장소로 여겨진다. 17세기 이래로 거의 모든 중요한 철학자와 과학자들은 육체와 정신의 이원론을 의심의 여지없이 받아들였다.

의료와 관련하여 심신이원론은 이성을 가진 인간은 얼마든지 고장 난 육체를 고칠 수 있다는 믿음으로 이어지게 되었고, 베이컨 이후 근대 실험적 생명과학은 기술적인 이상주의를 바탕으로 발전해왔다. 현대의료에서 기술적 이상주의란 현대 의료기술이 몸을 중재하고 재정리할 수 있으며 그로 인하여 인간의 자유를 확장시킬 것이라는 담론과 믿음을 뜻한다.

이렇게 발달한 생의학은 건강과 질병을 환자의 경험과 유리된 것으로 외부와 단절된 몸 안의 생리적 또는 생의학적 과정으로 이해하여왔다. 이러한 의학적 이해는 19세기 말 이후 과학의 권위와 확실성의 증가로 더욱 더 '객관적'이며 '과학적'인 것으로 바람직하게 여겨져 왔으며, '환자는 사라지고' 질병 또는 건강 상태의 사회적·정치적·심리적 맥락은 간과되었다. 그럼으로써 심신이원론을 바탕으로 한 생의학은 또 하나의 이원론을 낳았으니, 그것은 환자가 경험하는 몸과 의사들이 진단하고 연구하는 객관화·대상화된 물질적 몸의 분리였다.

이러한 생의학적 접근방법은 현대의료의 치료체계의 근간을 이루어 외과와 의학 분야에서 일정한 성과를 내왔다. 흔히 생의학은 적어도 전염성 질환이나 급성질환에 대해서는 효과적인 것으로 여겨졌다. 하지만 1970년대 의학의 지속적 발전에 대한 낙관론이 쇠퇴하고 생의학에 대한 회의론이 나타나기 시작하면서, 사망률의 감소와 평균수명의 확장이 이른바 세균학과 백신의 개발 등 '과학적 의학'의 성과인지에 대해서도 회의적인 입장이 등장하였다. 그러한 주장을 하는 사람 가운데 한명이 버밍엄대학의 사회의학 교수였던 메큐어인데, 그는 서구에서 1870년대 이래 사망률의 감소는 병원 의료기술의 혁신 덕택이 아니라 생활수준의 향상에 따른 영양상태의 개선과 공중위생 개념의 확산 때문이라고 주장하였다. 이 메큐어 정리 이후, 인구학자와 의학사학자들의 다양한 실증적 연구들은 이 시기의 일반사망률 감소가 세균학의 발달, 병원균 분리, 백신 개발 등 과학적 의학의 성과 때문이라기보다는 전반적인 생활수준의 향상과 공중위생의 개선 덕택이라고 결론지었다.

여성의 몸에 대한 통념은 이제까지 여성에게 억압적이었다. 여성의 신체적 기능에 대한 통념은 여성의 전인적 기능에 대한 평가로 연결되어 여성의 사회적 열등성을 주장하는 근거가 되어왔다. 또한 성적인 존재로 대상화하는 것이 당연시 되어왔다.

이러한 상황에서 여성건강을 개선하려는 노력은 생의학적 모델 내에서의 개혁과 새로운 관점의 제시 등 두 가지 차원으로 진행되었다. 생의학적 모델 내의 개혁을 추진하는 여성건강운동가들의 노력은 어떻게 성(gender)이 병의 발생, 경과, 치료에 영향을 미치는가에 초점을 맞추고 있다. 이는 여성에게만 있는, 여성에게 흔하거나 더 심각한 질병 또는 상태들을 가려내고, 진단하고, 처치하는 것을 포함한다. 그래서 생의학적 모델에서 여성건강의 문제는 여성에게만 독특하게 나타나는 생식기 계통의 질병(자궁경부암, 난소암 등), 여성에게 흔한 질병(자궁경부암, 유방암, 심장계 질환 등), 여성에게 더 심각한 질병(폐암, 유방암)등의 진단과 치료를 의미하고, 이러한 질병들에 초점을 맞춘 보건정책 및 연구의 지원 등으로 나타나게 되었다.

이러한 변화에도 불구하고 생의학적 모델은 임상의학의 틀 안에서 이루어져 사회적 요소들 간의 역학관계를 포함하지 못한다. 반면, 기존 생의학적 모델을 비판하는 페미니스트들은 몸과 정신을 아우르는 좀 더 총체적인 접근의 필요성을 강조한다. 페미니스트들은 생의학적 모델 안에서의 개혁의 필요성을 부정하는 것은 아니지만, 이러한 방식이 여성의 삶과 건강이 형성되는 사회적 맥락을 간과함으로써 건강을 이해하는 데에 제한된 기여밖에 하지 못한다는 점을 지적한다. 이들은 여성 건강을 증진시키기 위해서는 다양한 사회적 관심과 노력이 '병을 다루는 것'에서부터 나아가 '무엇이 건강을 만드는가'에까지 확장되어야 한다고 주장한다. 페미니스트 모델에서 더 중요한 것은 건강에 영향을 미치는 요소로서의 경제적 불안정, 보건위생, 환경문제, 정치적·문화적 요소 등 제반 사회적 여건에 대한 이해와 개입이다. 즉, 의료화가 미치는 영향은 지역·계급·인종·성 등 사회적 요인에 따라 다르며, 따라서 여성건강 문제는 여성의 열등한 지위와 성차별이라는 요소를 '치료'하지 않고서는 개선될 수 없다는 인식이다.

건강의 사회적 불평등은 오랫동안 인정되었다. 그러나 이제까지 여성건강에 대한 관심은 임신, 출산을 중심으로 한 모자보건 관리의 범주를 크게 벗어나지 못한 상태였다.

여성건강은 여성의 성(sex)과 관련되어, 생리, 심리, 사회, 영적인 통합된 존재로 여성이 총체적으로 고려되는 것으로 여성의 다양한 경험이 중시된다. 또한 전인적인 건강증진 활동뿐 아니라 인간, 환경이 조화를 이루면서 자신의 잠재력을 개발하는 것이다. 이러한 여성건강의 결과는 여성이 살고 있는 삶의 전체적 환경을 고려하면서 여성 스스로 자신의 몸과 치료에 대한 결정권을 가지게 되고 여성 스스로 힘이 증진되는 것이라 할 수 있다. 그런데 이와 같은 여성건강에 대한 정의에 비추어 볼 때 그 동안 도외시되었던 문제가 여성과 관련한 건강불평등 논의이다.

최근 보건의료 공급에 있어서 성적 불평등과 여성들의 특수 보건의료의 필요성이 무시되어지는 방식들이 여성주의적 접근으로 부각되어 왔다. 특히 사회주의 시각에서의 여성주의는 보건의료의 불평등과 보건의료체계가 자본주의 사회의 필요에 기여하는 방식들임을 강조하였다.

남녀평등을 보장하는 현대적인 인권법의 관점에서 볼 때 많은 여성들이 겪는 건강상의 불리함이나 왜곡은 불평등에 속한다. 점차 여성 삶의 상황을 법적, 윤리적, 기타 방법으로 분석할 때 그 안에 여성의 시각이 들어가도록 하고 있다. 그렇게 되면 여성의 상황이 드러날 것이고 여성의 불평등을 보다 더 잘 이해하고 개선할 수 있게 될 것이다.

— 국선희, "여성의 몸·건강에 대한 사회적 구성" 중에서

Q1. 이 글을 통해서 글쓴이가 전달하고자 하는 내용은 무엇일까요?(객관화하기)

2 글쓴이의 주장에 대한 자신의 의견이나 생각을 써 보시오.(주관화하기)

3 자신의 삶에 적용할 부분을 찾아 구체화하시오.(적용하기)

 1분당 읽은 글자 수를 측정해 보자.

본문 글자 수	7,086	자
읽은 시간	분	초
1분당 읽은 글자 수		자
요약 정리 시간	분	초

 메 모

제 4 부 **정보 표출**

과감한 생각, 다양한 표현

과감한 생각, 다양한 표현

1. 글로 표현하기

입수되어서 내면화된 정보는 말이나 글로 다시 외부에 표출된다. 정보를 표현하려는 욕구는 인간의 기본적인 욕구 중의 하나인데, 정보의 표출은 가장 확실하게 정보를 얻는 과정으로 볼 수도 있다.

현대 사회와 같은 정보화 사회는 과학 기술의 발달로 정보의 유통이 편리해지면서 지식의 확대·재생산이 활발히 일어나고 있다. 이는 소수 특정 집단에 의해 이루어지던 정보활동이 이제는 모든 사람들에게 열려 있으며, 이제 어느 누구도 정보를 입수하고 표출하는 일과 무관할 수 없다는 것을 의미한다. 정보화 시대에 정보를 받아들이고 내보낼 능력이 없다는 것은 곧바로 시대가 요구하는 실력을 갖추지 못했음을 의미한다.

정보를 표출하는 것은 모든 학문의 과정에서 기본적으로 필요한 과정이다. 이 과정을 통해서 좀 더 고차원적인 지식의 축적이 이루어지기 때문이다. 따라서 글을 쓰는 훈련은 자신의 생각을 명확하게 표현할 수 있는 능력을 길러준다. 글쓰기를 통해 느낀 바를 표현하고 왜 그렇게 느끼는지 그 이유를 설명하게 된다. 그리고 일어나는 사건들의 관계를 탐구하고 전체 의미를 파악하며 전체적인 맥락에서 사물을 이해하게 해 준다. 그러므로 글 분석과 글쓰기를 함께 훈련하는 것은 스스로 생각하는 능력을 길러 주고 학문에 필요한 기본 능력을 보다 깊이 개발시킨다.

글쓰기에서 전달하고자 하는 생각, 즉 주제를 어떤 방법으로 전달하느냐에 따라 글쓰기의 형태는 달라진다. 주제가 직접 전달되도록 글의 표면에 주제를 내보이는 글쓰기가 있는가 하면, 주제를 글의 내부에 숨겨 두는 글쓰기가 있다. 즉, 전달하고자 하는 주제를 겉으로 드러내 표현하는 평면적인 글쓰기와 감정 위주의 주제를 내면화해서 표현하는 입체적인 글쓰기가 있다. 일반적으로 설명문이나 논설문으로 대표되는 글은 전자에 해당하는 경우이고, 시나 소설로 대표되는 문학 작품은 후자에 해당하는 경우이다.

글쓰기의 과정은 정보 입수 과정에서 글을 분석하고 감상하였던 방법을 거꾸로 적용하는 과정이라고 할 수 있다. 본 교재에서는 본격적인 글쓰기에 들어가기 전에 글쓰기에 쉽게 접근할 수 있는 다양한 방법을 제시하여 글쓰기에 대한 부담을 줄이는 측면으로 훈련하고자 한다.

2. 과감한 생각, 다양한 표현

인간은 '사고하는 동물(homo-sapiens)' 또는 '언어를 가진 동물(homo-loquens)'이라고 한다. 언어는 사고의 도구이다. 즉 인간은 언어를 통해서 사고를 한다는 말이다. 여기서 사고와 언어의 관계를 짐작할 수 있게 한다. 그렇지만 생각한 내용을 표현하는 것도 언어를 통해서이다. 언어를 '의사소통의 수단'이라고 정의하는 데서 짐작할 수 있듯이 우리는 언어를 통해 생각과 의견, 감정 등을 다른 사람들에게 표현한다.

그런데 많은 사람들은 틀에 박힌 생각, 고정 관념, 상식, 시대적 통념 등에 얽매여 과감하게 생각하지 못할 뿐더러 자신의 생각이나 주장을 적극적으로 표현하지도 못한다. 그러나 사회는 과감하게 생각하는 사람, 적극적인 사람, 다양한 표현 능력을 가진 사람을 요구한다.

그렇다면 어떻게 적극성과 과감성을 기를 수 있을까? 물론 여러 가지 방법이 있을 것이다. 그러나 글을 읽거나 쓰면서도 이런 능력을 기를 수 있다. 글을 통한 체험은 간접적이지만 내면화 과정을 겪으면 삶에 그대로 적용될 수 있기 때문이다.

우리는 정보 입수 과정에서 밑줄 치기 훈련을 했다. 밑줄을 치는 것은 단순히 중요한 문장과 그렇지 않은 문장을 구분하는 행위만은 아니다. 중요한 것처럼 보이는 두 세 개의 문장을 놓고 그 중에서 어느 하나를 선택하는 것이다. 이 선택은 과감한 결단력을 요구한다. 어느 것이 더 중요한 내용인가 선택을 하는 경우 여러 가지 지적인 활동이 추가되는 것이지만, 순간적으로 어느 것을 선택하느냐 하는 결정에는 과감성과 결단성이 요구된다. 오래 망설이면서 생각한다고 해서 꼭 올바른 선택을 하는 것은 아니다.

이런 과감성과 결단력은 글을 쓸 때도 마찬가지다. 이 장에서는 글쓰기를 망설이는 소극적인 성격을 고칠 수 있는 방법을 훈련하기로 한다. 우리는 패트릭 하트웰에 의해 시작된 자기표현 방법을 사용하기로 한다.

(1) 단어 나열하기

단어 나열하기는 놀이처럼 하면서도 과감성과 적극성을 기를 수 있는 훈련이다. 우선 상대방이 아무 단어나 하나를 불러주면, 그 단어를 들은 사람은 일정한 시간 동안(1분~3분) 듣자마자 그냥 떠오르는 대로 단어를 써 나간다. 쓰다가 생각이 막히면 '모른다', '생각이 안 난다'라고 써도 된다. 또한 앞에서 썼던 단어를 다시 써도 상관없다. 같은 단어라도 많이 쓰는 사람이 이 훈련에 충실하게 참여한 사람이다.

처음에는 우리에게 익숙한 구체적인 단어로 시작을 하다가 점차 추상적이고 개념적인 단어로 단어 나열하기를 훈련하다. 그리고 처음에는 단어의 개수만을 계산하다가 나중에는 서로 다른 단어의 종류를 계산하도록 한다.

단어 나열하기에서 중요한 것은 무슨 일이 있어도 주어진 시간 동안은 글씨 쓰는 손이 멈춰서는 안 된다는 것이다. 처음부터 주어진 시간 동안 끊임없이 단어를 나열하는 것이 쉽지 않다. 그러나 두 번, 세 번 반복하게 되면 나열하는 단어의 수가 점차 많아진다.

 같이 하기 : 아래 제시어를 보고 생각나는 단어를 1분 동안 쓰시오.

"핸드폰"

▶ 단어의 개수를 세어 표시하시오.　　　(　　　　개)
▶ 서로 다른 단어의 종류를 세어 표시하시오. (　　　　개)

"연예인"

▶ 단어의 개수를 세어 표시하시오.　　　(　　　　개)
▶ 서로 다른 단어의 종류를 세어 표시하시오. (　　　　개)

"역사"

▶ 단어의 개수를 세어 표시하시오.　(　　　　개)
▶ 서로 다른 단어의 종류를 세어 표시하시오. (　　　　개)

(2) 단어 가지치기

사람들의 사고 양상 중 가장 기본적인 형태가 연상 작용이다. 연상은 '하나의 관념이 다른 관념을 불러일으키는 현상'이다. 그런데 연상은 사람에 따라, 상황에 따라 아주 다양한 양상을 보인다.

연상 작용은 하나의 핵심어를 중심으로 방사형으로 동등한 위계를 가진 단어들을 찾아갈 수도 있지만, 핵심어에서 연상된 단어를 다시 핵심어로 해서 계속 이어가면서 연상할 수 있다. 이 두 과정은 연상 작용을 이용한다는 면에서는 같지만, 전자는 하나의 개념어에 대한 사고의 깊이를 심화시키는 과정이라고 한다면, 후자는 하나의 개념어에 대한 의미 영역을 확대시켜서 사고의 폭을 넓히는 과정이라고 할 수 있다. 따라서 전자의 방법은 실용문을 쓰는 데 유리한 사고 과정이고, 후자는 시, 수필 등 문학 작품 창작에 유리한 사고 과정이다.

전자를 '개념 심화 연상'이라 하고, 후자를 '개념 확대 연상'이라고 부르기로 한다.

① 하나의 단어를 제시한다.

② 그 단어를 중심으로 머리에 떠오는 관련 단어 10개를 방사형으로 매단다.

③ 매달린 단어 10개에 동일한 방법으로 각각 10개씩을 더 매단다.

이 훈련을 하면서 주의할 점은 단어를 매달면서 오래 생각해서는 안 되고, 중심에 있는 단어 즉 핵심어와 관련이 있는 단어를 매달아야 한다는 점이다.

〈그림 10〉 단어 가지치기의 예

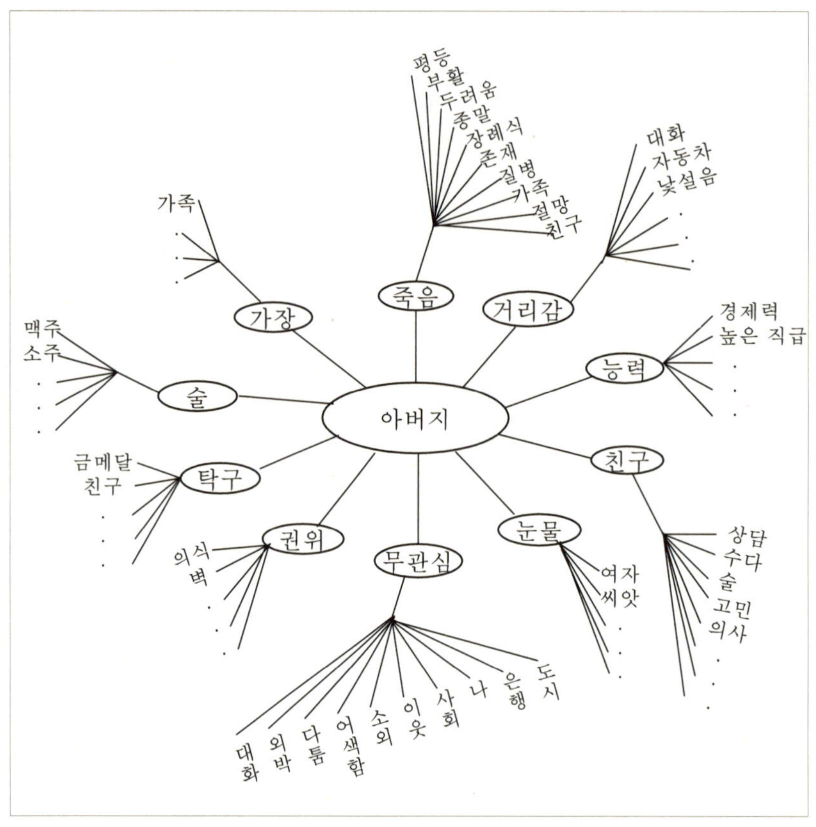

위 그림에서 핵심어에 대한 일차 관련어들을 몇 개의 상위 개념으로 묶어본다. 이것

은 종개념에서 유개념을 추출해 내는 훈련이다. 즉 가운데 단어를 가지고 글을 쓴다면 묶여진 유개념이 소제목이 될 수 있을 것이다. 같은 방법으로 일차 관련어들을 가지고도 유개념 훈련을 한다. 세부 제목들이 될 수 있을 것이다.

이러한 훈련을 통해서 얻어진 유개념의 제목들은 핵심어에서 추론될 수 있는 개념 확산 모형이 될 것이고, 이것은 실용문을 작성하면서 개요(outline)를 만들어 가는 과정이 된다. 물론 주어진 글을 이해하는 과정은 이렇게 표현되는 과정과 반대 방향으로 작용하고 있다.

같이 하기 : **아래 제시어를 개념 심화 연상 방법을 이용해 단어 가지치기를 해 보자.**

자기관리

① 하나의 단어를 제시한다.

② 이 단어에서 연상되는 단어 몇 개를 쓴다.

③ 일차로 연상된 단어에서 다시 연상된 단어를 이어가면서 쓴다. (제한은 없지
   만 필요에 따라서 일정한 수를 제한할 수도 있다.)

④ 일차로 연상된 모든 단어에 대한 개념 확대 연상이 끝나면, 이 연상된 단어
   를 가지고 문장을 만든다. 이 때 한 단어를 이용하여 문장을 만들 수도 있지
   만, 몇 개의 단어를 이용해서 만들어도 무방하다.

⑤ 만들어진 문장들을 일정한 순서로 재배열하면서 하나의 이야기를 꾸며본다.

  개념 확대 연상을 통해서 시가 어떻게 창작되어 가는가를 보여주는 좋은 예가 있다.
'민들레'라는 단어를 개념 확대 연상하여, 연상된 단어를 가지고 문장을 만들었으며, 그
문장을 재배열해서 한 편의 시가 쓰인 과정을 보면 다음과 같다.

① 연상하기

민들레－그리움－미움－약속－ 영장－봄－햇살－유년시절－추억－야속함－사람－
세월－눈물－질책－마음－아득함－ ……

② 문장 만들기

－민들레는 속절없이 기다리는 아픈 그리움이다.

－그리움도 쌓이면 미움이 된다.

－지켜야 할 약속은 기다림을 간직한 아픈 미움이 되고

－지켜야 할 약속보다 먼저 마음 불편한 약속이 되어 찾아온 영장은 봄 햇살 내리던
   유년의 기억보다 더 야속하다.

－봄 햇살에 기대어 물어뜯던 손톱의 아픔보다 더 쓰리게 다가온 야속함

－사람의 일이란 모르는 것임을 쓸쓸하게 깨닫는 부끄러운 세월

―세월의 질책에 속절없이 피어나는 민들레만 바라보다.

―아득해져 가는 마음만큼 가슴속에서만 피었다 지는 민들레

③ 글쓰기(시)

민 들 레

양 은 창

그리움도 쌓이면 미움이 된다.
그 해 학기를 마치지 못한 불편함으로
기다리던 약속보다 먼저 받은 영장을
주머니 깊이 쑤셔 넣고
돌아오던 길에는 민들레가 피어 있었다.
갈고리로 긁어대는 봄 햇살에 몸을 기댄 채
물어뜯은 손톱으로 번져 가는 핏기의 아픔보다
더 쓰린 야속함을 달래며
가슴 속속들이 켜지는 사람의 일이란
모르는 것임을 씁쓸하게 깨닫는 부끄러운 세월을,
언제 그랬느냐고 황급히 더듬어 보아도
기억나는 말은 없지만
어디 세상이 말만으로 사는 것이냐고
어깨를 들먹이며 나무라면
멀리 있는 그대 속절없이 불태우는 마음만 남아
아무도 몰래 피었다가 지는 꽃.
그리움도 쌓이면 미움이 된다.

 같이 하기 : 아래 제시어를 가지고 개념 확대 연상을 해 보자.

연상하기

☞ 도시

연상된 단어를 토대로 문장 만들기

다음 글을 사선(/)을 치면서 읽고, 요약해보자.

일탈과 소통의 먹거리

우리는 종종 일탈을 꿈꾼다. 때로는 실제로 벗어나 보기도 한다. 돌아온 탕아가 그러하듯 틀에 박힌 일상을 벗어던져 봐야만 새롭게 거듭난 모습으로 일상을 맞이할 수 있다. 그러지 않으면 진부함에 함몰되기 쉽다.

시인과 예술가들에게는 상상력이란 일탈의 날개가 있다. 누워서도 푸른 바다 그 깊은 곳을 항해할 수 있다. 골방에 앉아 우주 저편의 속삭임도 들을 수 있다. 천재들은 흔들리지 않고도 넘친다. 넘쳐흐름으로써 온 강과 들녘의 온갖 푸르른 향기를 숨쉴 수 있다. 그런 비상의 날개가 아무에게나 주어지는 것은 아니다. 주어진다 해도 쉽게 펼치질 못한다. 일상 규범의 부릅뜬 눈 때문이다. 다른 힘을 빌리지 않으면 흔들릴 수도 넘쳐흐를 수도 없다. 그래서 술의 도움이 필요하다. 벗어나기 위해. 크게 한번 흔들려보기 위해.

술은 신의 음식이다. 추수 감사의 제사를 위해 빚기 시작했다. 그 신들이 마시고 난 다음에야 우리는 경건하게 음복을 한다. 그 기운을 빌려 신과 소통하고 하나가 된다. 일상에서 벗어나는 것이다. 그것이 반복되면서 음주문화가 탄생했을 것이다.

사람들 사이에서도 소통은 필요하다. 일상적 거래가 아닌 본질적 존재의 나눔을 위해서도 일상의 의례들을 벗어던지고 진부한 도덕률에서도 해방되어야 한다. 그래야 존재 내면의 부드러운 속살을 공유할 수 있다. 신에게 바치는 술은 용수를 박아 맑게 뜨지만 사람들끼리 나눠 마시는 술은 막 흔들어 거른다. 그렇게 막걸리가 태어난다.

추운 북쪽 지방 사람들에게는 좀더 화끈한 일탈의 수단이 간절했을 것이다. 이들이 전해준 술이 고아 내린 증류식 소주(燒酒)다. 그 제조 방법이 쉽지 않아 사대부 집에서만 마실 수 있었다. 막걸리가 일상화하면서 거기에서 벗어나기를 꿈꾸는 대중들의 소주에 대한 열망은 커질 수밖에 없었다. 대규모 공장에서 만드는 희석식 소주는 그렇게 우리를 유혹하기 시작했다.

"막걸리 한잔 하고 가세요!" 논두렁에서 부르는 소리나 "언제 소주 한잔 합시다!"라는 말에서 알 수 있듯 막걸리와 소주는 이제 떼려야 뗄 수 없는 일탈과 소통의 가장 중요한 수단이 되어버렸다. 인이 박여버린 것이다.

"황금빛깔의 용"을 만들어내는 "대단한 요구르트"라며 막걸리를 거드는 사람이 있는가 하면, "어떤 외롭고 가난한 시인"처럼 명태를 안주 삼아 소주를 '카!' 하고 즐기는 이도 있다. 흔히 맑은 술은 성인에, 탁한 술은 현인에 견주지만 성현이 아니니 굳이 청탁을 가릴 일은 아니리라.

양반 문화를 자랑하는 안동은 소주로 유명하고 중인 문화가 발달한 전주에는 막걸리 문화가 푸짐하다. 특히 전주의 경우 막걸리도 일품이지만 풍성한 안주 인심이 눈과 혀를 가만 놔주지 않는다. 최근 서양 술에 밀렸다가 옛 영화를 조금씩 되찾고 있는 막걸리 문화의 중흥을 위해 전주시의 "막 프로젝트" 같은 지자체들의 노력은 전통문화 중심도시 개념과도 어울리는 구상이라 하겠다.

다만 다른 지역에 막걸리를 '수출'하겠다는 발상만은 경계해야겠다. 지역 연고의 특정 소주만 강요하는 속 좁은 경제논리도 일탈과 소통의 기치 아래 대거리를 해야 할 것이다. 막걸리는 각 지역의 생태에 맞게 빚어지고 있다. 발효가 진행 중이니 일정 기간 이상의 보관에도 어려움이 있을 수 있다. 이것은 한계가 아니라 막걸리만의 특성이다. 이 독특함을 살려나가는 것이 진정한 막걸리 문화의 중흥이라 할 것이다. 지역마다 다양한 특성의 소주를 살려나가는 일 또한 종의 다양성 차원에서라도 반길 일이다.

술은 바람이다. 예술가에게 상상력이 영감의 바람이듯, 일상의 진부함을 털어버리게 해주는 혁신의 바람이다. 막걸리가 이른 봄 수액이 잘 오르도록 나무줄기와 가지들을 흔들어주는 바람이라면, 소주는 썩은 가지들을 부러뜨리고 부실한 열매들을 털어내 남은 것들을 실하게 해주는 태풍에 비할 수 있다. 가을바람이 죽은 나뭇잎과 씨앗들을 겨울의 침상으로 몰고 가듯 망가짐(죽음)이 있어야 거듭날 수 있다.

디오니소스적 열정에 의한 흐트러짐이 없었다면 위대한 인류 문화유산인 희랍 비극의 탄생도 불가능했을 것이다. 몸 순환기 상태를 점검하는 데도 술처럼 요긴한 것이 없다. 그 방어 능력을 강화시키기 위해서라도 민방공훈련 하듯 가끔은 술로 비상을 걸 필요가 있다. 고은 시인의 말처럼 막걸리나 소주로 "몸에 혁명적 타격"을 가하여 가끔 "속을 한 번 바꿔주는" 것이 정신건강은 물론 몸에도 좋지 않을까.

'디오니소스의 세례'를 거부하는 사람들에게도 일탈의 먹거리는 필요하다. 자장면과 냉면이 대표적인 예다. 밥을 일상의 주식으로 하는 처지에 이 두 가루음식의 손짓은 말 그대로 '참을 수 없는 일탈로의 유혹'이다. 그 견딜 수 없는 냄새와 시원함의 '공습'이라 니! 그 옛날 최고의 외식이요 별식인 두 음식의 유혹 앞에서는 누구나 속수무책일 수밖에 없다.

유독 '짜장면'이라며 된소리를 강조하는 안도현 시인의 말처럼 "그 냄새에 슬쩍 감염 되면" 우리는 "지위고 체통이고 다 내려놓을 준비를" 해야 한다. "가족도 국가도 그 어 떤 이데올로기도 그 냄새 앞에서는 백기를 들고 투항할" 수밖에 없는 것이다.

중국 음식이지만 정작 중국에는 없는 '짜장면'은 그 자체가 일탈이 빚어낸 탁월한 창 조물의 전형이라 할 수 있다. 19세기 말 인천에 청나라 사람들이 정착하면서 청요리가 소개되는데 이를 맛보면서 우리 입맛에 알맞게 탈바꿈하여 탄생시킨 것이 바로 '짜장면' 이 되었다. 이젠 우리들 뇌리에 디엔에이처럼 박혀 중국 음식의 대명사, 중국식 한국음식 의 전형이 되어 버렸다.

그 훨씬 이전부터 '겨울철 시식'으로 즐겨 찾던 우리 고유의 별식에 냉면이 있다. 이 찬 음식이 추운 지방인 평양과 함흥에서부터 발달했다는 사실은 특히 주목할 만한 대목 이다. 추위를 찬 음식으로 다스려 보겠다는 오롯한 일탈의 오기를 느낄 수 있는 것이다. 지금은 남쪽 지방에서도 널리 즐기며 여름철에 많이 찾는 음식이 되었지만, 그 원형은 추 운 겨울날 따뜻한 온돌에 앉아 속까지 시리게 하는 평양식 냉면이나 얼얼하고 쫄깃쫄깃 한 함흥냉면을 즐기는 것일 터다. 그래야 이 별식의 묘미를 제대로 느낄 수 있음이다.

　　―이종민, "일탈과 소통의 먹거리", <한겨레신문>, 2006년 11월 10일자 중에서

 1분당 읽은 글자 수를 측정해 보자.

본문 글자 수	2,933	자
읽은 시간	분	초
1분당 읽은 글자 수		자
요약 정리 시간	분	초

다음 글을 사선(/)을 치면서 읽고, 요약해보자.

히말라야 기슭에서 띄우는 편지

오늘은 히말라야 산기슭에서 엽서를 띄웁니다. 지금 이 곳의 밤은 서울의 밤이 감히 만들어 내지 못하는 칠흑 같은 밤입니다. 나는 이 어둠의 거대함, 우주가 한 개의 덩어리가 돼 나타나는 그 엄청난 크기에서 참으로 '두려움'을 느낍니다. 그것은 어떤 운명처럼 내게 들이닥칩니다. 내일 해가 뜨면 제 모습을 드러낼 마차푸차레 설산(雪山)이 차라리 구원처럼 기다려집니다. 히말라야를 어둠 속에 묻어 둔 하늘에는 눈 덮인 봉우리 대신 지금 별이 있습니다. 우리가 희망을 잃지 않는 것은 '어둠이 깊으면 별이 더욱 빛나기' 때문 아닌가 싶습니다. 세상이 힘들고 무서운 사람들이 밤하늘의 별을 바라보는 까닭을 알 것 같습니다.

나는 지금 낮에는 큰산을 가까이 하고 밤에는 별을 우러르며, 메마른 다락논을 일구 살아가는 사람들을 만나고 있습니다. 이 거대한 어둠과 별들, 그리고 산이 이 곳 사람들 마음에 과연 무엇이 돼 들어앉아 있을까요? 생각노니, 우리의 삶은 이 거대한 우주 속에서 정말로 미세한 티끌일 뿐이지요. 이 우주와 자연의 거대함을 잊은 인간은 오만해집니다.

이들은 우리와 같은 몽고족입니다. 얼굴이나 말의 억양이 우리와 너무나 닮아서 피붙이를 만난 것처럼 반가웠습니다. 당신들, 그 멀고 먼 세월을 흘러 여기 이 비탈진 기슭에 용케도 정처를 얻었군요! 그들이 우리에게 이야기했습니다. "당신네는 많은 것을 만들고 소유한 나라 코리아에서 왔지요? 우리 마을을 거쳐 히말라야를 '정복'하러 가는 사람들이 많답니다. 하지만 산은 정복할 수 없는 곳이지요. 그것은 '신(神)'이니까요. 우리는 산이 허락하는 만큼의 땅만을 일구며 삽니다. 밭 넓이도 '한 사람, 두 사람'으로 셈하지요."

"산을 정복했노라!" 하는 자랑을 품고 사는 사람들이 많습니다. 하지만 1953년 에베레스트를 '정복'한 영국인 힐러리는 이 곳 길잡이와 짐꾼 8천 명(!)의 도움을 받고서야 올랐습니다. 이 곳 사람들은 산꼭대기에 오르는 일이 없습니다. '두려움을 남겨 두어야 사람이 된다'는 옛말이 있어요. 히말라야는 이들에게 존경과 두려움의 대상입니다. 이들은 산의 높이를 숫자로 계산하지 않습니다. 어둠 속에서 듣는, 이들의 이야기가 모닥불처럼 가슴에 파고듭니다. '인간은 인간에게 인간적이어야 하며, 자연에게 자연적이어야 한다'는 말씀이지요.

당신이 이 곳 네팔 나라에 오면 등산 배낭을 메고, 서둘러 산꼭대기에 오르기 전에 히말라야가 들려주는 이야기에 겸손히 귀 기울여야 합니다. 모험과 도전이라는 '서부행(西部行)'에 나서기 전에 먼저 어둠과 별들의 이야기를 들어야 합니다. 그리고 자연이 우리에게 허락하는 문명의 크기를 생각해야 할 것입니다. '자연'이라는 터전 없이 문화와 문명은 자라나지 못하기 때문입니다.

— 신영복,「히말라야 기슭에서 띄우는 편지」중에서

Q1. 이 글을 통하여 글쓴이가 하고자 하는 이야기는 무엇일까요?(객관화하기)

G2 왜 글쓴이는 "서둘러 산꼭대기에 오르기 전에 히말라야가 들려주는 이야기에 겸손히 귀 기울여야 한다고 하였을까요?

G3 히말라야로부터 들어야 하는 말은 무엇일까요? 상상력을 발휘하여 히말라야로 부터 배워야 하는 메시지가 무엇인지 적어보세요.

 1분당 읽은 글자 수를 측정해 보자.

본문 글자 수	1,333	자
읽은 시간	분	초
1분당 읽은 글자 수		자
요약 정리 시간	분	초

 다음 글을 사선(/)을 치면서 읽고, 글의 내용을 고공표로 정리해보자.

판놀음의 소리, 판소리

소리하는 이가 고수의 북 장단에 맞추어 몸짓을 해 가며 노래와 말로 <심청전>과 <춘향전> 같은 긴 이야기를 엮어 나가는 것을 판소리라 한다. 소리꾼은 서서 발림을 하면서 소리하며, 고수는 앉아 북을 치면서 '얼씨구', '좋다' 하는 추임새를 외치며 흥을 돋운다. 판소리는 긴 이야길 노래한다는 점에서 문학이면서 음악이다. 문학으로서는 민속문학 또는 구비문학의 하나이며, 음악으로서는 민속악의 하나이다. 그러므로 판소리는 음악과 문학이 하나로 어우러져 있는 종합적 현장 예술이다.

판소리란 말의 뜻은 여러 가지로 풀이할 수 있다. 판소리는 '판+소리'로 된 합성명사로 '판'을 많은 사람이 모인 곳으로 보아 판소리를 많은 사람이 모인 소리판에서 부르는 '소리'로 풀이할 수 있다. 한편 그 판을 여러 가지 놀이가 이루어지는 '놀이판'이라고 해석할 경우, 판소리는 판놀음을 벌이고 부르는 소리가 된다. 즉, 판놀음에서 줄타기는 '판줄', 농악은 '판굿', 춤은 '판춤', 염불은 '판염불', 소고놀음은 '판소고'라고 하듯이, 판놀음에서 하는 소리를 '판소리'라고 하는 것이다.

판소리의 연행을 위해서는 세 가지 요소가 성립되어야 한다. 그것은 소리꾼과 고수, 그리고 청중이다. 흔히 판소리의 연행 형태를 1인창의 독연으로 보려는 시각이 있는데, 이것은 소리꾼만을 주목하는 것으로 올바르지 못하다. 소리꾼의 역할이 중요한 것은 분명하지만 원칙적으로 판소리의 판은 고수가 있어야 제대로 성립하게 된다.

판소리의 연행은 소리꾼과 고수가 함께 연행하는 2인 무대로 보는 게 옳다. 전통적으로 내려오는 말로 '일고수 이명창', '숫고수 암명창'이란 말들이 있다. 이 말에서 보듯이 고수의 역할이 소홀히 될 수 있는 것이 아니며, 결국은 고수와 명창이 합해져야 판소리를 생산해 낼 수 있다는 것을 알게 된다.

뿐만 아니라 소리판에는 청중의 구실이 필요하다. 서구식 개념으로 청중은 단순한 청중 이상일 수 없지만 우리의 소리판에서 청중은 참여자로서 구실을 한다. 소리판에서의 청중의 적극적인 참여는 흥이 날 때 '얼씨구', '좋다' 하는 추임새로 나타나곤 한다. 청중은 판소리의 구체적인 수용자이며, 판소리 공연을 가능하게 하는 한 요소인 것이다.

소리꾼은 창과 아니리, 발림으로 연행을 진행한다. 창은 판소리 예술의 주축을 이루는 음악적 요소이다. 소리꾼은 이 창을 익히는 데 각고의 노력을 쏟아야 한다. 소리꾼은 창법, 표현 기교, 음질, 발성법, 장단 등을 수련하여야 하는데, 명창이 되기 위한 수련이 얼마나 고되고 어려운지 명창들이 남긴 수많은 에피소드가 잘 말해준다.

아니리는 판소리의 내용을 말로 전달하는 것을 말한다. 아니리는 사건의 변화, 시간의 경과, 작중인물과의 대화, 주인공의 심리묘사, 작중인물의 독백 등을 전달하고, 소리꾼이 창을 한 후 숨을 돌릴 수 있게 하는 기능을 한다.

그리고 발림은 소리꾼이 부채를 들고 몸짓으로 표현하는 것을 말한다. 앞의 창과 아니리가 언어적 표현이라면 발림은 행위적 표현이라고 하겠다. 소리꾼은 이 같은 창, 아닐, 발림을 통해 판소리를 연행한다.

판소리 반주에 쓰이는 악기는 북이다. 고수가 북을 쳐서 창자의 소리를 반주한다. 판소리에 쓰이는 장단은 크게 나누어 진양, 중모리, 중중모리, 잦은모리, 휘모리, 엇모리, 엇중모리가 있다. 진양장단은 판소리 장단 가운데 가장 느린 것이다. 중모리는 진양 다음으로 느린 것이고, 중중모리는 중모리와 박이 거의 비슷한데, 중모리보다 더 빠른 장단이다. 잦은모리는 말 그대로 잦게, 곧 빠르게 소리를 몰아가는 장단이다. 휘모리는 판소리에서 가장 빠른 장단이다. 말 그대로 휘몰아 가는 장단이고, 엇모리는 절름거리는 박자로 판소리의 다른 장단은 박이 일정한 느낌을 주지만, 엇모리는 박이 길고 짧아 절름거리는 느낌을 주기 때문에 좀 색다른 장단이라고 할 수 있다.

판소리의 악조는 가락의 짜임새나 모양새에 따라 지어지는 음악적인 특징인데, 우조,

평조, 계면조, 경드름, 설렁제, 추천목 등의 종류가 있다. 그런데 이들은 크게 우조와 계면조로 분류할 수 있다. 경드름, 추천목, 설렁제는 우조로 묶을 수 있고, 메나리조는 계면조로 묶을 수 있다.

— 서정섭, 『남원·지리산 이야기』 중에서

Q1. 글의 내용을 고공표로 정리하시오.

메 모

제 **12** 장

상상을 통한 이야기 구성

상상을 통한 이야기 구성

우리는 글을 쓸 때 다양한 제재와 소주제들을 이용하여 글을 쓰게 된다. 이 때 다양한 제재와 소주제들을 어떻게 일관성 있게 연결하느냐가 글의 성공 여부를 판가름한다. 따라서 다양한 제재들을 자연스럽게, 일관성 있게 연결하는 훈련은 좋은 글을 쓰는 데 꼭 필요한 훈련이다.

집을 설계하는 설계사에게 사용할 재료가 다양하면서도 양질의 것이 많이 제공될 수 있다면 얼마나 편리하겠는가. 그러나 재료가 많고 다양하다고 해서 필요하지도 않고, 어울리지도 않는 자리에 이 재료들을 사용한다면 그 집은 이상하게 될 것이다. 초가집을 지으면서 이태리에서 수입한 좋은 대리석이 있다고 흙벽 한 쪽에 대리석을 붙인다면 과연 아름다운 초가집이 지어졌다고 할 것인가.

글도 마찬가지다. 다양한 소재나 제재가 많으면 많을수록 좋다. 그리고 일어나는 사건이나 상황도 다양하고 많으면 많을수록 좋다. 그러나 이것만으로 좋은 글이 되지는 않는다. '구슬이 서 말이라도 꿰어야 보배'라는 말이 있다. 각 구슬을 꿰는 실이 곧 논리다. 이 논리는 구슬들에 어떤 일관성을 제공한다. 그리고 각각의 구슬들이 어떤 하나의 형태를 유지할 수 있게 하는 기준이 된다.

이 장에서는 글을 쓰면서, 아니 정보를 표출하면서 유지해야 할 일관성, 논리성에 대한 훈련을 한다. 또한 이를 토대로 이야기를 꾸며 나가는 훈련도 한다.

1. 문장으로 연결하기

문장은 완전한 의미 전달의 기본 단위이다. 여기서 완전한 의미란 상황을 전제로 한다. 따라서 아래와 같이 두개의 서로 다른 상황이 각각 주어졌을 때는 그들 사이에 아무런 관련성이 없다.

> 상황 1 : 기차가 떠났다.
> 상황 2 : 쓸쓸하게 바람이 불어왔다.

그러나 그 사이에 새로운 상황(문장)을 개입시키면 서로 다른 두 개의 상황이 긴밀한 관련을 맺을 수 있다.

> 상황 1 : 기차가 떠났다.
> 추가 상황 : 그녀가 이제 완전히 내게서 떠났다.(그녀가 떠난 내 가슴에……)
> 상황 2 : 쓸쓸하게 바람이 불어왔다.

이 훈련은 아래와 같은 방법으로 실시한다.

① 두 개의 문장(상황)을 제시한다.

② 처음에는 두 문장(상황) 사이에 한 문장을 삽입하여 자연스럽게 연결시킨다.

③ 이것이 익숙해지면, 삽입하는 문장의 숫자를 점점 늘려 나간다.

 **같이 하기 : 두 상황 사이에 문장을 넣어 자연스럽게 연결해 보자.**

▶ 삼순이의 10,000원짜리 돈에서는 참기름 냄새가 난다.

▶ 세상을 참기름냄새처럼 사는 삼순이가 부럽다.

▶ 토기 한 마리가 산을 오르다가 곰을 만났다.

▶ 곰은 기절해 쓰러졌다.

2. 이야기 만들어 나가기

위에서 우리는 관련이 없는 두 상황을 다른 문장을 삽입함으로써 서로 관련을 짓는 훈련을 하였다. 이제는 구체적으로 이야기를 만들어 가보자. 한 편의 이야기에는 최소한 두 개 이상의 사건이 연결되어 있어야 한다. 그러나 이 때의 사건은 단순한 사건이 아니라 의미 있는 일련의 사건이어야 한다. 또한 사건의 진행 과정이나 상황의 변화는 모두 시간의 흐름 속에서 일어난다. 따라서 시간의 흐름 속에 무엇인가의 '움직임'이 전제되어야 한다.

여기서 우리는 구체적인 이야기를 글로 써 나가기보다 이야기의 틀을 만들어 나가는 방법을 사용하기로 한다. 즉 서사 구조로 만들어 나가는 것이다. 이야기의 틀은 문자를 이용할 수도 있고, 아이콘이나 그림을 이용할 수도 있다.

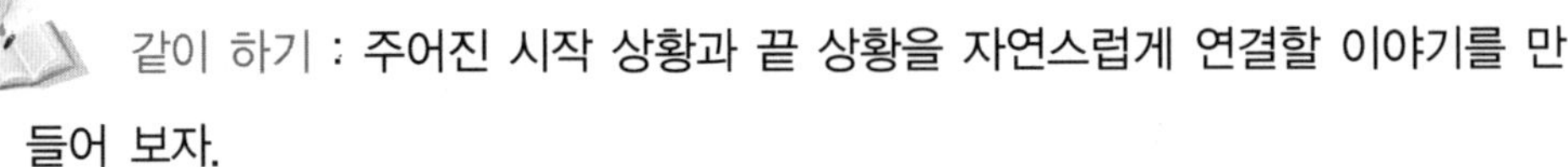

같이 하기 : 주어진 시작 상황과 끝 상황을 자연스럽게 연결할 이야기를 만들어 보자.

▶ **시작 상황** : 춘향은 관기 월매의 딸로 얼굴이 너무 못생겨서 삼십이 넘도록 통혼하는 사람조차 없었다.

▶ **끝 상황** : 춘향은 몽룡 도령이 정표로 준 비단 수건으로 광한루에 목을 매달았다.

 다음 글을 사선(/)을 치면서, 그리고 중요한 낱말이나 구절에 동그라미를 치면서 읽어보자.

그는 활강을 시작했을 때 해변에 내려가서는 자기가 활강한 깊이만큼 모래 위를 걸어 그 길이를 재어보기도 했다. 조나단의 부모는 그의 이런 어처구니없는 행동에 몹시 당황했다.

"존, 왜 그러니?"

그의 어머니가 물었다.

"너는 왜 다른 갈매기들처럼 그렇게 행동하지 못하니? 저공비행 따위는 펠리컨이나 신천옹에게 맡길 수 없니? 그리고 너는 왜 잘 먹지를 않니? 너무 말라서 이제는 뼈와 깃털뿐이잖니?"

"뼈와 깃털만 남아 있어도 상관없어요, 어머니. 저는 단지 창공에서 제가 할 수 있는 것은 무엇이고, 할 수 없는 것은 무엇인지 알고 싶어요. 저는 단지 알고 싶을 뿐입니다."

"이봐라, 조나단."

그의 아버지는 타이르듯이 말했다.

"이제 얼마 안 있으면 겨울철이 올 것이다. 그러면 고기잡이하는 배도 거의 없어지고 얕게 놀던 물고기도 점점 물 속 깊이 헤엄치게 된다. 만일 네가 꼭 배워야만 한다면 먼저 먹이를 구하는 것부터 배우는 게 어떻겠니? 물론 네가 하고 싶은 비행술을 익히는 것도 좋겠지. 그러나 창공을 비행하는 것만으로는 먹고 살 수가 없잖아…. 네가 나는 이유는 먹기 위해서라는 것을 잊어서는 안 된다. 알겠니?"

조나단은 공손하게 고개를 끄덕였다.

그 후 며칠 간 그는 다른 갈매기처럼 행동하려고 애를 썼다. 그는 정말로 다른 갈매기와 어울려 먹이를 얻으려고 선창가와 고깃배 주위를 날며 끼룩끼룩 소리를 지르고 싸우면서 고기나 빵 조각을 찾아 재빨리 날아 내리곤 하였다. 그러나 조나단은 그러한 일을 해 낼 수가 없었다.

'이것은 정말 부질없는 짓이야.'

이렇게 그는 생각하면서 힘들여 잡은 멸치를 자기를 따라오는 늙고 굶주린 갈매기에게 떨어뜨려 주었다.

'이런 시간을 모두 나는 법을 연구하는 데 쓸 수 있다면 좋을 텐데……. 배울 건 그야말로 산더미처럼 많지 않은가!'

얼마 지나지 않아 조나단 시걸은 다시 혼자서 바다 멀리 나아가 굶주리면서도 행복한 마음으로 연습을 하게 되었다.

— 리차드 바크, 『갈매기의 꿈』에서

01 왜 갈매기 조나단 시걸은 다른 갈매기들처럼 행동하지 않았을까요?(상상하기)

Q2. 이 글의 전체 내용을 상상하여, 단계별 이야기 구조를 만들어 봅시다.

다음 글을 사선(/)을 치면서, 그리고 중요한 낱말이나 구절에 동그라미를 치면서 읽어보자.

'째' 좀 고만 내고 공부 조깨 혀

가을이 깊어 가면 단풍이 마지막 멋을 부린다. 인근 산들이 형형색색 다양한 색을 보이고 있으니 정말 멋있어 보인다. 단풍이 떨어진 길을 걷는 사람들의 모습이 참 정겹고 멋있다.

"아따 옴서 봉게 질가상으 은행나무서 노란 단풍이 떨어져가꼬 바람으 날리는디 걍 멋지도만. 나도 막 내리가꼬 걸어가고 어서 혼났고만."

사람은 누구나 옷을 잘 차려 입고 다니고 싶고, 다른 사람들에게 '멋있다'는 소리를 듣고 싶어 한다. 그래서 아침에 출근하거나 외출할 때, 옷 입고 화장하는 데 많은 시간을 소비한다.

"야! 너 오늘 째를 겁나게 냈구나! 옷이 아주 째가 있는데, 새로 한 벌 장만 는가?"

"아 그 친구 우리 회사에서 째쟁이지. 옷을 아주 잘 입고 다닌다고."

우리 지역에서는 '멋'을 '째'라고 말한다. 이 '째'라는 말은 표준어에는 없는 우리 방언이다. 그래서 우리 지역에서는 '멋쟁이'도 '째쟁이'라고 말하고, '멋이 있다'는 표현도 '째가 있다'고 표현한다. 또 '멋을 부리다'도 '째를 부리다'라고 표현한다.

'멋쟁이'는 '멋장이'라고 쓰지 않는다. 한글 맞춤법 규정에 기술자일 때는 접미사 '-장이'를 쓰지만, 기술자가 아니면 '-쟁이'를 쓰게 되어 있다. 따라서 '째쟁이'는 '째+-쟁이'의 구성으로 만들어진 말이다.

"야! 너 오늘 너무나 째를 부린다. 어제 옷을 산 모양인데 한 턱 내야지?"

이렇게 멋을 내는 데는 남녀노소가 구별이 없는 것 같다. 어린이들도 머리에 무스라는 것을 바르려고 하고, 초등학생도 옷에 신경을 쓰는 것 같다. 나이가 드신 분들도 상대방에게 예쁘게 보이려고 화장을 짙게 하고, 외출하기 위해 옷을 고를 때도 망설이는 경우가 많을 것이다.

"아 요짐 꼬마들도 째가 늘어가꼬 머리다가 무쓰를 발르고 헌당게. 아 쬐깐헌 녀석들이 머슬 안다고 째를 내고 그러냐고?"

이왕이면 다홍치마라고 했다. 옷차림을 단정히 하여 상대방에게 호감을 준다면 아주 좋은 일이라 하겠다. 그러나 어려운 시기에 지나치게 사치를 하여 정말 멋이 없는 '째'를 낸다면, 오히려 '째'를 내려다가 상대방에게 부담을 주게 될 것이다. 지금 입고 있는 옷차림이 분수에 넘치는 옷차림이 아닌지 거울을 한 번 보자.

— 이태영, 『전라도 방언과 문화 이야기』 중에서

Q1. 이 글을 읽은 느낌을 5문장 이상 적어보세요.

Q2. 평소에 방언에 대해 가지고 있었던 생각을 5문장 이상으로 적어보세요.

Q3. 자신이 알고 있는 방언을 이용하여 옛날이야기나 동화를 재구성 해 보세요.

다음 글을 사선(/)을 치면서 읽고, 모르는 낱말이 나오면 네모(□)를 치고, 중심 문장인지 보조 문장인지를 판단하여 중심 문장이라고 생각되는 곳에 밑줄을 치면서 읽어보자.

사이버 문학과 국어 교육

인터넷과 사이버 문학의 양면성

처음에 군사적 목적으로 시작된 인터넷이 전 세계를 새로운 시대로 접어들게 만든 것은 하나의 경이라 할 만하다. 그 과정에서 컴퓨터를 이용한 저항 문화의 역할은 실로 지대한 것이었다. 마치 영화나 라디오가 처음 등장했을 때 기존 체계의 전복을 꿈꾸던 특정 집단에 의해 애호되었듯이, 저항 세력은 컴퓨터라는 새로운 매체를 통해 체제의 횡포와 독단에 항거하면서 인간으로서 자신들이 지닌 능력을 해방시키고자 노력해 왔던 것이다. 이들의 뒤를 이어 이제 온라인 상에서는 수많은 네티즌들이 정치나 환경 등 공적 영역의 문제를 자유롭게 논의함으로써 민주주의를 새로운 방향으로 이끌고 있다. 또한 특정한 인종이나 게이, 레즈비언처럼 소수 집단을 공공연하게 내세우는 수많은 가상 집단(cyber-community)과 동호회가 중앙집권적 사회 체제를 무너뜨리려는 시도를 하고 있기도 하다. 한 마디로 말해 인터넷은 세상을 바꾸는 역할을 담당하고 있는 것이다.

그런데 문제는 이와 같은 진보적 측면의 다른 편에 섹티즌(sextizen)으로 불리는 감각적이고 외설적 성향의 인간을 양성하는 온라인 상의 '하위' 문화가 존재하고 있다는 점이다. 이것은 라디오가 한편으로는 저항 문화의 가능성을 한껏 높여 주었지만, 다른 한편으로는 미성년자들의 취향에 영합하는 매체적 성격을 가졌던 것과 비슷한 양상을 띠면서도 상황이 좀더 악화된 것이라고 할 수 있다. 오늘날에는 과거의 권위주의 국가가 행했던 것처럼 성 본능을 통제하는 일이 생각처럼 쉽게 이루어지지 않는다. 설사 국가가 효과적으로 성 본능을 관리한다 하더라도 그 부작용 또한 만만치 않다. 성 본능을 오랜 기간 동안 억압할 경우 사회 전체가 보수적이고 반동적인 성격을 띨 것이기 때문이다. 그런데 현재의 인터넷은 이와는 정반대로 거의 통제 불가능한 수준에 도달해 있다. 인터넷에서 발견되는 포르노 사이트는 더 이상 예전처럼 표현의 자유를 위한 저항의 표현이거나 정상적인 것을 강조하는 사회 규범으로부터의 일탈이 아니라, 스스로의 정화 기능을 상실함으로써 인터넷이라는 바다를 죽음에 이르게 만드는 적조(赤潮)일 따름이다. 포르노 사이트 이외에 자살 사이트나 폭탄 제조 사이트 등도 기본적 성격 면에서 크게 다르지 않은 경우라고 할 수 있을 것이다.

이상에서 살펴본 것처럼 인터넷이라는 새로운 매체는 그보다 앞서 등장한 매체들과 마찬가지로 진보적 성격과 부정적 성격을 동시에 가진 야누스적 존재라고 할 수 있다. 이 글에서 다루고자 하는 사이버 문학은 이처럼 이중적 성격을 지닌 인터넷을 매개로 이루어지고 있기에 그 매체와 마찬가지로 긍정적 측면과 부정적 측면을 동시에 가지고 있을 것이라는 짐작이 가능하다. 사이버 문학은 기존의 문학 생산과 유통 과정을 완전히 전복시킨 혁명적 측면이 있는 반면에 엽기적이고 저질적인 내용을 양산해 냄으로써 때로는 범죄를 부추기는 온상처럼 보이는 측면도 있기 때문이다. 이러한 사이버 문학을 국어 교육의 차원에서 논의할 때에는 여러 가지를 고려하지 않을 수 없다. 주지하다시피 사이버 문학이 '문학'의 일종이라는 사실을 부정하기는 힘들다. 그렇기 때문에 다른 문학과 마찬가지로 특정한 사회적, 역사적 맥락에서 생겨난 것이라고 볼 수 있다. 이것은 사이버 문학이 공동체의 형성과 발전에 일정한 역할을 담당해야 할 사회적 공유물이라는 것을 의미한다. 이런 까닭에 만약 국어 교육이나 문학 교육에서 사이버 문학을 무시하거나 배제한다면, 그것은 일종의 임무 방기가 될 수밖에 없을 것이다.

이와 같은 문제 의식 아래 이 글은 가볍게 읽을 수 있는 에피소드 수준에서 사회적 물의를 빚을 수 있는 무정부주의적 수준에 이르기까지 다양한 스펙트럼을 보이고 있는 사이버 문학을 국어 교육적 관점에서 분석하는 것을 중요한 목적으로 삼는다. 특히 최근에 『그놈은 멋있었다』처럼 오프라인에서 책으로 출판되어 수십만 부가 팔림으로써 새로운 베스트셀러로 자리잡거나 『엽기적인 그녀』, 『동갑내기 과외하기』나 『옥탑방 고양이』 등과 같이 영화나 텔레비전 드라마로 각색되어 인기를 끌었던 소위 '인터넷 소설'을 집중적으로 살펴보고자 한다. 이를 위해 먼저 이들 소설의 서사적 구조와 특징을 분석한 뒤, 그 진보적 측면과 문제되는 측면을 규명해 볼 작정이다. 그리고 국어 교육에서 과연 사이버 문학을 어떤 방식으로 다루어야 할 것인지를 국어 교육의 미래와 관련하여 논의해 보려고 한다. 한편 이러한 연구는 아직 많은 연구 성과가 축적되어 있지 않아 이제 막 걸음마 단계에서 벗어나려는 정도에 머무르고 있다. 그렇기 때문에 이 글은 시론(試論)으로서의 성격을 크게 벗어나지 못할 것으로 생각된다.

청소년에 의한, 청소년을 위한, 청소년의 문학

2003년 상반기 최대의 베스트셀러는 놀랍게도 18살 짜리 아마추어 작가 귀여니가 쓴 『그놈은 멋있었다』였다. 이 작품은 3월초에 출간된 이래 불과 몇 달만에 수십만 권의 판매 부수를 기록하였다. 『그놈은 멋있었다』의 성공에 자극 받아 최근 출판계에서는 10대나 20대 초반의 작가들이 창작한 수많은 인터넷 소설들이 봇물처럼 오프라인에서 출간되고 있다. 이러한 사정은 비단 문학판에만 국한된 것이 아니다. 관객의 대다수를 차지하는 10대와 20대 관객들의 이목을 끌기 위하여 영화판에서도 인터넷 소설을 영화로 만드는 데 사활을 걸고 있기 때문이다. 물론 『그놈은 멋있었다』도 이미 영화로 만들기 위해 계약을 완료한 상태이다. 이를 통해서 보면, 우리 문화 전반이 인터넷 소설의 영향권 아래 놓여 있다고 해도 과언이 아닐 것이다.

이처럼 막강한 영향력을 발휘하는 인터넷 소설은 과거의 인터넷 소설과 비교해 볼 때 공통점과 차이점을 동시에 지니고 있는 것으로 보인다. 우선 공통점을 살펴보면 사이버 스페이스라는 영토를 점령하여 새로운 구술 문화적 형태의 문학을 발전시켰다거나, 기존의 소설 언어를 낯선 방향으로 발전시켰다거나, 독자와 끊임없는 논쟁을 통해 소통 양식을 변화시켰다거나 하는 긍정적 측면을 지적할 수 있다. 동시에 부정적 측면으로 키보드적 조어법을 퍼뜨림으로써 기존 언어 체계를 교란시켰다거나, 지나친 에로티즘 내지 엽기, 폭력 등의 내용을 통해 사회적으로 문제를 제기하는 차원에까지 나아갔다는 점 등을 지적할 수 있을 것이다.

그러나 우리가 최근의 인터넷 소설에 주목하는 이유는 아무래도 과거의 인터넷 소설과 구별되는 특징 때문이다. 그것을 구체적으로 고찰해 보면 무엇보다도 먼저 창작자가 수용자인 독자층과 동일한 10대나 20대 초반의 아마추어 작가라는 점이 주목된다. 사실 10대들이 소설에 탐닉한 것은 어제오늘의 일이 아니다. 이미 1970년대에 얄개 시리즈와 같은 학원 소설들이 있었고, 1980년대에는 하이틴 로맨스가 크게 유행한 바 있다. 하지만 이들 작품은 10대들이 주인공으로 등장하고 있음에도 불구하고 그 작가들은 이미 어른이 되어 버린 기성 세대였다. 그래서 청소년을 교화하거나 상업적으로 성공하는 것을 목적으로 씌어진 작품이 대부분을 차지하고 있었다. 이에 비할 때 최근의 인터넷 소설은 문단에 등단한 직업적 작가가 아닐 뿐더러 아직 어른이 되지 못한 청소년에 의해 창작되고 있다는 점에서 주목된다. 『그놈의 멋있었다』의 작가 귀여니의 경우를 살펴보더라도, 그녀는 평범하기 이를 데 없는 10대 소녀일 뿐이다.

이름 : 이윤세

혈액형 : AB형

장래 희망 : 현모양처

취미 : 잠자기, 노래하기, 공상하기

단점 : 게으르다. 변덕이 심하고 하기 싫으면 도망가는 경향이 있다..... ^ ^

장점 : 화가 나면 빨리 가라앉고 부탁은 거절 못하는 편...

이상형 : 남자다운 외모에 뚝뚝한 성격.. 존경할 수 있는 사람

사는 곳 : 충청북도 제천

스트레스 해소법 : 종이에 되는 대로 휘갈겨 버린다...

소원 : 한달 전으로 되돌아갈 수 있다면...

키 : 163㎝

가장 아끼는 것 : 친구들이 준 편지

감명깊게 본 영화 or 드라마 : 네멋대로 해라..

존경하는 사람 : 아빠. 인정옥 작가님

지금 행복한가 : 불행하다...
좋아하는 노래 : 동경소녀, 습관, 사랑해 누나..
젤 좋아하는 소설 속 캐릭터 : 은성이
앞으로 쓰고 싶은 소설은 : 말 한마디에 뼈가 있는 의미있는 소설..
소설을 쓰며 얻은 것은: 많은 분들과의 인연, 완결된 소설, 메일들, 뜻깊었던 시간...
마지막으로 하고 싶은 말 : 홈페이지 예쁘게 지키겠습니다.. 지켜봐 주세요.... ^*^

위에서 인용한 그의 이력에서 특별한 것을 찾아보기는 힘들다고 할 수 있다. 그야말로 대한민국에서 정상적으로 고등학교를 졸업한 스무 살 짜리 여학생이라면 누구나 이러한 이력 정도는 가지고 있을 만큼 평범하다고 할 만하다. 그런데 이처럼 평범한 여학생에 의해 창작된 사이버 소설이 온라인은 물론이고 오프 라인에서도 수십만 부를 훌쩍 넘기는 놀라운 실적을 올릴 수 있었던 이유는 무엇일까? 이 물음에 대한 해답은 귀여니의 소설 중 어느 하나의 일부라도 읽어보면 비교적 쉽게 찾을 수 있다. 대표적인 예로『그놈은 멋있었다』를 살펴보면 10대들이 일반적으로 가지고 있는 세대적 특성이라고 할 수 있는 기성 세대에 대한 반항, 이성에 대한 호기심, 변화하는 외모에 대한 관심, 자율학습 등의 학교 생활로부터 일탈하고 싶은 마음, 계산적이지 않은 치기(稚氣)와 건방진 태도, 거칠고 껄렁껄렁한 행동에 대한 숭배 등이 어른의 눈이라는 거름종이로 여과하지 않은 채 그대로 묘사되어 있음을 목격하게 된다. 이처럼 최근의 인터넷 소설은 독자와 작가가 동일한 세대이고 그들의 세대적 특징이 작품의 내용으로 자리잡고 있기에, 다시 말해 청소년에 의한 청소년의 이야기이기에 새로운 소설로서 각광을 받고 있다고 볼 수 있다. 국어 교육에서는 이전에는 찾아볼 수 없었던 이와 같은 새로운 현상에 마땅히 주목해야 할 것이다.

인터넷 소설의 두 번째 특징으로 전통적인 관점에서 볼 때 인과성이 부족하고 우연성이 남발되고 있는 등 서사 양식으로서 갖추어야 할 여러 가지 요소들을 제대로 갖추지 못한 점을 들 수 있다. 귀여니류의 소설을 두고 "아마추어적이고 일상적인 문학적 행위"의 일종이라고 보는 것도 이런 특징 때문이라고 할 수 있을 것이다. 20~30년 전의 만화를 보면서 경험하였던 황당무계함이 작품의 곳곳에 위치하고 있는데, 실상 그것은 청소년기의 특징인 주변인의 속성에서 비롯된 것이 대부분이다. 대체로 사춘기를 겪으면서 청소년들은 타자와의 교섭을 통해 주체성을 형성해 가는데, 이 과정에서 또래 집단의 역할은 결코 무시하지 못할 정도로 크다. 이 시기에는 자신을 둘러싼 주변의 세계에 대한 부정적 인식이 강해져서 부모님이나 선생님의 간섭을 싫어하며 때로는 극단적인 반항의 자세를 취하기도 한다.

　　애꿎은 후배에게 오리걸음을 시키는 한승표를 뒤로 하고 후다닥 교실로 들어왔다. 그렇다, 저 놈이 내 친구다. 엄마들끼리 친한 사이에다가 아홉 살 때부터 볼 거 못 볼 거 다 보고 친구로 커 온 사이. 승표 동생 예원이랑 내 동생 정민이 또한 유치원 시절부터 친구로 지내왔다. 한 가지 문제가 있다면…… 키가 조금씩 자라면서 저 놈이 남자로 보이기 시작했다는 것. 그것도 너무 많이. ㅜ^ㅜ
　　"어얼~ 이정은~. 무사히 도착했네~~."
　　"=_= 말 마라. 김밥만 안 싸왔어도 오늘도 오리걸음 할 뻔했어."
　　"왜? 교문에 학주 있나?"
　　"학주가 뭐냐! 한승표가 떡하니 버티고 있더라!"
　　"야, 맞다. 공고에 있는 내 친구가 저번 단합식 때 승표 보구서 소개시켜 달라구 그러는데 니가 말 좀 해주라. ㅜ^ㅜ"
　　"니가 ㅎㅐ~!!"
　　"그 새끼 여자라곤 너랑 서인아밖에 모르잖아! 내가 말 붙이면 퍽이나 대답하겠다. -.,-"
　　인아. 승표가 고 1때부터 지금껏 좋아하는 여자 아이. 우리와는 다른 부류의 아이로 공부도 상위권, 얼굴도 상위권, 집안도 상위권이다. =_= 얼굴은 인형같이 예쁘고, 피부는 눈부시게 희고, 부잣집 딸에다가 피아노도 잘 치구, 바이올린도 켜구, 게다가 공부까지 잘 하니, 넨장.

　　위의 인용문에는 10대들이 일반적으로 보여주는 몇 가지 요소들을 발견할 수 있다. 우선 한동안 대중 가요의 가사에서 되풀이되었던 바, 친구가 이성으로 보이기 시작한다는 내용은 첫사랑을 주변의 이성으로부터 느끼는 청소년기의 일반적인 특징 중의 하나이다. 또 실업계 학교에 다니는 학생과 인문계 학교에 다니는 학생을 분명히 구분하여 실업계

다니는 학생을 언급할 때에는 반드시 공고나 상고와 같이 학교의 종류를 함께 말하는 경향이나 같은 반이나 학년의 조건 좋은 학생을 질투하는 경향도 찾아볼 수 있다. 그런데 이처럼 학교를 구분하고 또래를 부러워하는 것은 자기 자신이 어떤 사람인가를 규정하는 주체의 상대화 과정에서 나타나는 일반적 현상이다. 한편 청소년은 정서와 감정이 불안정하기 때문에 거친 말도 곧잘 사용하고 까닭 모를 슬픔이나 논리가 맞지 않는 공상에 잠기기도 한다. 이런 특징에 부합하기라도 하듯이 인터넷 소설들은 이성간의 우연히 첫 키스를 한다든가, 자신을 따르는 사람들은 거들떠보지도 않고 오직 자기가 좋아하는 사람을 짝사랑한다든가, 좋아하는 사람이 자신의 사랑은 몰라주면서 자기가 싫어하는 다른 사람과 사랑을 나눈다든가, 정상적인 사람보다 어딘지 까닭 모를 슬픔을 지닌 사람에게 이끌린다든가, 갑자기 이성 친구가 불치의 병에 걸린다든가, 행위는 괘씸하지만 너무나 멋있고 잘생겨서 용서한다든가 하는 치기 어린 내용들로 채워져 있다.

이상에서 살펴본 바 우연성과 삼각 관계, 행복한 결말 등으로 이루어진 서사 구조는 대중 문학에서 흔히 사용하는 구조이다. 그런데 문제는 이와 같은 통속적 구조가 독자인 청소년층에 별다른 거부감 없이 쉽게 수용된다는 데 있다. 인터넷 소설이 등장하기 이전의 세대들도 청소년기에는 자기 시대의 통속 소설을 탐독하지 않은 것은 아니다. 1980년대의 청소년들을 예로 들어보면, 그들 역시 『어둠의 자식들』과 『꼬방동네 사람들』 등 영화로까지 만들어진 당대의 통속 소설들을 열심히 읽었던 것이다. 이처럼 통속 소설에 빠졌던 그들이 점차 그로부터 거리를 두게 된 것은 보다 좋은 작품들을 접하게 되면서부터라고 할 수 있다. 그 과정에서 국어 교육 내지 문학 교육이 지대한 역할을 담당했음은 물을 필요조차 없을 것이다. 하지만 1990년대 이후의 인터넷 세대들은 대학에 진학하거나 성인이 된 이후에도 여전히 통속 소설을 탐닉하고 있다. 이러한 사실은 학교에서 이루어지는 국어 교육이 목표로 하는 바람직한 독서와 실제 현실에서 이루어지는 독서 행위 사이에 괴리가 있다는 것을 보여 주는 좋은 증거이다. 이 간격을 메우는 일이 국어 교육의 당면 과제에 속한다는 것은 굳이 언급할 필요조차 없을 것이다.

멀티미디어적 성격과 상호 작용적 성격

인터넷 소설의 형식이 지닌 새로운 면에 대하여는 이미 많은 연구자들이 지적한 바 있다. 그 가운데 두드러진 것으로는 표현 방식에 있어서 이모티콘 등을 적극적으로 활용하고 문법을 파괴하는 조어(造語) 방식, 멀티미디어를 이용하여 다양하게 화면을 구성하는 방식 등을 사용함으로써 의사 전달 및 자판 두드리기의 편리함과 멀티미디어로서의 흡인성(吸引性)을 극대화하고 있다는 점을 들 수 있다. 인터넷 소설의 작가와 독자인 청소년층에게 있어 이제 통신에서 쓰는 이모티콘(+_+, ㅜ.ㅜ, 0_0)의 사용은 이미 보편화된 지 오래이다. 뿐만 아니라 자음과 모음 사이를 띄어 쓰는 방식(ㅅ ㅏ ㄹ ㅏ 앙 ㅎ ㅐ, ㄴ ㅓ, 니가 ㅎ ㅐ)과 긴말을 짧게 줄여서 쓰는 방식(셤[시험], 걍[그냥], 안냐세예[안녕하세요])도 이제 별다른 거부감 없이 사용되고 있다.

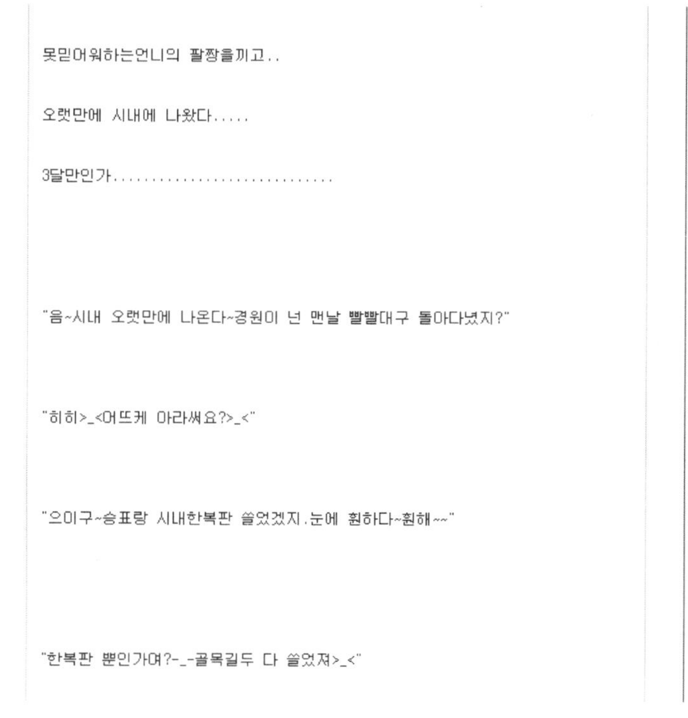

【화면1】 『그 놈은 멋있었다』의 일부분

한편 인터넷 소설은 컴퓨터의 모니터를 통해 독자들과 첫 번째 대면을 하므로 한 화면상에 많은 글자를 띄울 수가 없다. 컴퓨터가 가진 멀티미디어적 성격을 이용하지 않고 텍스트만 빽빽하게 화면상에 제시하게 되면 이용자가 당장 다른 사이트로 이동하고 말 것이기 때문이다. 그래서 최근의 인터넷 소설들은 【화면1】처럼 앞서 말한 이모티콘, 자모 간격 벌이기, 줄임말 등을 이용하는 것은 물론이고 텍스트를 제시하는 과정에서 행과 행 사이를 넓게 하고 단락 사이의 공간을 아예 여러 줄씩 비우기도 한다.

그들이 공부하고 있는 학습 참고서류나 그들이 성장하면서 읽어 왔던 동화책들이 페이지를 구성하는 방식에서 시원시원하게 여백을 많이 넣는 편집 방식을 택한 지 오래되었기 때문에 사실 청소년들은 이런 방식에 이미 익숙해져 있는지도 모른다. 두 말할 나위도 없이 이와 같은 편집 방식은 읽는 행위만큼 보는 행위가 중요한 위치를 차지하는 인터넷의 속성에서 말미암은 것이라고 할 수 있다. 즉, 인터넷에서는 마우스로 화면 오른쪽의 스크롤 바를 위아래로 움직이며 읽기 때문에 한 행에 많은 글자를 넣지 않고 다음 행으로 넘어갈 수 있도록 해야 하는 것이다. 똑같은 내용이라도 오프라인에서 종이 책으로 출판될 때 다음과 같이 변화할 수밖에 없는 것은 마우스를 이용해 위아래로 화면을 읽지 않고 손으로 넘기면서 글자를 읽는 데 집중하기 때문이다.

"ㅇ_ㅇ 아니 몰라. 우리 따라오는 거 맞지."
"응. 쟤 1학년 같은데 쟤 뭐야?"
"ㅇ_ㅇ 너 좋아하는 애 아니야?"
"=_= 나 쟤 처음 봐. ㅇ_ㅇ"
"이상하다. 요새 뭔가 이상해. 야, 빨랑 와. 빨리 가자."
"응 응. >_<"
나와 경원이는 전봇대 뒤에 숨은 수상쩍은 놈을 따돌리기 위해 필사적으로 뛰었다. 이상해. 준세도 그렇고 쟨 또 뭐야? -.,- 이상해. ㅜ_ㅜ

물론 화면에 텍스트를 배치하는 편집 기술이 인터넷 소설의 멀티미디어적 성격의 전부는 아니다. 일반적으로 모니터에 뜨는 인터넷 소설의 화면에는 음악이 함께 따라 나온다. 화면 구성자가 게시판 소스에서 태그를 작성할 때 음악이 자동으로 연주되도록 명령어를 첨가했기 때문이다. 또 다양한 그림이나 동영상으로 이루어진 스킨(skin)을 이용하여 화면을 아름답게 꾸밀 수도 있다. 이와 같이 인터넷 소설은 다양한 화면 구성 방법을 동원하여 독자들의 온갖 감각을 즐겁게 해줌으로써 그들을 끌어들일 수 있는 방책을 구비하고 있는 것이다.

작가 개인의 홈페이지 운영과 게시판의 적극적 사용도 인터넷 소설의 또 다른 형식적 특징이다. 【화면 2】에서 볼 수 있는 것처럼 최근의 인터넷 소설 작가들은 직접 운영하거나 전문 회사를 대리인으로 하여 작가 자신의 이름을 붙인 홈페이지를 운영하고 있다. 그 홈페이지에서 가장 중요한 부분을 차지하는 것은 【화면 2】의 '귀여니 연재'처럼 작품을 연재하는 게시판이다.

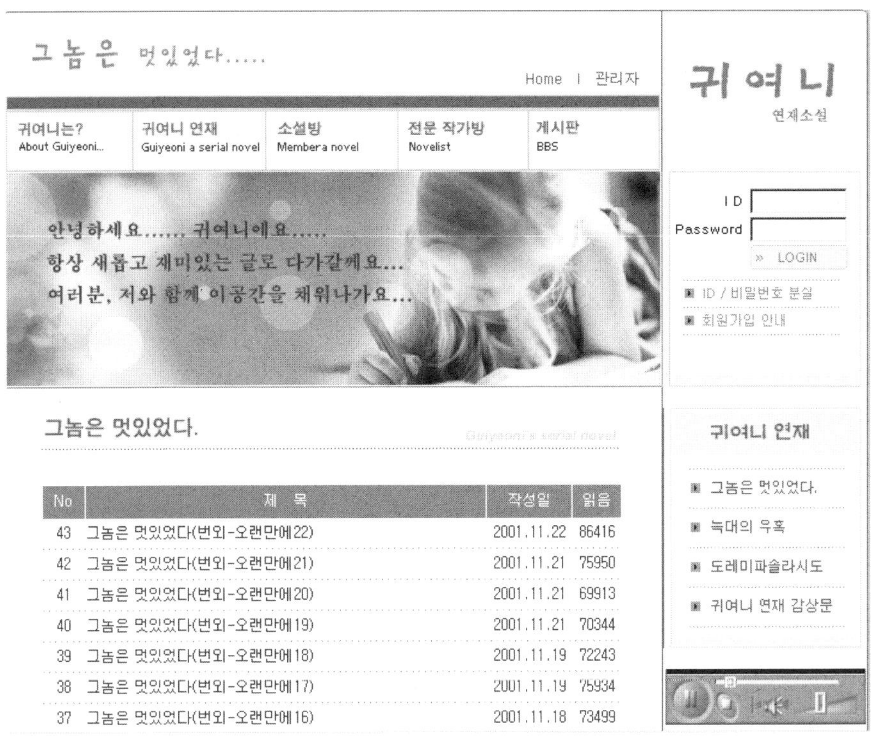

No	제 목	작성일	읽음
43	그놈은 멋있었다(번외-오랜만에22)	2001.11.22	86416
42	그놈은 멋있었다(번외-오랜만에21)	2001.11.21	75950
41	그놈은 멋있었다(번외-오랜만에20)	2001.11.21	69913
40	그놈은 멋있었다(번외-오랜만에19)	2001.11.21	70344
39	그놈은 멋있었다(번외-오랜만에18)	2001.11.19	72243
38	그놈은 멋있었다(번외-오랜만에17)	2001.11.19	75934
37	그놈은 멋있었다(번외-오랜만에16)	2001.11.18	73499

【화면 2】 『그 놈은 멋있었다』의 게시판 첫 화면

이처럼 인터넷상에 팬 사이트나 안티 사이트가 아니라 작가의 개인 홈페이지가 존재한다는 것은 작가가 처음부터 인터넷의 상호 작용적(interactive) 성격을 이용하여 창작을 시도했다는 것을 의미한다. 이 점은 확실히 과거의 인터넷 소설가들과 구별되는 최근의 인터넷 소설 작가들의 특징이라고 할 수 있다. 그리고 개인 홈페이지에 마련된 게시판을 이용할 때의 장점은 무엇보다도 작가가 언제든지 자신의 작품을 고쳐 쓸 수 있다는 점이다. 앞서 인용한 귀여니의 이력에서 소설 쓰면서 얻은 것으로 많은 사람들과의 인연, 완결된 소설, 메일들을 들고 있는데, 이런 것들은 게시판을 소설 발표의 장으로 이용하면서 얻은 것들이라고 할 수 있다. 게시판에서는 독자들이 자신의 작품에 대해 어떻게 생각하는지를 금방 알 수 있도록 조회수, 코멘트, 리플라이 등이 함께 달려 있다. 작가는 이들을 통해 독자의 반응을 파악한 후 '수정' 버튼을 눌러 작품의 플롯이나 길이를 수정할 수도 있고 완전히 일부분을 지워 버릴 수도 있다.

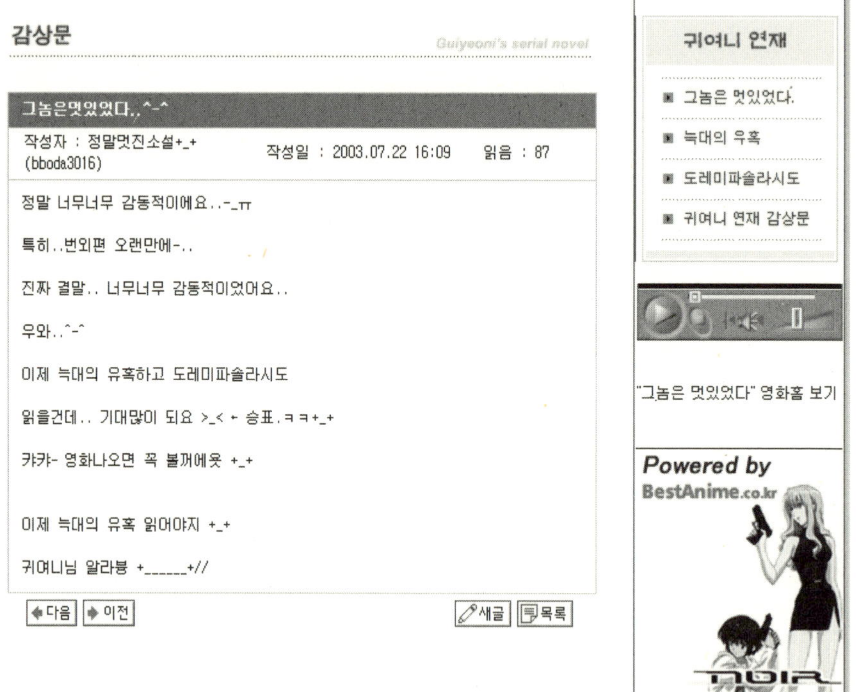

【화면 3】 『그 놈은 멋있었다』에 대한 독자의 감상문

이처럼 수정이나 삭제가 가능하다는 것은 현실 공간의 작가들처럼 무거운 책임감을 느끼지 않아도 된다는 것을 의미하며, 작가로 하여금 글쓰기를 놀이이자 게임이지 유희로 받아들이게 한다. 이러한 변화는 문학에 대한 기존의 인식을 뒤흔들 수 있는 폭발력을 지닌 것으로, 장차 문학의 창작과 유통의 변화에 결정적 계기를 제공할 수 있을 것으로 생각된다.

— 김외곤, "사이버 문학과 국어 교육" 중에서

Q1 내용 문단으로 나눌 때 몇 문단입니까?

Q2 형식은?

Q3 각 문단의 요지를 적어 보세요.

 1분당 읽은 글자 수를 측정해 보자.

본문 글자 수	11,005	자
읽은 시간	분	초
1분당 읽은 글자 수		자
요약 정리 시간	분	초

메 모

제 13 장

내 의견, 네 의견

우리는 살아가면서 어떤 상황이나 사건을 접하게 되면 그 상황이나 사건에 대한 자기 나름의 해석을 하게 된다. 이 때 대개의 해석들은 그동안 우리가 경험했던 모든 것을 토대로 한 종합적 사고이다. 물론 동일한 상황이나 사건에 대한 해석은 여러 사람들에게서 엇비슷하게 나타날 수도 있고 전혀 다를 수도 있다. 그 이유는 어떤 측면에서 그 상황과 사건을 바라보느냐에 따라 달라질 수 있기 때문이다. 과학적 인식을 토대로 한 객관적 사고에서는 통일된 해석을 끌어 낼 수 있지만, 감성적 인식을 토대로 한 창조적 사고에서는 사람마다 전혀 다른 독창적인 해석이 가능할 수 있다. 창조적 사고를 바탕으로 한 해석은 해석자 자신의 경험, 감정, 느낌, 상상 등 모든 것이 동원되어 하나의 새로운 창조물이 된다.

이제 우리는 해석의 다양성을 한번 경험해 보기로 하자. 일단 우리는 보조 자료로 만화를 이용한다. 만화는 그림, 배경, 언어라는 세 가지 기본 구성 요소들로 이루어지는 커뮤니케이션 양식이다. 특히 만화에 있어서 그림은 문자 언어에 익숙하지 않은 어린이들은 물론, 해당 부문에 초보적인 수준의 성인들에게도 쉽고 친근하게 내용을 전달해 준다.

　만화의 이 같은 강력한 전달 효과 때문에 요즘에는 광고나 선전, 홍보, 교육 등 각 분야에서 만화를 많이 응용하고 있다. 그만큼 만화는 우리 생활 깊숙이 들어와 있다.

　만화는 형식적인 차원에서 삽화, 한 칸 만화, 네 칸 만화, 다컷 만화, 연재 만화, 만화 영화…… 등등으로 나누어 볼 수 있다. 한 칸 만화는 만화 1컷이 하나의 이야기를 담고 있으며, 4컷 만화는 대부분 기승전결의 4단 구성을 취한다.

　이제 만화를 보면서 각 장면의 내용을 상상해 보고 각자 자유스럽게 만화를 내용을 풀어서, 혹은 상상하여 글을 써 보자. 각자 자유스럽게 글을 써 본 후 다른 사람들과 비교하면서 동일한 만화가 얼마나 다양하게 해석될 수 있는지를 직접 경험해 보자.

　다음은 쿠스토노의 1컷 만화이다. 이 만화에 대한 다양한 해석을 보도록 하자.

(허병두, 『문제는 창조적 사고다』에서)

A) 승자만 있을 뿐!

　　2등도 없고, 3등도 없다. 오직 1등뿐이다. 승부의 세계에서는 오직 1등뿐이다. 특히, 생명을 걸고 싸우는 옛 결투의 풍습이 유래된 것이라 할 수 있는 펜싱 경기의 속성은 결국 승자만이 있을 뿐이라는 교훈을 우리에게 준다. 우리 삶 자체도 모두 이렇게 냉정한 승부의 세계가 아닐까. 오직 승자만이 있을 뿐이라는 것이 주제라고 생각한다.

B) 누구도 승자가 아니다!

　　그렇게 생각하지 않는다. 오직 1등뿐이기에 승자만 있을 뿐이라는 생각은 너무 단순하다. 자세히 들여다 보라. 1등의 배에는 칼이 꽂혀 있다. 즉, 승부의 세계에서는 도대체 그 누구도 승자가 될 수 없다는 것이 이 만화의 주제이다. 상처뿐인 영광이라는 말도 있듯이 그 누구도 최후의 승자가 될 수는 없다.

C) 승자의 철저한 자세!

　　천만의 말씀이다. 펜싱 경기를 본 적이 있는가. 한 번이라도 펜싱 경기를 본 사람은 안다. 펜싱 경기가 얼마나 신사적인 경기인가를. 이 만화는 상징적으로 그려진 것이다. 우선 2등과 3등의 자리가 거꾸로 표현되고 있다는 점만 보아도 그렇다. 그리고 배에 찔린 듯 칼이 그려져 있다는 것은 잘 보았다고 생각한다. 그러나 조금 더 자세히 보면 아무런 표정이 없다. 오히려 둥글둥글한 얼굴 선 처리는 고통과는 상관없다. 승부를 위한 철저한 자세가 바로 이 만화가 강조하는 주제이다.

이렇듯 동일한 만화를 보면서 사람마다 다른 생각을 할 수가 있다. 이것은 우리가 접하는 세계에 대하여 다양한 해석이 가능하다는 것을 의미한다.

 같이 하기 : 다음 2컷 만화를 해석해 보고 다른 사람들과 비교해 보자.

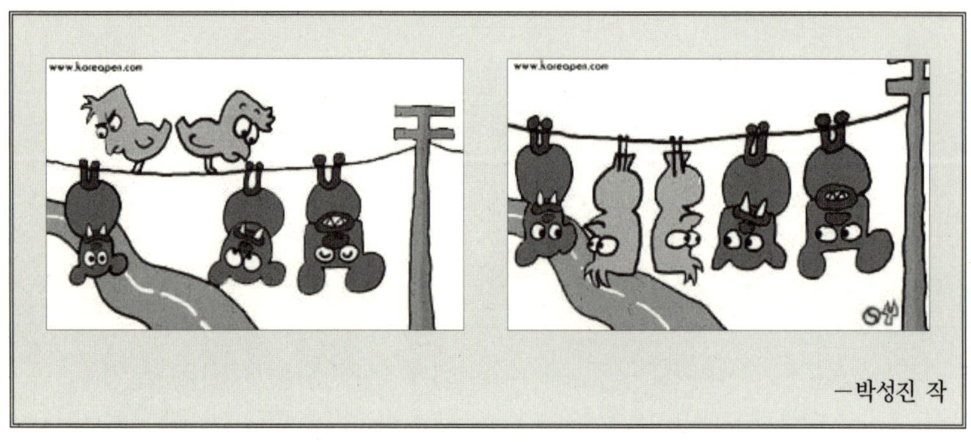

—박성진 작

해석(5문장 이상 쓰기)

다른 사람의 의견

혼자하기 13.1.

 다음 만화를 해석하시오.

해석(5문장 이상 쓰기)

다른 사람의 의견

혼자하기 13.2.

 다음 만화를 해석하시오.

해석(5문장 이상 쓰기)

다른 사람의 의견

다음 글을 사선(/)을 치면서 읽고, 중요하다고 생각되는 문장에 밑줄을 쳐 보자.

'아프레 걸'(전후파 여성) 담론

50년대 여성지의 가부장성은 그것이 여성성과 남성성의 정의와 재조정을 통해 해방과 전쟁으로 인해 문란해진 사회적 질서를 바로잡으려 했다는 점에서 뚜렷이 드러난다. 무엇보다 근대적 스위트홈의 이상이 출현하면서 여성성은 '가정성'과 관련해 새로이 정의되었다. 50년대는 여성에게 '가정으로의 귀환' 명령이 내려진 시기였다. 그러나 이는 반드시 여성들이 노동시장에서 축출되어 가정부인으로 되돌아갔다는 것을 의미하지는 않는다. 여성의 경제활동은 전란이 가져온 극심한 가난, 전후 장기간의 인플레 탓에 적극 권장되었다. 「서울의 지붕 밑」(『여원』 56.10.)이라는 제호의 기사는 회사와 학교로, 관청과 반찬가게로 바쁜 맞벌이 부부 두 쌍과, 남편을 유학 보내고 인형제작을 하거나 재봉일로 감옥에 간 남편 대신 많은 식구를 부양하는 여성가장들을 긍정적으로 조명하고 있다.

그러나 여성의 경제적 노동은 남편의 무거운 짐을 덜어주는 의미를 갖는 것이었지, 여성 자신의 필요나 욕망충족을 위한 것으로 여겨지지 않았다. 따라서 여성이 가정주부로서의 역할을 등한시하고 바깥 일에만 매달리는 것은 가정의 평화를 위협하는 일로 간주되었다.때문에 부업이 권장된 데 비해 직장 여성은 경계의 대상이 되었다. 특히 고학력 중산층 여성들은 남성들의 영역을 침범한다는 이유로 남성화된 여성으로 정의되었다. 가정성을 통한 여성성의 재정의는 여성을 저임금으로 부릴 수 있는 가부장적 자본의 전략이었다. 또한 독신여성은 '가정성' 바깥에 서 있다는 이유로 이기적이거나 우울증을 앓는 존재로 재현되기 십상이었다. 여성의 독신생활은 그녀들이 전쟁 고아나 소외계층의 어머니가 되었을 때만 긍정적으로 인식되었다.

아프레 걸은 해방과 전후 근대화 과정에서 나타난 사회적 혼란을 바로잡는 가운데 공공의 적으로 등장했다. 논의를 종합해 보면, 아프레 걸은 도시에 사는 십대후반이나 이십대의 여대생으로서, 물질적 향락을 위해 돈 많은 중년남자와 연애하고, '보이푸렌드'와 섹스하고도 책임을 묻지 않을 만큼 쿨하고, 서양풍으로 한껏 멋을 부린 사치스러운 존재다. 그러나 아프레 걸은 객관적 지시대상이 뚜렷하기보다는, 소문과 상상 속에서 가공되고 부풀려진 존재였다. 여성잡지들은 특집 등 비중이 높은 지면을 통해 아프레 걸의 타락한 "생태"를 비판하며 사회적 질서를 바로잡을 것을 호소했다. 그리고 고백 수기, 「여대생은 밤에 나온다」식의 르포성 취재기, '딱한 사정', '인생 십자로' 등 가십성 기사나 코너를 통해 아프레 걸의 성적 방탕을 선정적으로 묘사했지만, 그것은 진위를 알 수 없는 창작성 기사에 가까웠다. 이렇듯 아프레 걸의 정체가 뚜렷하지 않은 채 담론은 과잉화되면서, 끝없이 외연을 확장해 갔다. 아프레 걸은 종종 신분과 나이를 막론하고 바람난 "전쟁 미망인", 자유부인(유한 마담), 유엔 레이디, 계 마담, 알바이트 여성, 고학력 직장여성 등을 가리키는 말로 사용되었다.

김동리는 아프레 걸의 두드러진 특징이 "육체적", "타산적", "개방적"인 데 있다고 했는데, 이는 아프레 걸에 대한 히스테릭한 비난이 전통적으로 남성의 것으로 간주된 성적 욕망과 물질적 욕망을 추구하는 여성에 대한 두려움에서 비롯된 것임을 암시한다. 그래서 아프레 걸들에게는 "프래그머티즘의 노예로써 자신의 앞날을 그릇치는 경박을 배우기보다는 물질에의 유혹을 용감하게 물리치는 이지적인 여성"이 되라는 점잖은 협박과 권고의 말씀이 주어지기도 했다. 아프레 여성은 전통적인 정조의 가치를 파괴함으로써 성적 무질서를 불러일으키는 원흉으로 지목되었는데, 이러한 윤리관의 상실이 '프래그머티즘'의 노예적 세계관에서 발생한다고 가정되었다. '아프레 기질'이란 낭만적 연애를 냉소하고, 수동적으로 남성을 기다리지 않는 현대여성을 부정적으로 지칭한 것이다. 역사적 맥락에서 볼때 이러한 부정적 지칭은 8·15 이후 등장한 남녀동등론을 견제하고 성의 위계질서를 바로 잡기 위한 것이었다. 특히 1950년대는 여성의 공적 경제활동이 본격적으로 시작되고, 간통쌍벌죄가 생김으로써 축첩이 법적 처벌을 받게 되는 등 남성들의 경제적, 성적 권한이 제한되기 시작한 때이다. 아프레 걸 담론은 남성 권위가 위축됨으로써 발생한 시대적 히스테리이기도 하다.

아프레 걸은 남성 사회가 국가재건의 방향을 합의하는 가운데, 한국 사회가 극복해야 할 혼란의 표상이 되었다. 무엇보다 아프레 걸은 순결한 민족공동체의 통합을 해치는 무질서였다. 아프레 걸이라는 이국적 명명법 역시 서구와 민족의 경계를 분명히 하기 위한 것이었다. 아프게 걸은 "한손에는 영어강습손가 뭔가 하는데서 쓰는 영어책을 들고 또 한손에는 「스크린」이니 「무비」니 하는 영화배우들의 사진이 가득찬 영어잡지를 들고 명동거리를 활보하는 처녀들"로, 남자를 꼬서 외국유학이나 가려하며, 댄스홀을 드나들며 서양인을 흉내내는 타락한 존재로 규정되었다. 특히, 그들의 육체는 "미끈미끈한 다리에 탄력 있는 엉뎅이, 날씬한 허리에 뿔룩하게 나온 앞가슴" 등 풍만한 서양여성과 비견되는 등, 과잉성애화함으로써 봉건적 성 윤리를 파탄시키는 침입자로 지목되었다. 그런데 기실 혐오스러운 아프레 걸은 이미 일상 깊숙이 들어와 있는 서양문화에 매혹된 자의 알리바이였다. 이를 증명하듯 아프레 걸을 비판하는 필자 역시 영어를 과도하게 남발하고 있을 뿐만 아니라, 선정적으로 그녀의 육체를 부조함으로써 기실 이 거부감의 이면에 매혹이 존재한다는 것을 감추지 못한다.

다른 한편으로 아프레 걸은 국가경제를 위태롭게 하는 허영과 사치의 표상이었다. 특히, "몸뻬로부터 해방되자 들어온 베르벳드, 나이론 양단의 유행은 여성을 타락시키고 말았다" 는 거센 비판이 쏟아져 나왔는데, 이는 단지 국산품 소비를 권장하려는 의도에서가 아니라, 사적인 욕망을 규제하려는 것이었다. "생활의 안정을 찾게 되니 큰 것을 잊고 적은 것을 위해 혈안이 되고 공보다 사를 위한 생으로 끌려가고 있었던 것도 사실이다. 여성들은 호구지책에서만이 아니라 향락과 허영의 본능을 마음대로 만족시키기에 급급하여 국책에 어긋나는 밀수품 수입에 찬조자가 되어"갔다는 논설은 아프레 걸 담론이 전후 극심한 개인주의 풍조를 규제하기 위한 것임을 암시한다. 이렇듯 여성으로 젠더화된 소비는 무절제한 욕망이나 개인주의와 결부되며 생산과 대립되는 부정적인 것으로서 공적 가치를 위협하는 것으로 화했다. 부정부패 공무원들의 의복 중에는 대체로 화려한 수입품이 많은데, 이들의 부패 뒤에는 실상 절제할 줄 모르고 허영심 강한 아내가 있으리라는 추측성 논설이 실릴 정도로, 사치품 소비는 여성 젠더와 결부되었다. 여성잡지들은 빈번히 사회명사들이 참여한 좌담회를 통해 여성의 교양 있는 멋내기에 관한 진지한 논의를 펼치며, 아프레 여성들의 사치풍조를 비판했다. 사치스럽고 노출이 심한 의복은 국가를 위태롭게 하고 한국 고유의 문화를 위협하는 것으로 치부되었다. 의복은 젠더 경계를 학습하고 재현하는 매개였다. 사회는 한편으로는 여성들에게 가정과 사회를 빛내도록 육체를 아름답게 치장할 것을 권하면서 다른 한편으로는 사회의 규범을 벗어난 여성의 자기표현을 처벌했다. 현대여성이 된다는 것은 외줄타기처럼 균형을 잡기 어려운 것이었다.

아프레 걸 담론은 봉건적 젠더 규범에 반발하는 도시 지식여성들의 근대적 주체성을 포르노화함으로써 이들의 전복 의지를 철저히 무력화시켰다. 이어령은 아프레 여성의 사치, 유행에의 추종, 육의 개방, 생활의 구속과 책임으로부터의 도피 등이 기실 전쟁의 상흔을 말소하기 위한 "역설적 향락", 즉 일종의 위악적 행동이라고 함으로써 그녀들을 창부화하는 지배적 담론과 거리를 두었으나, 이들의 행위를 전후 우울증의 징후로 치부함으로써 결국 병적 징후로 규정했다. 여성평론가 정충량만이 유일하게 "전후파라 불리우는 여성에게 세상에서는 가장 악에 해당하는 모든 조항을 이들에게 부여한다"며 아프레 걸이 담론화되는 방식을 비판했으나, 이에 관한 구체적인 논의를 펼치지는 않았다. 그녀는 다른 글에서 "편집자씨의 전후파 여성의 정조관을 비판하라"는 주문과 달리 아프레 걸에 대한 공감적 읽기를 시도한다. 그녀는 "철저한 성개방 구률에 구애되지 않고 용감하게 성의 평등을 감행하는 강심장을 가진 여성은 아직 드물기는 하나 대개가 낡은 도덕에 속박되고 싶지 않고, 그렇다고 새로운 무엇을 가지려고 하면 사회적 장애와 자신의 빈곤에서 올바른 귀결점을 발견하지 못하는 것이 오늘의 전후파여성이라 하겠다"고 함으로써 아프레 걸에 과장스럽게 덧씌워진 사치와 허영 그리고 창부성의 이미지를 벗겨낸다. 그녀는 아프레 걸을 봉건사회의 성윤리에 반발하면서도 여전히 완강한 정조 이데올로기와 자립이 불가능한 빈곤 탓에 위축되는 분열적 존재로 보았으며, 그 분열을 낡은 정조관을 강요하는 것으로 메꾸게 하는 것에 반대했다.

— 김은하, "전후 여성잡지와 '아프레 걸'(전후파 여성) 담론" 중에서

Q1 이 글을 통해서 글쓴이가 전달하고자 하는 내용은 무엇일까요?(객관화하기)

Q2 글쓴이의 주장에 대한 자신의 의견이나 생각을 써 보시오.(주관화하기)

Q3 1950년대 '아프레 걸'의 여성상을 21세기의 시각에서 볼 때 어떤 해석이 가능할까요?

 1분당 읽은 글자 수를 측정해 보자.

본문 글자 수	4,255	자
읽은 시간	분	초
1분당 읽은 글자 수		자
요약 정리 시간	분	초

 메 모

제 5 부 묵 상

반응력 기르기

인간은 사회적인 동물이다. 이 말의 뜻은 사람은 무리를 지어 살아야 하고, 그 무리를 지켜나가기 위해 세워진 일정한 규칙에 순종해야 하며, 무리의 구성원들은 서로를 도와가면서 살아가야 한다는 것이다.

따라서 사람이 사람답게 살기 위해서는 인간 사회가 요구하는 기본사항을 잘 지켜야 할 뿐만 아니라, 스스로 남에게 헌신하고 봉사하는 삶을 사는 것이 더욱 중요하다. 남을 돕는 삶, 즉 헌신과 봉사하는 삶은 아름다울 뿐만 아니라 주위에도 엄청나게 큰 영향력을 발휘한다.

네 이웃을 네 몸과 같이 사랑하라! (마태복음 22장 39절)
You shall love your neighbors as yourself.

위 성경 구절은 남을 위해 사는 삶의 가장 기본적이면서도 핵심적인 방법을 담고 있다. 즉 자신을 사랑하고 아끼는 것 같이 주위의 이웃을 대하라는 말이다. 쉽게 행할 수도 있을 것 같지만 그렇게 만만한 일도 아니다.

우리는 부모님들로부터 '공부는 너 잘 먹고, 너 잘 되라고 하는 것이다.'라는 말을 많이 들으면서 자랐다. 이런 말을 듣고 자란 아이는 '내 인생 내가 알아서 하는 데 뭐.'라고 자포자기하면서 자신을 망가뜨리거나, 부모님들로부터 교육받은 대로 성공해서 자기나 부부 또는 자기 자식만 아는 이기적인 사람으로 성장하는 경우로 구분할 수 있을 것이다.

후자와 같은 사람의 출세나 성공을 과연 진정한 의미의 성공이라고 할 수 있겠는가. 부모나 가까운 친지, 그리고 친구로부터 외면당하는 사람이 과연 행복한 삶을 살아가고 있다고 할 수 있겠는가.

비록 조금은 모자라는 것처럼 보일지라도 남을 도와주면서 사랑을 실천하는 사람들의 삶이 훨씬 아름답고 행복할 수 있다. 이것은 이타적인 마음에서 나온다. 이타적인 마음은 나를 소중하게 생각함으로써 타인의 소중함을 알고 존경하는 데서 생겨난다. 자신을 학대하거나 자신의 소중함을 모르는 사람은 타인의 소중함도 알지 못한다.

자신의 소중함을 아는 사람만이 자신의 재능을 발휘하기 위해서 최선의 노력을 다하고, 계발된 능력을 사회에 유익하게 사용한다. 우리는 이런 사람을 능력 있는 사람이라고 한다.

능력 있는 사람은 자신에게 부여된 모든 일을 책임감 있게 처리하는 사람이다. 책임감은 영어로 'responsibility'라고 한다. 이 단어는 'response'(반응)와 'ability'(능력)의 합성어로, '책임감'은 반응력과 관계된 것임을 보여준다. 여기서 반응력이란 어떤 사물이나 사건을 보고 마음속에서 생겨나는 감동으로, 반응력 있는 사람은 주위에 슬퍼하는 사람이 있으면 같이 슬퍼하고, 기뻐하는 사람이 있으면 같이 기뻐할 수 있는 정감 있는 사람을 말한다.

이런 정감이 자신에게로 향하면 자신의 발전을 위한 노력으로, 타인에게로 향하면 헌신적으로 봉사하는 삶으로, 자연으로 향하면 자연을 보호하고 사랑하는 마음으로 실현될 것이다. 결국 적극적이며 진취적인 태도로 삶을 살아가게 되고, 그 결과 능력 있는 사람이 되는 것이다.

그러면 책임감 있는 사람, 즉 반응력 있는 사람을 만들 수 있는 방법은 있는가. 있다.

우리는 이것을 '묵상'이라고 한다. 말 그대로 좋은 글을 읽고 묵상하는 것을 말한다. 다음 글을 읽고 묵상을 해 보자.

매일 당신에게 팔만육천사백 원이 주어진다면

매일 아침 당신에게 86,400원을 입금해주는 은행이 있다고 상상해 보세요. 그 계좌는 그러나 당일이 지나면 잔액이 남지 않습니다. 매일 저녁 당신이 그 계좌에서 쓰지 못하고 남은 잔액은 그냥 지워져 버리죠. 당신이라면 어떻게 하시겠어요? 당연히!!! 그 날 모두 인출해야죠!!

시간은 우리에게 마치 이런 은행과도 같습니다. 매일 아침 86,400초를 우리는 부여받고, 매일 밤 우리가 좋은 목적으로 사용하지 못하고 버려진 시간은 그냥 없어져 버릴 뿐이죠. 잔액은 없습니다. 더 많이 사용할 수도 없어요. 매일 아침 은행은 당신에게 새로운 돈을 넣어주죠. 매일 밤 그 날의 남은 돈은 남김없이 불살라집니다.

그 날의 돈을 사용하지 못했다면, 손해는 오로지 당신이 보게 되는 거죠. 돌아갈 수도 없고, 내일로 연장시킬 수도 없습니다. 단지 오늘 현재의 잔고를 갖고 살아갈 뿐입니다. 건강과 행복과 성공을 위해 최대한 사용할 수 있을 만큼 뽑아 쓰십시오! 지나가는 시간 속에서 하루는 최선을 다해 보내야 합니다.

1년의 가치를 알고 싶으시다면, 학점을 받지 못한 학생에게 물어보세요.

한 달의 가치를 알고 싶다면, 미숙아를 낳은 어머니를 찾아가세요.

한주의 가치는 신문 편집자들이 잘 알고 있을 겁니다.

한 시간의 가치가 궁금하면, 사랑하는 이를 기다리는 사람에게 물어보세요.

일분의 가치는 열차를 놓친 사람에게, 일초의 가치는 아찔한 사고를 순간적으로 피할 수 있었던 사람에게,

천분의 일초의 소중함은, 아깝게 은메달에 머문 그 육상선수에게 물어보세요.

당신이 가지는 모든 순간을 소중히 여기십시오. 또한 당신에게 너무나 특별한, 그래서 시간을 투자할 만큼 그렇게 소중한 사람과 시간을 공유했기에 그 순간은 더욱 소중합니다. 시간은 아무도 기다려주지 않는다는 평범한 진리. 어제는 이미 지나간 역사이며, 미래는 알 수 없습니다.

오늘이야말로 당신에게 주어진 선물이며,

그래서 우리는 현재(present)를 선물(present)이라고 부릅니다.

이런 글을 읽고 느낌을 쓰라고 하면 많은 내용을 잘 쓰는 학생들도 있지만, 그저 한 마디로 '좋다', '유익한 말이다'와 같이 쓰거나 아니면 '느낌 없음'이라고 쓰는 경우도 있다. 이 모든 경우는 다 글에 대한 반응이 일어난 것이고, 비록 한 마디로 평하고 있지만 그 글에 대하여 인상비평을 한 것이다.

문제는 아무런 응답도 하지 않는 것이다. 이런 사람들은 대부분 다른 일에도 별로 관심이 없다. 이런 학생이라면 공부에 관심이 없을 수밖에 없다. 따라서 아무리 책상에 앉혀놓고 공부를 하라고 해도 공부를 잘 할 수가 없다.

3분 묵상 훈련을 하는 이유는 마음 깊이 들어 있는 반응의 실마리를 풀어내기 위한 훈련이다. 짧고 좋은 글을 꾸준히 읽으면서 오는 감동을 처음에 강하게 거절하는 사람들도 있지만, 어느 정도 계속되면 '(느낌) 없음'이라는 반응이라도 하게 된다. 여기서 출발된 반응은 점차 확대되어 자신의 문제를 돌아보게 하고, 다음으로 가족 문제로 발전한다. 즉 자신에서 부모와 형제들을 돌아보는 쪽으로 반응의 폭이 넓어진다. 그리고 학교나 지역사회, 국가, 마지막으로는 자연과 세계에서 일어나는 일에 반응하면서 자신의 할 일을 계획하고, 그 계획을 실천하기 위해서 노력한다. 이런 학생들은 능력 있는 사람으로 성장하게 된다.

�֍ 묵상하는 방법

　① 1단계 관찰하기 : 글을 읽으면서 감동을 주거나 가슴 뭉클한 부분, 느낌이
　　　　　　　　　　　　오는 단어나 구, 문장에 동그라미나 밑줄을 긋는다.
　② 2단계 느낌적기 : 왜 그렇게 느꼈는지를 구체적인 자신의 언어로 서술한다.
　③ 3단계 적용하기 : 느낀 점을 바탕으로 새로운 삶을 결심하는 단계이다. 이
　　　　　　　　　　　결심은 구체적으로 24시간 이내에 수행할 수 있는 것이어
　　　　　　　　　　　야 한다. 이렇게 행동으로 옮겨진 결과들이 모여서 진취
　　　　　　　　　　　적이고 긍정적인 삶이 확립될 수 있다.

3분 묵상을 하면서 주의해야 할 점은 상투화된 느낌, 으레 했던 말들을 기록하지 않도록 하는 것이다. 그래서 느낌을 쓸 경우에 되도록이면 주어를 '우리'가 아닌 '나'로 정

하여 쓰는 것이 좋다. 그렇게 해야만 자신의 느낌이 되기 때문이다. 또한 느낌이 아무리 좋아도 그 느낌이 자기 것으로 내면화되지 않으면 의미가 없는데, 이런 내면화 과정은 느낌에서 오는 조그만 결심이나 다짐을 실천하면서 이루어진다. 따라서 구체적으로 실천할 수 있는 계획을 세우고, 24시간 이내에 이 일을 꼭 실천하는 것이 무엇보다도 중요하다. 이것이 쌓여서 스스로를 엄청나게 변화시키게 된다.

 **같이 하기 : 위에 제시된 글을 묵상해 보자.**

① 관찰하기 : (글을 읽으면서 느낌이 오는 부분에 밑줄을 치거나 동그라미를 친다.)

② 느낌적기 :

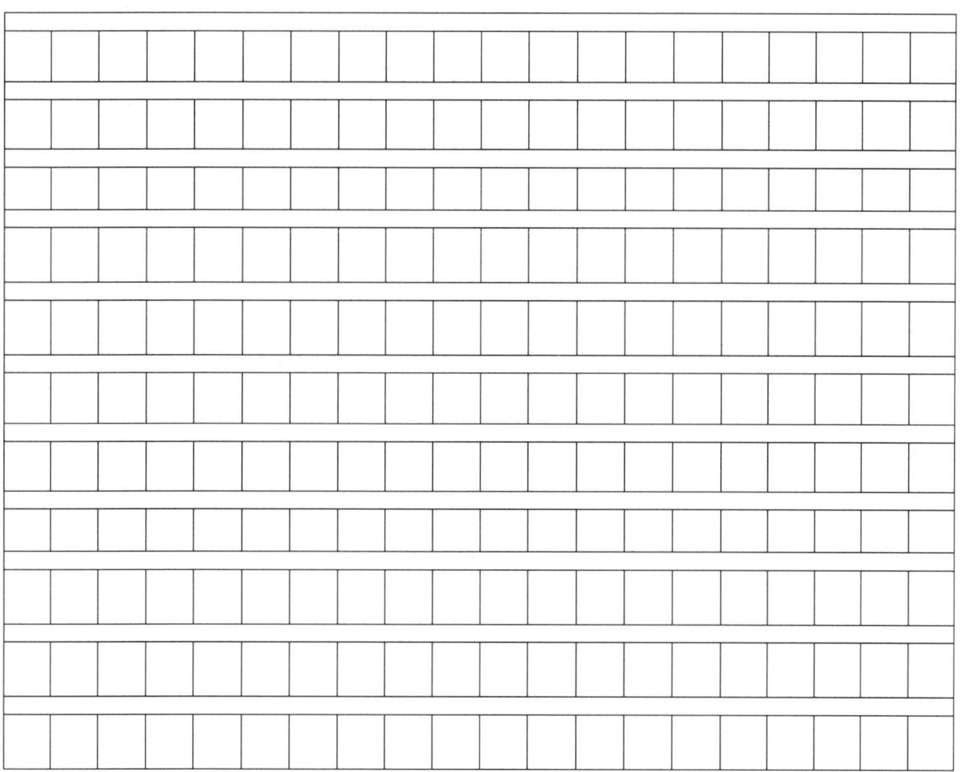

③ 적용하기(24시간 이내에 해야 할 일) :

메 모

부 록

부 록

안구 훈련표

1차 　 번 / 분	2차 　 번 / 분	3차 　 번 / 분

○ ○ ○ ○ ○ ○ ○ ○ ○ ○ ○ ○ ○ ○ ○

○ ○ ○ ○ ○ ○ ○ ○ ○ ○ ○ ○ ○ ○ ○

○ ○ ○ ○ ○ ○ ○ ○ ○ ○ ○ ○ ○ ○ ○

○ ○ ○ ○ ○ ○ ○ ○ ○ ○ ○ ○ ○ ○ ○

○ ○ ○ ○ ○ ○ ○ ○ ○ ○ ○ ○ ○ ○ ○

○ ○ ○ ○ ○ ○ ○ ○ ○ ○ ○ ○ ○ ○ ○

○ ○ ○ ○ ○ ○ ○ ○ ○ ○ ○ ○ ○ ○ ○

○ ○ ○ ○ ○ ○ ○ ○ ○ ○ ○ ○ ○ ○ ○

○ ○ ○ ○ ○ ○ ○ ○ ○ ○ ○ ○ ○ ○ ○

○ ○ ○ ○ ○ ○ ○ ○ ○ ○ ○ ○ ○ ○ ○

○ ○ ○ ○ ○ ○ ○ ○ ○ ○ ○ ○ ○ ○ ○

○ ○ ○ ○ ○ ○ ○ ○ ○ ○ ○ ○ ○ ○ ○

【안구훈련을 하는 요령】

① 척추를 곧게 펴고 바른 자세를 갖습니다.

② 심호흡을 통해 마음을 안정시킵니다.

③ 혀를 살짝 치아에 밀착시켜 고정시키세요.

④ 시간을 측정하면서 빠른 속도로 안구 훈련표를 읽어 나갑니다. 원 하나 하나에 신경 쓰지 말고 첫 번째 동그라미를 보고 빠른 속도로 그 줄의 마지막 동그라미 쪽으로 눈을 움직여서 10줄을 읽어나갑니다. 이렇게 해서 1분 동안에 몇 회를 읽었는지 측정해 보는데, 하루 3회 실시합니다. 이 결과를 뒷면의 안구 훈련 점검표에 기록해 봅시다.

안구 훈련 점검표

단계 \ 횟수		1 차	2 차	3 차	단계 \ 횟수		1 차	2 차	3 차
2장	첫째 날	회	회	회	3장	첫째 날	회	회	회
	둘째 날	회	회	회		둘째 날	회	회	회
	셋째 날	회	회	회		셋째 날	회	회	회
	넷째 날	회	회	회		넷째 날	회	회	회
	다섯째 날	회	회	회		다섯째 날	회	회	회
4장	첫째 날	회	회	회	5장	첫째 날	회	회	회
	둘째 날	회	회	회		둘째 날	회	회	회
	셋째 날	회	회	회		셋째 날	회	회	회
	넷째 날	회	회	회		넷째 날	회	회	회
	다섯째 날	회	회	회		다섯째 날	회	회	회

안구 훈련 점검표

단계＼횟수		1 차	2 차	3 차	단계＼횟수		1 차	2 차	3 차
6장	첫째 날	회	회	회	7장	첫째 날	회	회	회
	둘째 날	회	회	회		둘째 날	회	회	회
	셋째 날	회	회	회		셋째 날	회	회	회
	넷째 날	회	회	회		넷째 날	회	회	회
	다섯째 날	회	회	회		다섯째 날	회	회	회
8장	첫째 날	회	회	회	9장	첫째 날	회	회	회
	둘째 날	회	회	회		둘째 날	회	회	회
	셋째 날	회	회	회		셋째 날	회	회	회
	넷째 날	회	회	회		넷째 날	회	회	회
	다섯째 날	회	회	회		다섯째 날	회	회	회

안구 훈련 점검표

단계＼횟수		1 차	2 차	3 차	단계＼횟수		1 차	2 차	3 차
10장	첫째 날	회	회	회	11장	첫째 날	회	회	회
	둘째 날	회	회	회		둘째 날	회	회	회
	셋째 날	회	회	회		셋째 날	회	회	회
	넷째 날	회	회	회		넷째 날	회	회	회
	다섯째 날	회	회	회		다섯째 날	회	회	회
12장	첫째 날	회	회	회	13장	첫째 날	회	회	회
	둘째 날	회	회	회		둘째 날	회	회	회
	셋째 날	회	회	회		셋째 날	회	회	회
	넷째 날	회	회	회		넷째 날	회	회	회
	다섯째 날	회	회	회		다섯째 날	회	회	회

〈옥고를 주신 여러분〉 (가나다 순)

대학생들의 교육을 위해 좋은 글을 싣게 해주신 분들께 감사드립니다.

고성희: 전북대학교 간호학과 교수
국선희: 전북대학교 사회학과 강사
김미정: 전주대학교 국제교육교류원 객원교수
김외곤: 서원대학교 연극영화과 교수
김은하: 중앙대학교 국어국문학과 강사
류수열: 전주대학교 국어교육과 교수
서정섭: 서남대학교 국어국문학과 교수
신길우: 전 상지영서대학 교수(본명 신경철), 수필가
심웅택: 기전여자대학교 강의전담교수
양은창: 단국대학교 한국어문학부 교수
원한식: 전주대학교 행정학과 교수
유지은: 건양대학교 교양학부 겸임교수
이용욱: 전주대학교 언어문화학부 교수
이은주: 예원예술대 강사
이종민: 전북대학교 영어영문학과 교수
이태영: 전북대학교 국어국문학과 교수
장미영: 전주대학교 교양학부 교수
주경미: 전주대학교 교양학부 교수
최기우: 최명희문학관 기획실장
황패강: 단국대학교 한국어문학부 명예교수